Thomas Merton
Lieben und Leben

Thomas Merton

Lieben und Leben

Love and Living

Benziger

Aus dem Amerikanischen übersetzt
von Christa Broermann
Titel der Originalausgabe: Love and Living
Farrar Straus & Giroux Inc., New York

ISBN 3 545 20104 X

INHALT

Danksagung 7

I LIEBEN UND LEBEN

Leben lernen 11
Liebe und Einsamkeit 24
Liebe und Bedürfnis: Ist Liebe eine Werbepackung oder eine Botschaft? 34
Schöpferisches Schweigen 48
Die Straße ist zum Feiern da 57
Symbolik: Kommunikation oder Kommunion? 66
Cargo-Kulte des Südpazifik 92

II SIEBEN WORTE

Tod 109
Theologie 118
Göttlich 122
Reinheit 127
Welt 136
Ethik 142
Krieg 147

III CHRISTLICHER HUMANISMUS

Christlicher Humanismus 155
Christlicher Humanismus im nuklearen Zeitalter 172
Das Universum als Epiphanie 192

Teilhards Wagnis 206
Wiedergeburt und der Neue Mensch
im Christentum 214
Das Klima der Barmherzigkeit 226
Die frohe Botschaft von der Geburt Christi 244

Danksagung

Ich danke den Verlegern und Herausgebern der folgenden Zeitschriften, in denen einige der hier zusammengestellten Essays erstmals erschienen sind, wenn auch in beträchtlich anderer Form: *America, The Baptist Student, The Bible Today, Cistercian Studies, Commonweal, The Cord, The Critic, The Mediator* und *Spiritual Life.* «Leben lernen» (Learning to Live) wurde ursprünglich als ein Kapitel des Bandes *University on the Heights,* herausgegeben von Wesley First (Doubleday 1969), veröffentlicht, und «Symbolik: Kommunikation oder Kommunion» (Symbolism: Communication or Communion?) erschien in *New Directions Annual 20* (1968). Zwei der «Sieben Worte» (Seven Words) in Teil II dieses Bandes wurden zuerst in *Prophetic Voices* abgedruckt, herausgegeben von Ned O'Gorman und verlegt bei Random House (1969). Alle Essays werden hier mit Erlaubnis der Verleger neu abgedruckt. «Christlicher Humanismus im nuklearen Zeitalter» (Christian Humanism in the Nuclear Age) wurde in den Vereinigten Staaten noch nicht veröffentlicht, war aber in *Redeeming the Times* enthalten (unter diesem Titel erschien *Seeds of Destruction* in England).

I

LIEBEN UND LEBEN

Leben lernen

Leben heißt lernen, seiner freien, spontanen Eigenschwingung entsprechend zu leben. Damit man dies tun kann, muß man erkennen, was das Eigene ist – man muß mit sich selbst vertraut sein und sich gut kennen. Das bedeutet im wesentlichen, zu lernen, wer man ist, zu lernen, was man der Welt seiner Zeit anzubieten hat, und dann zu lernen, wie man dieses Angebot in die Tat umsetzt.

Bildung hat den Zweck, einem Menschen zu zeigen, wie er seinen Platz in Beziehung zur Welt, in der er lebt, authentisch und spontan bestimmen kann – nicht den, ihm eine vorgefertigte Definition der Welt aufzuzwingen, und erst recht nicht eine willkürliche Definition seiner selbst. Die Welt wird von den Menschen gestaltet, die voll entfaltet in ihr leben, also von denjenigen, die in ihr sie selbst sein und deshalb in eine lebendige, fruchtbare Beziehung zueinander treten können. Die Welt ist daher in dem Maße wirklicher im Lot, in dem die Menschen fähig werden, umfassender und menschlicher zu leben, das heißt, besser in der Lage sind, ihre Freiheit klarer und bewußter zu nutzen. Im wesentlichen muß diese Freiheit zuerst einmal in der Fähigkeit bestehen, einen eigenen Lebensweg zu wählen, sich selbst auf der tiefstmöglichen Ebene zu finden. Eine oberflächliche Freiheit, ziellos hierhin und dorthin zu wandern, dieses oder jenes auszuprobieren, eine willkürliche Auswahl unter möglichen Zerstreuungen (im Sinne Pascals) zu treffen, ist reine Augenwischerei. Sie gibt vor, eine «freie

Wahl» zu treffen, umgeht aber die grundlegende Aufgabe, zu entdecken, wer es ist, der wählt. Sie ist nicht frei, weil sie nicht bereit ist, das Risiko der Selbstentdeckung einzugehen.

Die Funktion einer Universität besteht deshalb in erster Linie darin, dem Studenten zu helfen, sich selbst zu entdecken: sich zu erkennen und herauszufinden, wer es ist, der wählt.

Eine solche Definition wird man sofort als unkonventionell erkennen, als im Grunde monastisch. Um es noch provozierender auszudrücken: Die Funktion der Universität besteht darin, Männern und Frauen zu helfen, ihre Seele zu retten und dadurch zugleich die Gesellschaft, in der sie leben. Wovor zu retten? Vor der Hölle der Sinnlosigkeit, der Obsessionen, der ausgeklügelten Listen, der systematischen Lügen, der verbrecherischen Ausflüchte und Nachlässigkeiten, der selbstzerstörerischen Nichtigkeiten.

Der weitere Zusammenhang wird zeigen, daß das Geschäft der Seelenrettung mehr bedeutet, als ein imaginäres Wesen namens «Seele» zu nehmen und es irgendeiner Bank oder Institution zur Aufbewahrung anzuvertrauen, bis es im Himmel mit Zinsen wieder abgeholt werden kann.

Ich spreche als christlicher Existentialist und meine mit «Seele» nicht einfach die aristotelische belebende Form, sondern die gereifte persönliche Identität, das fruchtbare Ergebnis einer aufrichtigen und klarsichtigen Suche, das «Selbst», das gefunden wird, wenn partielle und äußerliche Aspekte des Selbst als Masken erkannt und abgelegt werden.

Diese Metapher darf aber nicht in die Irre führen: Diese innere Identität wird nicht wie ein Gegenstand «gefunden»; es ist vielmehr gerade jenes Selbst, das findet. Es geht verloren, wenn es das Finden vergißt, wenn es nicht weiß, wie es suchen soll, oder wenn es sich selbst als Objekt sucht. (Eine solche Suche ist nutzlos und ein Widerspruch in sich selbst.) Daher das Paradox, daß es am ehesten findet, wenn es aufhört zu suchen. Und die fortgeschrittene Stufe des Lernens ist erreicht, wenn man lernt, stillzuhalten und zu sein, was man geworden ist, ohne zu wissen, was das ist, weil man es nicht zu wissen braucht. In der Sprache des Sufismus ist *Rida* das Ziel des asketischen Lebens: Zufriedenheit. Die Schulden sind bezahlt (und sie waren weitgehend imaginär). Man sucht nicht länger nach etwas anderem. Man sucht nicht mehr nach einem anderen, der einem sagen soll, wer man ist. Man verlangt keine Bestätigung mehr. Aber es bleibt die unendliche Tiefe *all dessen,* was erst noch offenbart werden muß. Und es wird nicht denjenigen offenbart, die es aus zweiter Hand zu erfahren suchen.

Bildung in diesem Sinne heißt mehr als Gelehrsamkeit, und man erhält dafür keinen akademischen Grad. Man erwirbt den Reifegrad, indem man von den Toten aufersteht. Lernen, man selbst zu sein, heißt daher, sterben zu lernen, um zum Leben zu gelangen. Es bedeutet, auf dem Grund seines Wesens ein «Selbst» zu entdekken, das letztgültig und unzerstörbar ist, ein Selbst, das nicht nur die Zerstörung aller anderen, oberflächlicheren Aspekte des Selbst überlebt, sondern das gerade durch deren Zerstörung seine Identität bestätigt und geklärt findet.

Das innerste Selbst ist nackt. Nacktheit ist nicht gesellschaftsfähig, nicht akzeptabel, ausgenommen in gewissen plumpen Formen, die ohne einen Funken von Phantasie kommerzialisiert werden können (barbusige Kellnerinnen). Seltsamerweise ist dieser Kult körperlicher Nacktheit nichts als eine Verschleierung und eine Ablenkung, ein gemeinsames Schwelgen in der Trivialität, bei dem die Identität aller hinter bloßem Sinnesreiz verschwindet. Jeder behauptet, es gefalle ihm, und doch fühlt sich keiner recht wohl dabei. Es bringt Geld.

Die Nacktheit des Geistes dagegen ist viel zu anstößig, um nützlich zu sein. Sie entblößt das Leben bis auf die Wurzeln, wo Leben und Tod gleichviel gelten, und dort mag keiner gern hinschauen. Aber genau dort beginnt wahre Freiheit: die Freiheit, die nicht durch den Tod eines anderen gewährleistet werden kann. Von da an steht es Ihnen frei, nicht mehr zu töten, nicht mehr auszubeuten, nicht mehr zu zerstören, nicht mehr zu rivalisieren, weil Sie keine Angst mehr vor dem Tod oder dem Teufel oder der Armut oder dem Scheitern haben. Wenn Sie diese Art von Nacktheit entdecken, behalten Sie es besser für sich. Die Menschen mögen sie nicht, und wenn es erst herauskommt . . . Die Gesellschaft erweist Ihnen weiterhin den Dienst, Sie in Verkleidungen leben zu lassen, nicht etwa Ihrer Bequemlichkeit zuliebe, sondern vielmehr der eigenen. Sie streift Ihnen ganz gern diese oder jene äußere Hülle ab (eine solche Entblößung ist ein gängiges Ritual, und jeder hat Spaß daran), aber die letzte, metaphysische Entblößung geht zu weit, es sei denn, man befinde sich in Auschwitz.

Wenn ich sage, diese Definition sei «monastisch», dann meine ich damit nicht unbedingt «theologisch». Die Worte, die hier dafür verwendet wurden, können auf mehreren Ebenen interpretiert werden: auf der theologischen, der asketischen, der liturgischen und der psychologischen. Nehmen wir an, daß die letztgenannte für die meisten Leser die annehmbarste ist. Und nehmen wir weiterhin an, daß ich einfach aus Erfahrung spreche, als einer, der, ausgehend von einem französischen *lycée* und einer englischen Internatsschule, mehrere «Stätten der Gelehrsamkeit» besucht und dort vor allem eines gelernt hat: weiterzugehen. Ich habe den zurückgelegten Weg an anderer Stelle beschrieben*, aber vielleicht kann ich hier ein paar neue Gedanken hinzufügen. Die Reise ging von Europa nach Amerika, von Cambridge zur Columbia-Universität. An der Columbia habe ich, nachdem ich die erforderlichen akademischen Grade erworben hatte, die Grenzlinie überschritten, die diejenigen, die als Studenten lernen, von denjenigen trennt, die als Lehrer lernen. Dann wechselte ich an ein katholisches College (St. Bonaventure), um Englisch zu unterrichten.** Anschließend trat ich als Novize in ein Trappistenkloster ein, wo ich gerade so viel Theologie «erlernte», daß mich jedes Verlangen verließ, Theologe zu werden. Auch hier (denn ich bin noch immer in Kentucky) lernte ich, indem ich lehrte: nicht Theologie als solche, sondern das risikoreichere und weniger klar vorgezeichnete Unternehmen der monastischen Bildung, die der ganzen Person in einer höchst zwiespältigen und gefahrvollen Situation gilt: dem Novizen, dem jungen Mönch, der ein kontemplativer Ordensmann werden möchte und der (wie jeder früher oder später entdeckt) sowohl von der Institution als auch von seiner eigenen Persönlichkeit in eine Lage gelockt worden ist, in der sich bald

* Eine ausführlichere Schilderung des Weges, den Thomas Merton in seinen jungen Jahren zurückgelegt hat, findet sich in seiner Autobiographie *Der Berg der sieben Stufen* (The Seven Storey Mountain) — Anm. der Herausgeber.

** Heute St. Bonaventure University.

herausstellt, daß das, was er sich mehr als alles andere auf Erden wünscht, wahrscheinlich unerreichbar bleiben wird. Vielleicht wäre es ungefährlicher für mich gewesen, an der Columbia zu bleiben und die Grundbegriffe englischer Aufsatzlehre zu unterrichten. Glücklicherweise habe ich inzwischen aufgehört, irgend jemandem irgend etwas beizubringen.

Aufgrund dieser Erfahrung kann ich jetzt aber immerhin einen althergebrachten Standpunkt wieder aufgreifen, der die Ansicht vertritt, Kloster und Universität hätten dieselbe Art von Funktion. Das ist nicht mehr als naheliegend für einen, der durch Cambridge streifen und sich sagen konnte: «Hier waren früher einmal die Franziskaner, hier die Dominikaner, hier – in meinem eigenen College – hat vielleicht Chaucer als Gelehrter geweilt.»

Eine Universität ist ebenso wie ein Kloster (und hier habe ich die Mediävisten als Rückendeckung hinter mir, glaube aber, daß Fußnoten nicht nötig sind) gleichzeitig ein Mikrokosmos und ein Paradies. Sowohl die Klöster als auch die Universitäten entstanden in einer Kultur, die für das Heilige offen war, in einer Kultur, die dem besonders große Aufmerksamkeit schenkte, was sie als ihre eigenen, ursprünglichen Wurzeln in einem mythischen und archetypischen heiligen Grund erblickte, einer geistigen Schöpfung. Daher sind *Logos* oder *Ratio* von Kloster wie von Universität sich ziemlich gleich. Beide Institutionen sind «Schulen», und sie lehren weniger dadurch, daß sie Information übermitteln, als dadurch, daß sie den Gelehrten (an der Universität) oder den Mönch (im Kloster) in direkten Kontakt mit «dem Anfang» bringen, der archetypischen Paradieswelt. Dies wurde symbolisch oft dadurch ausgedrückt, daß man die verschiedenen Disziplinen der Universität oder des monastischen Lebens als die «vier Flüsse des Paradieses» bezeichnete. Gleichzeitig neigte man von beiden Seiten manchmal dazu, in hitzige Streitereien zu geraten, denn obwohl die Klöster wie auch die Universitäten die «Teilhabe» an und die «Erfahrung» von verborgenen und heiligen Werten anstrebten, die im «Grund» oder «Anfang» verwurzelt sind, gelangten sie doch auf unterschiedlichen Wegen dorthin: die Universität durch *scientia* oder intellektuelles Wissen und das Kloster durch *sapientia* oder mystische Betrachtung. (Genaugenommen neigte man aber auch in den Klöstern leicht dazu, sich auf die *scientia* zu konzentrieren – die Wissenschaft von der Heiligen Schrift –, während an den Universitäten Mystiker wie Thomas von Aquin, Scotus und Eckhart zu finden waren, so daß am Ende, all dem Wettern des Zisterziensers Bernhard von Clairvaux zum Trotz, manchmal eine tiefere *sapientia* von den Schulen als von den Klöstern ausging.)

Worauf es mir bei diesem Punkt ankommt, ist folgendes: Ich möchte keineswegs vorschlagen, die Columbia-Universität solle zum Ideal von Chartres zurückkehren und sich auf das Trivium und Quadrivium verlegen. Ich möchte lediglich darauf aufmerksam machen, daß diese archetypische Annäherungsweise, diese Art «Mikrokosmos-Paradies» eines heiligen Humanismus, im wesentlichen personalistisch ist.

Ich gebe zu, daß die Menschen während des gesamten Mittelalters mit lebhafter Neugier den genauen geographischen Ort des irdischen Paradieses zu ermitteln suchten. Von dieser Neugier war auch der Geist von Kolumbus geprägt. Die Pilgerväter polierten sie ein wenig auf, spiritualisierten sie ein wenig, aber auch sie betrachteten Neuengland als eine Art Paradies. Und um sicherzustellen, daß sie über eine paradiesische Institution verfügten, schufen sie ausgerechnet Harvard! Aber dennoch glaubten die Mönche des Mittelalters und ebenso die Gelehrten, daß das innere Paradies der eigentliche Nährboden für die Freiheit im Herzen des Menschen sei. Und daß man, um es zu finden, wie Augustinus sagte, nicht mit Schritten, sondern mit sehnsüchtigem Verlangen reisen müsse. Diese Reise geht vom «gefallenen» Zustand des Menschen aus, in dem er nicht frei ist, sich selbst gegenüber nicht untreu zu sein, hin zur ursprünglichen Freiheit, in der er, nach dem Bild und Gleichnis Gottes geschaffen, nicht mehr länger in der Lage ist, sich selbst gegenüber untreu zu sein. Daher erwirbt er erneut die Nacktheit Adams, die keine Feigenblätter in Form von Gesetzen, von Erklärungen, von Rechtfertigungen erfordert und keine gesellschaftlichen «Kleider aus Fellen» (Gregor von Nyssa). Dieses Paradies ist nichts als die Person, das Selbst, aber das radikale Selbst in seiner uneingeschränkten Freiheit. Das Selbst, das nicht länger in ein Ego gekleidet ist.

Man darf an dieser Stelle nicht die Dimension der Verbundenheit mit anderen vergessen. Wahre Freiheit ist Offenheit, ist Verfügbarkeit und die Fähigkeit zu geben. Aber wir müssen auch daran denken, daß die schwierige Dialektik der Treue gegenüber anderen in der Treue zu uns selbst von uns verlangt, die Schleier der Unwahrhaftigkeit zu zerreißen, die wir, als individuelle Egoisten oder als selbstsüchtige Gemeinschaft, ausbreiten, um uns von einem Leben in der Wahrheit abzuhalten.

Dieser heilige Humanismus wurde solange von der heiligen Institution mißbraucht und pervertiert, bis das Mönchtum am Ende in einer kuriosen Verdrehung der Wahrheit, wie sie in der Entwicklung von Gesellschaftsformen so häufig vorkommt, das Feigenblatt mit dem Paradieszustand identifizierte und darauf beharrte, daß der Mönch zumindest ein ausreichend starkes Selbst haben müsse, um der Organisation dienen zu können – die ihrerseits in den Dienst weltlicherer Interessen gezwungen wurde. Freiheit bestand nun in blindem Gehorsam, und Kontemplation bestand im Verzicht auf Nacktheit zugunsten von ausgeklügelten und rituellen Ornaten. Die «Person» war nur noch das, was sie in den Augen der Institution galt, weil die Institution sozusagen das Paradies war, der Herrschaftsbereich Gottes, ja sogar Gott selbst. Im Paradies zu weilen bedeutete also, von der Paradiesgemeinschaft definiert zu werden – oder von der akademischen Welt. Daher der dogmatische Absolutismus, für den das späte Mittelalter nur allzu bekannt ist – für den es aber keineswegs allein verantwortlich ist.

Der ursprüngliche und authentische «Paradiesgedanke» meinte sowohl im Kloster *(paradisus claustralis)* als auch an der Universität nicht einfach einen himmlischen Vorrat an theoretischen Gedanken, zu denen die Magistri und Doctores den Schlüssel in der Hand hielten, sondern das innere Selbst des Studierenden, der, indem er den Grund seiner eigenen Persönlichkeit entdeckte, die sich zum Mittelpunkt allen geschaffenen Seins hin ausweitete, in sich selbst das Licht und die Weisheit seines Schöpfers fand. In diesem Licht und in dieser Weisheit konnte er alles Begreifbare begreifen, und das, was nicht begreifbar war, ließ sich in der Dunkelheit der Kontemplation durch einen direkten und existentiellen Kontakt erfassen.

Daher war die Frucht der Bildung, ob an der Universität (wie für Eckhart) oder im Kloster (wie für Ruysbroek) die Aktivierung dieser innersten Mitte, dieser *scintilla animae*, dieses «Gipfels» oder «Funkens», der eine Freiheit jenseits der Freiheit ist, eine Identität jenseits des Wesens, ein Selbst jenseits allen Egos, ein Sein jenseits des Reiches des Geschaffenen und ein Bewußtsein, das alle Teilung, alle Trennung überschreitet. Diesen Funken zu aktivieren heißt nicht, wie bei Plotinus «all-eins mit dem All-Einen sein», sondern das All-Eine zu erkennen, das von sich aus in allem ist, weil es nichts gibt, das von ihm getrennt sein kann, und doch auch nichts, das mit ihm sein kann, und nichts, das es erkennen kann. Es kann nur sich selbst erkennen. Der «Funke», der mein wahres Selbst ist, ist das Aufblitzen des Absoluten, das sich in mir erkennt.

Diese Erkenntnis auf dem Gipfel ist ein Zusammenfallen aller Gegensätze (wie Nikolaus von Kues vielleicht sagen würde), ein Verschmelzen von Freiheit und Unfreiheit, Sein und Nichtsein, Leben und Tod, Selbst und Nichtselbst, Mensch und Gott. Der «Funke» ist weniger eine stabile Entität, die man findet, sondern ein Ereignis, eine Explosion, zu der es kommt, wenn alle Gegensätze in einem aufeinanderprallen. Dann wird erkannt, daß das Ego nicht ist. Es verschwindet in seinem Nichterkennen, wenn einzig das Aufblitzen des Funkens ist. Wenn alle Dinge auf den Funken reduziert werden, wer sieht ihn dann noch? Wer erkennt ihn? Wer sagt «Gott», wird zerstört; und wer sagt «niemand», wird in die Hölle stürzen; und wer sagt «ich», beweist nur, daß er noch nicht einmal annähernd in die Situation gekommen ist.

Der Zweck allen Lernens ist, den Menschen für diese Art von Ereignis bereit zu machen.

Der Zweck verschiedener Disziplinen ist, Wege oder Pfade zu eröffnen, die zu der Fähigkeit hinführen, sich entzünden zu lassen.

Natürlich ist es ein schwerwiegender Fehler zu behaupten – wie manche es getan haben und immer noch tun –, der einzige Weg dorthin sei in einem Kloster zu finden und die einzige Disziplin sei die Askese oder das Sitzen im Zen-Stil oder statt dessen der Rausch einer neuen Droge. Das ganze Leben besteht darin, zu lernen, wie man zur Zündung gelangt, ohne von irgendwelchen bestimmten äußeren Mitteln und Umständen abhängig zu sein, sei das ein Leben im Kloster, als Zen übender Tantriker, mit Hilfe von psychedelischen Drogen oder was auch immer. Leben heißt lernen, daß der Funke, der ein Aufblitzen auf dem Gipfel und eine Explosion aller Freiheiten ist, niemals von Kontrolle oder Erleuchtung abhängig gemacht werden kann, niemals dadurch erreicht werden kann, daß man Knöpfe drückt. Ein Funke, der sich entzündet, wenn man etwas schluckt oder sich etwas spritzt, mag eine ganz passable Imitation des Echten sein, aber es ist nicht das Echte. (Ich will nicht behaupten, daß man dadurch nicht eine Menge über das Echte lernen kann.) Ebensowenig ist eine von Klostermauern geschützte Selbstzufriedenheit – ein «Friede», der nur dadurch gewährleistet ist, daß man sich aus dem Verkehr zieht, das Radio ausschaltet und die Welt vergißt – für sich genommen das Echte.

Die Gefahr der Bildung, so habe ich festgestellt, ist, daß sie so leicht Mittel und Zweck verwechselt. Noch schlimmer, sie vergißt leicht gar beides und widmet sich lediglich der Massenproduktion ungebildeter Akademiker – von Leuten also, die buchstäblich für nichts anderes geeignet sind, als an einer ausgeklügelten und völlig künstlichen Farce teilzunehmen, die sie und ihre Zeitgenossen «Leben» zu nennen sich verschworen haben.

Vor einigen Jahren erhielt ich ein Schreiben von einem Mann, der ein Buch mit dem Titel *Erfolg* zusammenstellte. Er bat mich darum, eine Erklärung beizusteuern, wie ich so erfolgreich geworden sei. Ich erwiderte unwillig, ich sei nicht in der Lage, mich in irgendeiner für mich bedeutsamen Weise als erfolgreich zu betrachten. Ich schwor, ich hätte mich mein Leben lang angestrengt, dem Erfolg aus dem Weg zu gehen. Daß ich dann doch einmal einen Bestseller geschrieben hätte, sei reiner Zufall, zurückzuführen auf Achtlosigkeit und Naivität, und ich würde mir die größte Mühe geben, so etwas nie wieder zu tun. Wenn ich eine Botschaft an meine Zeitgenossen hätte, so schrieb ich, dann ganz gewiß diese: Seid, was immer ihr wollt, seid Verrückte, Säufer und Halunken jeglicher Art und Güte, aber vermeidet um jeden Preis eines: Erfolg. Ich hörte nichts mehr von ihm, und soweit ich weiß, ist meine Antwort nicht mit den übrigen Stellungnahmen zusammen veröffentlicht worden.

Damit habe ich jede Hoffnung vereitelt, man könne behaupten, die Columbia-Universität habe mich zu einem Erfolg gemacht. Ganz im Gegenteil glaube ich, daß ich der Columbia neben vielen anderen Dingen zu verdanken habe, daß sie mir geholfen hat, den Wert der Erfolglosigkeit schätzen zu lernen. Die Columbia war für mich ein Mikrokosmos, eine kleine Welt, in der ich mich rechtzeitig bis zur Erschöpfung ausgetobt habe. Hätte ich bis nach dem Examen gewartet, wäre es zu spät gewesen. Während der wenigen Jahre, die ich dort verlebte, brachte ich es fertig, so viele falsche Dinge zu tun, daß ich gezwungen war, total umzudenken. Aber zum Glück lernte ich, während ich es tat, daß das gut war. Andernfalls wäre ich vielleicht in der Madison Avenue gelandet. Anstatt mich auf einen dieser glänzenden Posten vorzubereiten, hat die Columbia mich für immer davon kuriert, einen haben zu wollen. Anstatt mich auf die Welt der Geschäftsviertel hinzubiegen, hat mir die Columbia den Gefallen getan, mich halb bewußtlos nach Greenwich Village zu katapultieren, wo ich zeitweilig zur Besinnung kam und wo ich fortfuhr zu lernen. Ich glaube, ich habe an anderer Stelle* ausführlich genug erläutert, wieviel ich in dieser Hinsicht Menschen wie Mark Van Doren (der im Village gleich um die Ecke wohnte) und Joseph Wood Krutch (der, wie ich, Einsiedler wurde) verdanke. Diese Leute brachten mir bei, nicht Rockefeller, sondern Thoreau nachzueifern. Natürlich will ich damit weder sagen, man solle eher Thoreau sein als Rockefeller, noch listig darauf hinweisen, ich hätte eine überlegene Form des Grollens entdeckt, einen ausgefallenen Weg, jedermann zu übertrumpfen, indem ich mich weigere, Punkte zu sammeln.

Was ich sagen will, ist lediglich folgendes: Es kommt nicht auf die Punktzahl an. Das Leben muß nicht als Spiel betrachtet werden, in dem Punkte gezählt werden und in dem jemand gewinnt. Wer zu sehr auf das Gewinnen aus ist, wird niemals Freude am

* Weitere Informationen über Mertons Zeit an der Columbia-Universität und besonders den überaus großen Einfluß von Mark Van Doren enthält sein Buch *Der Berg der sieben Stufen.*

Spiel haben. Wer zu sehr vom Erfolg besessen ist, wird vergessen zu leben. Wer nur gelernt hat, wie man erfolgreich ist, wird sein Leben vermutlich vergeuden. Wenn sich eine Universität darauf konzentriert, erfolgreiche Leute hervorzubringen, dann versagt sie kläglich in ihrer Verpflichtung gegenüber der Gesellschaft und den Studenten selbst.

Nun weiß ich aber, daß auch in den dreißiger Jahren an der Columbia das Erfolgsstreben mächtig in Mode war. Es gab sogar einen Skandal bei den Meinungsumfragen für das Jahrbuch der Studenten im letzten Studienjahr. Der Mann, der die meisten Stimmen dafür erhielt, daß er «die besten Erfolgsaussichten» habe, wurde beschuldigt, die Ergebnisse in seinem Sinne gefälscht und einen Kuhhandel mit einem im Jahrbuch aufgeführten Mitglied des Lehrkörpers geschlossen zu haben, das zum «bestangezogenen» gekürt wurde. Ich wurde zum besten Autor gewählt. Mir wurde zwar kein Kuhhandel vorgeworfen, aber jedermann war klar, daß die Wahl, bei der nur ich und Hank Liebermann zur Auswahl standen, von meinen Clubkollegen entschieden worden war. (Übrigens: Was mag wohl aus dem Mann geworden sein, der «die besten Erfolgsaussichten» hatte?)

Aber im Grunde war das sowieso niemandem wirklich wichtig. Seit dieser Zeit haben viele meiner Kommilitonen bedeutende Positionen erlangt, mit all ihren Freuden und Sorgen, und diejenigen, die ich seither wiedergesehen habe, tragen den Stempel der Angst. Ich auch. Ich halte mich durchaus nicht für eine Ausnahme. Und doch hatte ich niemals das Gefühl, unsere Alma Mater habe lediglich gewollt, daß wir gut bezahlte Unternehmer werden oder uns halb zu Tode schuften, um uns auf der Titelseite der *Times* halten zu können. Ganz im Gegenteil hatte ich an der Columbia immer das Gefühl – das vielleicht eine Täuschung war, aber wenn es eine Täuschung war, dann eine heilsame –, daß die Leute um mich herum mir, halb amüsiert und vielleicht zeitweise etwas kopfschüttelnd, willig zugestanden, daß ich ich selbst war. (Ich möchte hinzufügen, daß ich mich in Cambridge selten so gefühlt habe.) Was mir an der Columbia am besten gefallen hat, war das Gefühl, daß sich die Universität im großen und ganzen zufrieden damit begnügte, mir ihre Bibliothek, ihre Hörsäle und ihre hervorragenden Lehrkräfte zur Verfügung zu stellen und mich daraus machen zu lassen, was ich wollte. Das tat ich auch. Und das führte dazu, daß ich mich am Ende wie ein Pfeil auf Blake, Thomas von Aquin, Augustinus, Eckhart, Coomaraswamy, Traherne, Hopkins, Maritain und die Sakramente der katholischen Kirche stürzte. Worauf ich ins Kloster kam, wo ich (wie alle Welt bereits weiß) weiterhin derselbe Sonderling blieb und schließlich als Einsiedler endete, der außerdem voll mit der Friedensbewegung identifiziert wird, mit Zen, mit einer Gruppe lateinamerikanischer Hippiedichter.

Der kleinste Teil all dessen, was gelernt wird, wird in den Unterrichtsräumen erarbeitet. Ich kann mich an Dutzende von Ereignissen, Bemerkungen, Vorfällen, Begegnungen erinnern, die an allen möglichen Stellen des Universitätsgeländes und manchmal weit weg davon stattfanden: kleine Lichter, deren Aufblitzen mir den Weg im Dunkel meiner eigenen Identität wies. Zum Beispiel wie Mark Van Doren einmal, als wir die Amsterdam Avenue überquerten, zu mir sagte: «Also, wenn Sie zum Leben als Mönch berufen sind, wird es Ihnen unmöglich sein, zu beschließen, nicht einzutreten» (oder so ähnlich). Ich begriff auf der Stelle die existentielle Wahrheit dieser Aussage.

Eine andere Szene, viel später. Ein Raum in Butler Hall, von dessen Fenstern aus einige Gebäude des Campus zu sehen sind. Daisetz Suzuki mit den dichten, buschigen Augenbrauen und dem Hörgerät, das nicht hören hilft. Mihoko, seine bildschöne Sekretärin, muß alles wiederholen. Sie macht Tee. Teezeremonie, aber eine höchst unkonventionelle, denn es gibt weder Riten noch Regeln. Ich trinke meinen Tee so ehrfürchtig und aufmerksam, wie ich kann. Sie geht in den Nebenraum. Suzuki ergreift, als hätte er darauf gewartet, daß sie geht, hastig seine Tasse und leert sie in einem Zug.

Es war, als wäre überhaupt nichts geschehen und trotzdem das Dach des Hauses davongeflogen. Aber in Wirklichkeit war gar nichts geschehen. Ein sehr, sehr alter, schwerhöriger Zen-Mann mit buschigen Augenbrauen hatte eine Tasse Tee getrunken, als trinke er mit der klaren Wachheit eines Kindes und als erkläre er zur gleichen Zeit mit größter Entschiedenheit: «Das ist nicht wichtig!»

Die Funktion einer Universität ist, einem Menschen beizubringen, wie man Tee trinkt, nicht weil irgend etwas wichtig ist, sondern weil es üblich ist, Tee zu trinken, oder wenn Sie wollen, was immer sonst auf der Welt. Und was Sie auch tun, jede Handlung, wie klein sie auch sei, kann Sie alles lehren – vorausgesetzt, Sie erkennen, wer es ist, der handelt.

Liebe und Einsamkeit

VORBEMERKUNG DES AUTORS: Die folgenden Seiten wurden ursprünglich als Vorwort zur japanischen Übersetzung von *Meditationen eines Einsiedlers* (Thoughts in Solitude) geschrieben. Hier erscheinen sie überarbeitet und zu einem Essay umgestaltet über das Leben in der Einsamkeit, über die Kontemplation und über grundlegende monastische Werte, die heute sogar von den Mönchen selbst in Frage gestellt werden. Ziel dieser Bemerkungen ist es nicht, eine ausgefeilte Verteidigung des Lebens in der Einsamkeit vorzubringen – das häufig verurteilt oder verteidigt wird, ohne in seinem Kern begriffen worden zu sein –, sondern einfach, die Einsamkeit ein wenig reden und für sich selbst sprechen zu lassen. Bei dem ursprünglichen Vorwort für die japanische Übersetzung hatte ich das Gefühl, daß viele japanische Leser, die ihrem stärker kontemplativ geprägten Erbe noch offen gegenüberstehen, in diesen intuitiven, vorläufigen und absichtlich unvollständigen Gedankengängen etwas wiedererkennen würden, was ihnen vertraut ist. Es ist möglich, daß westliche Leser sie einfach ungeduldig beiseite legen werden.

Kein Schreiben über die einsamen, meditativen Dimensionen des Lebens kann irgend etwas ausdrücken, das nicht schon besser vom Wind in den Föhren gesagt worden wäre. Diese Seiten wollen nicht mehr sein als ein Echo des Schweigens und des Friedens, die zu «hören» sind, wenn der Regen ungebunden durch die Berge und die Wälder zieht. Aber was kann der Wind sagen, wenn es keinen Hörenden gibt? Dann herrscht ein tieferes Schweigen: das Schweigen, in dem der Hörende ein Nicht-Hörender ist. Dieses tiefere Schweigen muß gehört werden, ehe man wahrhaft von Einsamkeit sprechen kann.

Auf diesen Seiten wird nicht versucht, irgendeine besondere Information zu übermitteln oder tiefgreifende philosophische Fragen über das Leben zu beantworten. Zwar beschäftigen sie sich mit Fragen über das Leben. Aber sie sind mit Sicherheit nicht dazu da, dem Leser das Denken abzunehmen. Ganz im Gegenteil laden sie ihn ein, selbst hinzuhören. Sie sprechen nicht einfach zu ihm, sondern sie erinnern ihn daran, daß er ein Hörender ist.

Aber wer ist dieser Hörende?

Gibt es jenseits dieses Hörenden vielleicht einen Nicht-Hörenden?

Wer ist dieser Nicht-Hörende?

Auf solch unerhörte Fragen gibt es keine dem Verstand einleuchtenden Antworten. Die einzige Antwort ist das Hören selbst. Und das geeignete Klima für ein solches Hören ist zweifellos die Einsamkeit.

Oder vielleicht besser gesagt: Dieses Hören, das vielmehr ein Nicht-Hören ist, ist selbst Einsamkeit. Warum spreche ich von einem Hören, das ein Nicht-Hören ist? Weil es sich, wenn man den Einsiedler als «einen» betrachtet, der sich numerisch von «vielen anderen» isoliert, der sich einfach aus der Menge absetzt, um seine persönliche Zahl an einem Felsen in der Wüste aufzuhängen und um dort Botschaften zu empfangen, die den vielen anderen vorenthalten bleiben, um eine falsche und dämonische Einsamkeit handelt. Das ist Solipsismus, nicht Einsamkeit. Es ist die falsche Einheit des Getrenntseins, in der sich das Individuum als seine eigene Zahl aussondert, sich selbst bestätigt, indem es sagt: «Ohne mich!»

Die wahre Einheit des Lebens in der Einsamkeit ist diejenige, in der es keine mögliche Abtrennung gibt. Der wahre Einsiedler sucht nicht sich selbst, sondern er verliert sich. Er vergißt, daß es

Zahlen gibt, um alles zu werden. Daher ist er ein Nicht(-individueller)-Hörer.

Er ist auf alles Hören in der Welt eingestimmt, da er im Schweigen lebt. Er horcht nicht auf den Grund des Seins, sondern er identifiziert sich mit diesem Grund, in dem alles Sein sich selbst hört und erkennt. Daher hat er keinen Gedanken mehr für sich selbst. Und was ist dieser Grund, was ist diese Einheit? Es ist Liebe. Das Paradox der Einsamkeit ist, daß ihr wahrer Grund universelle Liebe ist – und wahre Einsamkeit die ungeteilte Einheit der Liebe, für die es keine Zahl gibt.

Die Welt schrumpft zusammen. Es gibt immer weniger Plätze, wo Menschen allein sein können. Es heißt, daß in sechshundertfünfzig Jahren nur noch knapp neunzig Quadratzentimeter für jeden Menschen zur Verfügung stehen werden, wenn wir uns weiterhin im gegenwärtigen Tempo vermehren. Selbst dann (könnte jemand sagen) wird es neunzig Quadratzentimeter Einsamkeit für jeden geben. Aber stimmt das? Ist denn jeder Mensch eine separate Einsamkeit für sich? Nein. Es gibt eine einzige und umfassende Einsamkeit, in der alle Menschen gleichzeitig zusammen und allein sind. Aber der Preis einer mathematischen, quantitativen Auffassung vom Menschen (zum Beispiel in einem positivistischen, soziologischen Denkansatz) ist, daß sie jedes Individuum auf seine eigene Zahl und somit auf ein Nichts reduziert. Und indem sie die Masse aller Menschen einfach zu einer Summe einzelner Einheiten erklärt, macht sie aus der Menschheit eine riesige statistische Leere – in der Zahlen wuchern ohne Ziel, ohne Wert, ohne Sinn, ohne Liebe.

Die Gefahr dieser auf Masse ausgerichteten, numerischen, rein technischen Auffassung vom Menschen ist daher, daß sie die Liebe zerstört, indem sie den Einzelmenschen an die Stelle der Person setzt. Und was ist die Person? Eben ein Mensch, der eins ist in der Einheit, die die Liebe ist. Er ist innerlich ungeteilt, weil er für alles offen ist. Er ist für alles offen, weil die eine Liebe, die die Quelle von allem, die Form von allem und das Ziel von allem ist, in ihm und in allen eins ist. Wahrhaft allein ist derjenige, der für Himmel und Erde weit offen und niemandem gegenüber verschlossen ist.

Liebe ist kein Problem, nicht die Antwort auf eine Frage. Liebe kennt keine Frage. Sie ist der Grund von allem, und Fragen tauchen nur insofern auf, als wir von diesem Grund getrennt, abwesend, ihm entfremdet, von ihm entfernt sind.

Aber es liegt gerade in der Natur unserer Gesellschaft, daß sie diese Trennung, diese Entfernung, diese Entfremdung, diese Abwesenheit herbeiführt. Daher leben wir in einer Welt, die wir zwar mit unseren Besitztümern, unseren Plänen, unseren ausbeuterischen Taten und unseren Maschinen vollstopfen, in der wir selbst jedoch abwesend sind. Daher leben wir in einer Welt, in der wir sagen: «Gott ist tot.» Und wir sagen es in gewissem Sinne zu Recht, da wir nicht mehr in der Lage sind, zu erfahren, daß wir in Wahrheit in Seiner, in Gottes Liebe umfassend wurzeln und gründen.

Wie können wir zu dieser Wahrheit zurückfinden?

Erst dann, wenn wir nicht länger nach ihr zu suchen brauchen – denn solange wir sie suchen, bringen wir damit zum Ausdruck, daß wir sie verloren haben. Aber wenn wir uns tatsächlich als in unserem wahren Grund, in der Liebe, verwurzelt erkennen, erkennen wir gleichzeitig, daß wir ohne sie nicht sein können.

Diese Erkenntnis ist unmöglich ohne eine grundlegende persönliche Einsamkeit.

Kollektive Beschwörung wird, soviel sie auch immer über das «Ich und Du» predigen mag, das Ziel niemals erreichen. Denn auf dem Grund der Einsamkeit sind «Ich und Du» eines. Und nur von diesem Grund her wächst wahre Liebe. Machen wir also aus «Liebe» und «Einsamkeit» nicht eine Sache von Frage und Antwort. Die Antwort ist nicht in Worten zu finden, sondern dadurch, daß man auf einer bestimmten Bewußtseinsebene lebt. Diese Seiten beschäftigen sich daher mit einem spirituellen Klima, einer Atmosphäre, einer Landschaft des Geistes, einer Ebene des Bewußtseins: dem Frieden, dem Schweigen des Alleinseins, in dem der Hörer horcht und sein Hören ein Nicht-Hören ist.

Das Christentum ist eine Religion des Wortes. Das Wort ist Liebe. Aber wir vergessen manchmal, daß das Wort aus dem Schweigen hervorgeht. Wenn kein Schweigen herrscht, dann wird das Eine Wort, das Gott spricht, nicht wirklich als Liebe gehört. Dann werden nur «Wörter» gehört. «Wörter» sind keine Liebe, denn ihrer sind viele, und die Liebe ist eine. Wo viele Wörter sind, verlieren wir das Bewußtsein der Tatsache, daß es in Wahrheit nur Ein Wort gibt. Das Eine Wort, das Gott spricht, ist Er selbst. Sprechend manifestiert Er sich als unendliche Liebe. Sein Sprechen und Sein Hören sind eins. So nahe dem Schweigen ist Sein Sprechen, daß für unsere Art zu denken Sein Sprechen ein Nicht-Sprechen, Sein Hören ein Nicht-Hören ist. Und doch werden in Seinem Schweigen, im Abgrund Seiner einen Liebe, alle Worte gesprochen und alle Worte gehört. Nur in diesem Schweigen grenzenloser Liebe haben sie Zusammenhang und Bedeutung. Und doch zerren wir sie aus dem Schweigen heraus, um sie voneinander zu trennen, um sie deutlich zu machen, um ihnen einen einzigartigen Klang zuzuordnen, mit dessen Hilfe wir sie unterscheiden können. Das ist notwendig. Aber in all diesen vielen Klängen und Begriffen bleibt die verborgene, heimliche Macht des einen Schweigens, der einen Liebe gegenwärtig, die die Macht Gottes ist. «Als tiefes Schweigen das All umfing», heißt es im Buch der Weisheit (18,14), «und die Nacht bis zur Mitte gelangt war, da sprang Dein allmächtiges Wort vom Himmel, vom königlichen Thron herab.» Durch das Handeln, das im Leben und in der Geschichte stattfindet, manifestiert das verborgene Nicht-Handeln des Wortes und der Macht seine Realität. In diesem tiefen Schweigen bleibt Liebe der Grund der Geschichte.

Selbst wenn man ein gelehrter Mensch ist und ein umfassendes Wissen auf vielen Gebieten besitzt und viele «Wörter» kennt, ist dies wertlos, hat dies keine zentrale Bedeutung, . . . wenn das Eine Wort, Liebe, nicht gehört worden ist. Dieses Eine Wort wird nur im Schweigen und in der Einsamkeit des leeren Herzens gehört, des selbstlosen, ungeteilten Herzens, des Herzens, das im Frieden ist, losgelöst, frei, ohne Sorge. In der Sprache des Christentums ist diese Freiheit das Reich des Glaubens, der Hoffnung, aber vor allem der Liebe. «Wenn ich alle Glaubenskraft besäße . . ., hätte aber die Liebe nicht, wäre ich nichts» (1Kor 13,2). «Wer nicht liebt, bleibt im Tod» (1Joh 3,14).

Wird der christliche Glaube sehr kompliziert dargestellt, scheint er aus zahlreichen Doktrinen und einem komplexen System von

Glaubenssätzen zu bestehen, die Informationen über das Übernatürliche vermitteln. Er scheint auch alle erdenklichen Fragen über das Leben nach dem Tode zu beantworten sowie über die Wege, auf denen man Glückseligkeit im Himmel erlangt. Nun mögen diese Lehren zwar sehr wahr sein, doch bleiben sie uns unverständlich, solange wir der Ansicht sind, der einzige Zweck des Glaubens liege darin, eine Vielfalt an Information zu vermitteln, die in vielen komplexen Lehrsätzen verbreitet wird. In Wirklichkeit aber ist es nur das Eine, was den Glauben ausmacht – Gott, Liebe. Und obwohl die Offenbarungssätze über Ihn wahr sind, entspricht das, was sie uns über Ihn aussagen, Ihm nicht ganz, solange wir diese Lehren nur einzeln begreifen, unzusammenhängend, ohne lebendige Einheit in der Liebe. Sie müssen in der Liebe zusammenkommen, wie die Speichen eines Rades in der zentralen Nabe zusammenlaufen. Sie sind die Fensteröffnungen, durch die das Eine Licht in unser Haus strömt. Die Öffnung ist präzise und scharf abgegrenzt, aber was wir wirklich sehen, ist das Licht selbst, das diffus ist und alles durchdringt, so daß es überall und nirgends ist. Niemandes Geist kann Gottes Wirklichkeit umfassen, wie sie an sich ist, und wenn wir uns Gott nähern, müssen wir nicht nur vom Wissen, sondern auch vom Nicht-Wissen aus an Ihn herangehen. Wir müssen danach streben, mit Ihm nicht allein mit Worten, sondern vor allem durch Schweigen in Verbindung zu treten, durch das Schweigen, in dem allein das Eine Wort ist. Und das Eine Wort ist grenzenlose Liebe und unendliches Schweigen.

Wo ist Schweigen? Wo ist Einsamkeit? Wo ist Liebe?

Sie können letztlich nirgendwo gefunden werden außer im Grund unseres eigenen Seins. Dort, in den wortlosen Tiefen, gibt es keinen Unterschied mehr zwischen dem Ich und dem Nicht-Ich. Dort ist vollkommener Friede, weil wir in grenzenloser schöpferischer und erlösender Liebe gegründet sind. Dort begegnen wir Gott, den kein Auge sehen kann, und in Ihm, so sagt Paulus, «leben wir, bewegen wir uns und sind wir» (Apg 17,28). In Ihm finden wir auch Einsamkeit, wie Johannes vom Kreuz sagt, und wir erfahren, daß das Alles und das Nichts einander begegnen und dasselbe sind.

Ist kein Schweigen jenseits und innerhalb der vielen Worte der Lehre, gibt es keine Religion, sondern nur eine religiöse Ideologie. Denn Religion geht über Worte und Taten hinaus und erreicht die letzte Wahrheit nur im Schweigen und in der Liebe. Wo dieses Schweigen fehlt, wo es nur die «vielen Wörter» gibt und nicht das Eine Wort, dort ist viel Geschäftigkeit und Aktivität, aber kein Friede, kein tiefes Denken, kein Verständnis, keine innere Ruhe. Wo es aber keinen Frieden gibt, dort gibt es auch kein Licht und keine Liebe. Der Geist, der hyperaktiv ist, erscheint sich selbst wach und produktiv, aber er träumt, getrieben von Phantasie und Zweifel. Nur in Schweigen und Einsamkeit, in der Stille der Andacht, dem ehrfürchtigen Frieden des Gebetes, der Anbetung, in der das Ego-Selbst ganz verstummt und sich in der Anwesenheit des unsichtbaren Gottes erniedrigt, um Sein Eines Wort der Liebe zu empfangen; nur in diesen «Handlungen», die «Nicht-Handlungen» sind, erwacht der Geist wahrhaft aus dem Traum einer mannigfaltigen, verwirrten und bewegten Existenz.

Und gerade deswegen hat der moderne, in den westlichen Kulturkreisen lebende Mensch Angst vor der Einsamkeit. Er ist unfähig, allein zu sein, stille zu sein. Er überträgt seine spirituelle und mentale Krankheit auf die Menschen im Osten. Für Asien sind die Gewalttätigkeit und der Aktivismus des Westens eine große Versuchung, und allmählich entgleitet seinen Bewohnern der traditionelle Respekt für die Weisheit der Stille. Daher ist es gerade jetzt um so wichtiger, die Welt der Einsamkeit und des Schweigens wiederzuentdecken. Nicht, daß jedermann sich absondern und allein leben kann. Aber man kann in Augenblicken des Schweigens, der Meditation, der Erleuchtung und des Friedens lernen, überall schweigen und allein sein zu können. Man kann lernen, sogar mitten in der Menge in der Atmosphäre der Einsamkeit zu leben; nicht «getrennt», sondern eins mit allem in der Liebe Gottes. Denn man lernt, ein Hörender zu sein, der ein Nicht-Hörender ist, und man lernt, alle Wörter zu vergessen und nur auf das Eine Wort zu hören, das ein Nicht-Wort zu sein scheint. Man öffnet die innere Tür seines Herzens für die unendlichen, schweigenden Tiefen des Geistes, aus deren Abgrund Liebe aufwallt und sich allen schenkt. In Seinem Schweigen wird die Bedeutung eines jeden Klanges endlich klar. In Seinem Schweigen allein kann die Wahrheit von Wörtern erkannt werden, nicht in ihrer Getrenntheit, sondern in ihrem Hindeuten auf die zentrale Einheit der Liebe. Alle Wörter sagen dann nur noch eines: daß *alles Liebe ist.*

Heidegger hat gesagt, unsere Beziehung zu dem, was uns am nächsten ist, sei immer verworren und ohne Kraft. Und was ist uns näher als die Einsamkeit, die der Grund unseres Seins ist? Sie ist immer da. Eben deshalb wird sie aber ständig ignoriert, denn wenn wir anfangen, an sie zu denken, fühlen wir uns unwohl. Wir machen sie zum «Objekt», und dadurch wird unsere Beziehung zu ihr verfälscht. Genaugenommen sind wir uns selbst so nah, daß es gar keine «Beziehung» zum Grund unseres eigenen Wesens gibt. Können wir nicht einfach wir selbst *sein,* ohne darüber nachzudenken? Das ist wahre Einsamkeit.

Ist es richtig, zu sagen, man gehe in die Einsamkeit, um «zu den Wurzeln der Existenz zu gelangen»? Es wäre besser, einfach zu sagen, daß man in der Einsamkeit an der Wurzel *ist.* Wer allein ist und sich dessen bewußt ist, was seine Einsamkeit bedeutet, ist auf dem Grund des Lebens angekommen. Er ist «in der Liebe». Er ist verliebt in alles, in jedermann, in jedes Ding. Er ist nicht erstaunt darüber, und er ist fähig, mit dieser verwirrenden und wenig aufregenden Realität zu leben, für die es keine Erklärung gibt. Er lebt dann wie ein Samenkorn, das in die Erde gelegt wurde. Wie Christus sagt, muß das Samenkorn in der Erde sterben. Wie ein Samenkorn im Grund seines eigenen Lebens zu sein heißt also, sich in diesem Grund aufzulösen, um fruchtbar zu werden; in der Liebe unterzutauchen, um «Liebe zu sein». Aber diese Art von Fruchtbarkeit ist jenseits allen Planens und allen Verstehens des Menschen. Um «fruchtbar» in diesem Sinne zu sein, muß man jeden Gedanken an Fruchtbarkeit oder Produktivität vergessen und einfach *sein.* Die eigene Fruchtbarkeit ist gleichzeitig ein Akt des Glaubens und ein Akt des Zweifelns: Zweifel an allem, was man bisher in sich selbst gesehen hat, und Glaube an das, was man sich für sich selbst nicht im entferntesten vorstellen kann. Der «Zweifel» löst unsere Ego-Identität auf. Der Glaube gibt uns Leben in Christus, entsprechend dem Pauluswort: «Nicht mehr ich lebe, sondern Christus lebt in mir» (Gal 2,20). Dies anzunehmen ist unmöglich, wenn man nicht eine tiefe Hoffnung in die unbegreifliche Fruchtbarkeit setzt, die aus dieser Auflösung unseres Ego auf dem Grund des Seins und der Liebe hervorgeht. Eine solche Hoffnung ist nicht das Produkt menschlicher Vernunft, sie ist ein geheimes Geschenk der Gnade. Sie unterstützt uns mit göttlicher und verborgener Hilfe. Unsere eigene Auflösung anzunehmen wäre unmenschlich, wenn wir nicht gleichzeitig die Ganzheit und Vollständigkeit von allem in der Liebe Gottes annehmen würden. Wir akzeptieren unser Leerwerden, weil wir erkennen, daß gerade unser Leersein Erfüllung und Fülle ist. In unserem Leersein wird das Eine Wort deutlich gesprochen. Es sagt: «Ich lasse dich nicht fallen und verlasse dich nicht» (Hebr 13,5), denn ich bin dein Gott, ich bin Liebe.

Diesen Grund zu verlassen, um mit vielfältigen Aktivitäten in den menschlichen und sozialen Prozeß einzutauchen, kann sehr wohl nur eine Illusion sein, eine rein imaginäre Fruchtbarkeit.

Der moderne Mensch glaubt, er sei fruchtbar und produktiv, wenn er sein Ego aggressiv behauptet, wenn er sichtbar tätig ist und wenn sein Handeln augenfällige Ergebnisse hervorbringt. Aber diese Aktivität führt in steigendem Maße zum Widerspruch in sich selbst. Die reichste und wissenschaftlich fortschrittlichste Kultur der Welt, die potentiell auf unbegrenzte Produktion hin angelegt ist, verwendet ihre riesige Kraft und ihren enormen Reichtum nicht darauf, fruchtbar zu werden, sondern auf Werkzeuge der Zerstörung. Unter solchen Voraussetzungen ist selbst dann, wenn die Menschen aufrichtig Frieden wünschen, ihr Wunsch eine Illusion, die keine Erfüllung finden kann. Solche Menschen leben im Zustand ständiger Niederlagen, die sie sich selbst zufügen.

Gegen diesen Zustand selbstzugefügter Niederlage dadurch zu rebellieren, daß man sich selbst krankhaft in sein desillusioniertes Ego einsperrt, wäre jedoch nur falsche Einsamkeit. Einsamkeit ist nicht Rückzug aus dem alltäglichen Leben. Sie ist nicht vom alltäglichen Leben getrennt, höher, «besser als» dieses, sondern ganz im Gegenteil gerade der Grund des alltäglichen Lebens. Sie ist gerade der Grund dieser einfachen, schlichten, vollkommen menschlichen Tätigkeit, mit der wir still unser tägliches Brot verdienen und unsere Erfahrungen mit ein paar guten Freunden teilen. Aber wir müssen lernen, diesen Grund unseres Seins zu erkennen und anzunehmen. Für die meisten Menschen ist er, obwohl immer da, unvorstellbar und unbekannt. Folglich hat ihr Leben keine Mitte und kein Fundament. Es zersplittert sich in einem trügerischen «Beisammensein», das keine wirkliche Bedeutung hat. Nur wenn unsere Aktivität aus dem Grund herkommt, auf dem wir zugestimmt haben, uns auflösen zu lassen, hat sie die göttliche Fruchtbarkeit der Liebe und der Gnade. Nur dann erreicht sie andere wirklich in wahrer Kommunikation. Oft ist unser Bedürfnis nach anderen keineswegs Liebe, sondern nur das Bedürfnis, in unseren Illusionen gestützt zu werden, geradeso, wie wir die anderen in den ihren stützen. Doch wenn wir diesen Illusionen entsagt haben, dann können wir ohne weiteres mit wahrem Mitgefühl auf andere zugehen. Und die Illusionen lösen sich letztlich in der Einsamkeit auf. Aber man muß hart arbeiten, um dafür zu sorgen, daß sie sich nicht in irgendeiner schlimmeren Form neu gestalten und unsere Einsamkeit mit Teufeln bevölkern, die sich als Lichtengel verkleiden. Liebe, Einfachheit und Mitgefühl schützen uns davor. Derjenige, der wahrhaft allein ist, findet in sich selbst das mitfühlende Herz, mit dem er nicht nur diesen oder jenen Menschen, sondern alle Menschen lieben kann. Er sieht sie alle in dem Einen, der das Wort Gottes ist, die vollkommene Verkörperung von Gottes Liebe, in Jesus Christus.

Liebe und Bedürfnis: Ist Liebe eine Werbepackung oder eine Botschaft?

Wir sprechen im Englischen von «in Liebe fallen» (fall in love), als wäre Liebe etwas, das sich in Teichen, Seen, Flüssen und Meeren sammelt. Man kann «hineinfallen» oder um sie herumgehen. Man kann auf ihr segeln oder in ihr schwimmen, oder man kann sie aus sicherem Abstand betrachten. Der Ausdruck scheint eine Eigenart des Englischen zu sein. Im Französischen sagt man zum Beispiel nicht *tomber en amour,* kennt aber einen Ausdruck, der wörtlich «verliebt fallen» bedeutet. Die Italiener und die Spanier sagen, man «verliebe sich». Die romanischsprachigen Völker betrachten die Liebe nicht als ein Ereignis, das einem zustößt. Unser englischer Ausdruck dagegen suggeriert ein unvorhergesehenes Mißgeschick, das verhängnisvoll sein kann oder auch nicht: Sie sind auf einer Party. Sie haben mehr getrunken, als Sie vertragen können. Sie beschließen, ein wenig im Garten spazierenzugehen. Sie bemerken nicht, daß ein Schwimmbecken da ist – und plötzlich müssen Sie schwimmen! Zum Glück fischt man Sie heraus, und Sie sind naß, haben aber sonst keinen Schaden gelitten. So ist die Liebe. Wenn Sie nicht aufpassen, wo Sie hintreten, laufen Sie Gefahr, «hineinzufallen». Die Erfahrung ist im Normalfall ein wenig lächerlich. Ihre Freunde haben ihren Spaß daran, und wenn sie zufällig gerade miterleben, wie es passiert, tun sie alles in ihrer Macht Stehende, um Sie vom Wasser weg und zu einem schönen, gemütlichen Sessel hin zu lotsen, in dem Sie schlafen können.

Manchmal ist das Becken natürlich auch leer. Dann werden Sie nicht naß, sondern schlagen sich den Schädel ein oder brechen sich den Arm.

Der Ausdruck «in etwas fallen» verlagert die Verantwortung vom eigenen Willen auf eine kosmische Kraft wie etwa die Schwerkraft. Wenn Sie «fallen», werden Sie ja von einer Macht mitgerissen, die Sie nicht unter Kontrolle haben. Sobald Sie in Bewegung sind, können Sie nicht mehr bremsen. Sie sind gestartet, und Sie wissen nicht, wo Sie landen werden. Wir sagen auch «in ein Koma fallen» oder «in Ungnade fallen». Ein Wörterbuch erinnert uns daran, daß man gar «verfallen», «auf die Nase fallen» und «der Länge nach auf die Nase fallen» kann. Eine gewisse, rudimentäre Theologie betrachtet die ganze menschliche Rasse als «gefallen», weil Eva Adam in Versuchung geführt hat, sie zu lieben. Das ist schlechte Theologie. Die Erbsünde ist nicht sexueller Natur. (Ein besserer Ansatz ist, daß die Liebe zwischen Adam und Eva ursprünglich als eine Teilhabe gemeint war, als eine Verschiedenheit-in-der-Einheit, die den unsichtbaren Gott in der sichtbaren Schöpfung widerspiegelt, als Ausdruck für «Gott ist Liebe».)

Die englische Umschreibung «in Liebe fallen» spiegelt eine bestimmte Haltung zur Liebe und zum Leben selbst – eine Mischung aus Furcht, Ehrerbietung, Faszination und Verwirrung. Der Ausdruck impliziert Mißtrauen, Zweifel, Zögern angesichts von etwas Unvermeidlichem – das aber doch nicht recht verläßlich ist. Denn Liebe holt Sie aus sich selbst heraus. Sie verlieren die Kontrolle. Sie «fallen». Sie werden verletzt. Liebe bringt die übliche Alltagsroutine durcheinander. Sie werden gefühlvoll, phantasievoll, verletzlich, töricht. Sie sind nicht länger damit zufrieden, zu essen und zu schlafen, Geld zu verdienen und sich zu vergnügen. Sie können nicht anders, als sich jetzt von dieser Kraft davontragen lassen, die stärker ist als Ihre Vernunft und sogar gebieterischer als geschäftliche Verpflichtungen!

Wenn Sie ein kühler und selbstbeherrschter Mensch sind, werden Sie natürlich darauf bedacht sein, niemals zu «fallen». Sie akzeptieren die unvermeidliche Macht der Liebe als eine Notwendigkeit, die man kontrollieren und aus der man Kapital schlagen kann. Sie werden sie auf die enge Kategorie «Vergnügen» beschränken und auf diese Weise vermeiden, daß sie jemals außer Kontrolle gerät. Sie werden sich schließlich damit vergnügen, andere zu Fall zu bringen, ohne selber zu fallen.

Aber an der Frage der Liebe kommt letztlich keiner vorbei. Ob Sie vorgeben, daran interessiert zu sein oder nicht, sind Sie doch vom ersten Augenblick Ihres Lebens an gezwungenermaßen davon betroffen, denn Liebe ist nicht einfach etwas, das Ihnen zustößt: *Sie ist eine bestimmte, ganz besondere Art, lebendig zu sein.*

Liebe bedeutet eine Intensivierung des Lebens, eine Vervollkommnung, eine Fülle, eine Ganzheit. Wir leben nicht einfach, um unsere Tage dahinvegetierend zuzubringen, bis wir sterben. Und wir leben auch nicht nur, um an der Routine von Arbeit und Vergnügen teilzunehmen, die um uns herum abläuft. Wir sind nicht einfach nur Maschinen, die gewartet und sorgfältig gefahren werden müssen, bis sie eines Tages kaputtgehen. Mit anderen Worten: Das Leben ist keine gerade, horizontale Linie zwischen den zwei Punkten Geburt und Tod. Das Leben strebt aufwärts zu einem Gipfel an Intensität, einem Höhepunkt von Wert und Sinn, an dem all seine latenten schöpferischen Fähigkeiten in Aktion treten und die Person sich in Begegnung, Antwort und Gemeinschaft mit einem anderen transzendiert. Für dies und nichts anderes sind wir auf die Welt gekommen – für diese Gemeinschaft und Selbst-Überschreitung. Wir werden nicht vollkommen menschlich, bis wir uns einander in Liebe schenken. Und dies darf nicht allein auf sexuelle Erfüllung beschränkt sein. Es umschließt alles, was zu einem Menschen gehört – die Fähigkeit zur Selbsthingabe, zum Teilen, zur Kreativität, zur gegenseitigen Fürsorge, zur spirituellen Anteilnahme.

Liebe ist unsere wahre Bestimmung. Wir finden den Sinn des Lebens nicht für uns allein – wir finden ihn mit einem anderen. Wir entdecken das Geheimnis unseres Lebens nicht allein durch Forschen und Rechnen in eigenen, isolierten Betrachtungen. Der Sinn unseres Lebens ist ein Geheimnis, das uns in Liebe enthüllt werden muß *durch denjenigen, den wir lieben.* Ist diese Liebe unwirklich, wird das Geheimnis nicht gefunden, wird sich der Sinn nie enthüllen, wird die Botschaft nie entschlüsselt werden. Bestenfalls werden wir eine bruchstückhafte und partielle Botschaft erhalten, die uns täuschen und verwirren wird. Wir werden niemals vollständig wirklich werden, bis wir uns in Liebe fallen lassen – entweder zu einem anderen Menschen oder zu Gott.

Daher wird unsere Einstellung zum Leben auch auf die eine oder andere Weise eine Einstellung zur Liebe sein. Unsere Vorstellung von uns selbst wird unvermeidlich zutiefst beeinflußt werden von unserer Vorstellung – und unserer Erfahrung – von Liebe. Und unsere Liebe oder unser Mangel an Liebe, unsere Bereitschaft, uns auf sie einzulassen, oder unsere Entschlossenheit, ihr aus dem Weg zu gehen, wird am Ende ein Ausdruck unserer selbst sein: für wen wir uns halten, was wir sein wollen, wofür wir da zu sein glauben.

Und es wird nicht etwas sein, das lediglich in unserem Kopf vorgeht. Liebe beeinflußt mehr als unser Denken und unser Verhalten gegenüber denen, die wir lieben. Sie verwandelt unser ganzes Leben. Echte Liebe ist eine persönliche Revolution. Liebe erfaßt Ihre Gedanken, Ihre Wünsche und Ihre Taten und schmiedet sie zu *einer* Erfahrung und *einer* lebendigen Wirklichkeit zusammen, die Sie zu einer neuen Person macht. Sie mögen es vorziehen, dafür zu sorgen, daß dies nicht geschieht. Sie mögen Ihre Gedanken, Wünsche und Taten in getrennten Fächern behalten, wenn Sie wollen. Aber dann werden Sie eine künstliche und geteilte Person mit drei kleinen Aktenschränken sein: einem für Gedanken, einem für Entscheidungen und einem für Handlungen und Erfahrungen. Und diese drei Bereiche haben vielleicht nicht einmal viel miteinander zu tun. Ein solches Leben ergibt keinen Sinn, und es ist wenig wahrscheinlich, daß es glücklich ist. Die Inhalte der voneinander getrennten Schränke können im Laufe des Lebens zunehmend merkwürdiger werden. Unsere Lebensphilosophie ist nicht etwas, das wir ganz alleine aus dem Nichts erschaffen. Unsere Art zu denken und sogar unsere Haltung uns selbst gegenüber wird immer stärker von außen bestimmt. Selbst unsere Liebe neigt dazu, sich vorgefertigten Formen anzupassen. Wir formen, bewußt oder unbewußt, unsere Vorstellungen von Liebe nach den Mustern, denen wir Tag für Tag in der Werbung, im Kino, im Fernsehen und bei unserer Lektüre ausgesetzt sind. Eine dieser vorherrschenden, vorgefertigten Haltungen dem Leben und der Liebe gegenüber muß hier zur Sprache kommen. Es ist eine, die nur selten bewußt formuliert wird. Sie liegt einfach «in der Luft», ist etwas, dem man ausgesetzt ist, ohne daß man darüber nachdenkt. Diese Vorstellung von Liebe ist eine Folge des Denkens, das unsere marktwirtschaftliche Gesellschaft zusammenhält. Man könnte sie als Werbepackungs-Auffassung von Liebe bezeichnen.

Liebe wird als ein Handel betrachtet. Der Handel setzt voraus, daß wir alle Bedürfnisse haben, die auf dem Wege des Austausches befriedigt werden müssen. Um einen Handel abschließen zu können, muß man mit einem begehrenswerten Produkt auf dem Markt erscheinen. Falls das Produkt wertlos ist, kommt man vielleicht trotzdem zum Ziel, wenn man es in einer ansprechenden Verpackung anbietet. Ohne daß es uns bewußt ist, halten wir uns nun selbst für Objekte, die auf dem Markt zum Verkauf stehen. Wir wollen begehrt sein. Wir wollen Kunden anlocken. Wir wollen wie die Art Produkt aussehen, die Geld bringt. Daher verschwenden wir eine Menge Zeit darauf, den Vorbildern nachzueifern, die uns eine reiche marktwirtschaftliche Gesellschaft anbietet.

Dabei betrachten wir uns selbst und andere mit der Zeit nicht mehr als *Personen*, sondern als *Produkte* – als «Ware» oder, anders ausgedrückt, als Werbepackung. Wir schätzen einander nach kommerziellen Gesichtspunkten ein. Wir taxieren einander und machen Geschäfte zu unserem eigenen Nutzen. Wir verschenken uns nicht in Liebe, sondern wir schließen einen Handel, der unser eigenes Produkt aufwerten soll, und daher ist kein Handel endgültig. Immer haben wir bereits den nächsten im Auge – und dieser nächste Handel muß nicht unbedingt mit demselben Kunden abgeschlossen werden. Das Leben ist interessanter, wenn man viele Geschäfte mit vielen verschiedenen Kunden macht.

Diese Betrachtungsweise, die das Werben um Liebe mit Geschäftstüchtigkeit und Liebe mit einer prächtigen Werbepakkung gleichsetzt, beruht auf der Auffassung, Liebe sei ein Mechanismus ineinandergreifender instinktiver Bedürfnisse und wir seien biologische Maschinen, ausgestattet mit bestimmten Trieben, die auf Erfüllung drängen: Sind wir geschickt, können wir diese Triebe in uns selbst und in anderen ausbeuten und manipulieren.

Wir können Vorteile aus ihnen ziehen. Wir können von ihnen profitieren, können sie dazu benützen, unser eigenes Ego durch vorteilhafte Handelsabschlüsse mit anderen Egos zu befriedigen und zu bereichern. Und ist der Partner nicht allzu gewitzt, kann ein bißchen Mogeln nicht schaden, vor allem dann, wenn es für mich selbst alles einträglicher und zufriedenstellender macht!

Wenn dieser Prozeß, Geschäfte abzuschließen und Bedürfnisse zu befriedigen, sich beschleunigt, wird das Leben zu einem aufregenden Glücksspiel. Wir treffen immer mehr andere Spieler mit denselben Bedürfnissen. Wir werden alle auf einer Roulettscheibe bunt durcheinandergewirbelt und hoffen, auf einer Glückszahl zu landen. Und dies geschieht immer wieder. «In Liebe fallen» ist nichts als ein drolliger Zufall, der eintritt, wenn Sie an einer anderen Person hängenbleiben, deren Bedürfnisse mehr oder weniger mit den Ihren übereinstimmen. Sie sind in der Lage, einander irgendwie zu erfüllen, einander zu ergänzen. Sie haben das Rennen gewonnen. Natürlich reicht die Trophäe nur für ein paar Jahre. Dann müssen Sie wieder ins Glücksspiel einsteigen. Aber gelegentlich gewinnen Sie. Andere haben nicht so viel Glück. Sie treffen nie jemanden, der genau die richtige Sorte von Bedürfnis hat, die zu ihrem Bedürfnis paßt. Sie finden nie jemanden mit der richtigen Mischung von Eigenschaften, Tricks und Schwächen. Sie scheinen niemals die richtige Packung zu kaufen. Sie landen nie auf der richtigen Nummer. Sie fallen ins Becken, und das Becken ist leer.

Diese Auffassung von Liebe geht von der Voraussetzung aus, daß es der Mechanismus von Kauf und Verkauf von Bedürfnissen und Erfüllung ist, der alles funktionieren läßt. Das Leben ist ein Markt und die Liebe eine Variation des freien Unternehmertums. Man kauft und man verkauft, und es in der Liebe zu etwas bringen heißt, mit dem, was man gerade zu bieten hat, einen guten Handel zu erzielen. Im Geschäftsleben kommen Käufer und Verkäufer mit ihren Bedürfnissen und ihren Produkten auf dem Markt zusammen. Und sie tauschen. Der Tausch wird vereinfacht durch den Gebrauch einer beglückenden Annehmlichkeit namens Geld. In der Liebe ist es genauso. Die Liebesbeziehung ist ein Handel, den man zur Befriedigung gegenseitiger Bedürfnisse abschließt.

Wenn sie erfolgreich ist, macht sie sich bezahlt, wenn auch nicht unbedingt finanziell, aber doch in Form von Befriedigung, Seelenruhe, Erfüllung. Da aber die Vorstellung von Glück für uns untrennbar mit dem Gedanken an Wohlstand verknüpft ist, können wir uns der Tatsache nicht verschließen, daß eine Liebe, die nicht von allen erdenklichen materiellen und gesellschaftlichen Segnungen gekrönt wird, uns ziemlich verdächtig erscheint. Ist sie wirklich *glücklich?* Haben wir wirklich ein *gutes Geschäft* gemacht?

Der Haken an dieser Art von kommerzialisierter Liebesvorstellung ist, daß sie die Aufmerksamkeit immer mehr von den wesentlichen Voraussetzungen für die Liebe auf das schmückende Beiwerk verlagert. Sie sind nicht mehr in der Lage, den anderen Menschen wirklich zu lieben, denn Sie sind zwanghaft mit der Wirksamkeit Ihrer eigenen Werbepackung beschäftigt, Ihres eigenen Produktes, Ihres eigenen Marktwertes.

Gleichzeitig gewinnt die Transaktion selbst übertriebene Bedeutung. Für viele Leute ist das, worauf es ankommt, der köstliche und flüchtige Augenblick, in dem der Handel abgeschlossen wird. Sie denken wenig darüber nach, was der Handel selbst mit sich bringt. Das ist vielleicht der Grund dafür, daß so viele Ehen keinen Bestand haben und daß so viele Leute ein zweites Mal heiraten müssen. Sie können sich nicht als wirklich empfinden, wenn sie nur einen einzigen Vertrag schließen und es dabei bewenden lassen!

In der Vergangenheit, in einer Gesellschaft, in der die Menschen sich vom Grund und Boden ernährten, in der Landbesitz die Beständigkeit und Sicherheit der Familie darstellte, gab es keine Probleme mit einer Ehe auf Lebenszeit. Sie galt als völlig normal und wurde ohne Widerstand, selbst ohne unbewußten Widerstand, akzeptiert. Heutzutage müssen Sicherheit und Identität eines Menschen ständig neu bestätigt werden, weil nichts von Dauer und alles in Bewegung ist. Man muß mit der Bewegung mitgehen. Man muß jeden Tag mit etwas Neuem aufwarten. Man muß jeden Morgen unter Beweis stellen, daß man noch da ist. Man muß immer weiter Geschäfte machen.

Jeder Handel muß die Frische, die Einzigartigkeit, die paradiesische Unschuld eines Abschlusses mit einem brandneuen Kunden haben. Wir werden, ob es uns gefällt oder nicht, von einer «Ethik» oder vielmehr von einem «Aberglauben» der Quantität beherrscht. Wir glauben nicht an einen einzigen bleibenden Wert, der ein für allemal gesetzt wird – eine dauerhafte und grundlegende Qualität, die niemals veraltet oder schal wird. Wir sind von der Wiederholbarkeit besessen. Wir glauben nicht, daß die Wirklichkeit uns auf einmal zuteil wird, sondern daß sie in kleinen Häppchen erhascht werden muß, immer und immer wieder, in einem dynamischen Flimmern wie in den aufeinanderfolgenden Bildern eines Films. Das ist unsere Haltung.

Albert Camus hat in *Der Mythos von Sisyphos,* einem seiner frühen Bücher, Don Juan als Helden gepriesen, und zwar gerade wegen seiner quantitativen Einstellung zur Liebe. Don Juan machte so viele Eroberungen, wie er nur irgend konnte. Er praktizierte die «Ethik der Quantität». Aber Camus pries Don Juan als einen «Helden des Absurden», und seine Ethik der Quantität war lediglich eine reflexhafte Antwort auf die «essentielle Absurdität» des Lebens. Camus revidierte später seine Meinung zu diesem Punkt. Die «Ethik der Quantität» kann sich nicht nur in der Liebe auswirken, sondern auch im Haß. Die Todeslager der Nazis waren ein Musterbeispiel dieser Ethik der Quantität, dieses «Heldentums des Absurden». Die Ethik der Quantität führt nach Auschwitz und in die Verzweiflung. Camus hat das eingesehen und die Ethik der Quantität in seinen nach dem Zweiten Weltkrieg geschriebenen Büchern nie mehr erwähnt. Er bewegte sich immer weiter auf eine Ethik der Liebe, des Opferns und des Mitgefühls zu.

Jeder, der die Liebe als einen Handel betrachtet, der auf der Grundlage von «Bedürfnissen» abgeschlossen wird, ist in Gefahr, einer rein quantitativen Ethik zu verfallen. Wenn Liebe ein Handel ist, wer hat dann das Recht, zu sagen, man solle nicht so viele Abschlüsse wie möglich tätigen?

Von dem Augenblick an, in dem man sich der Liebe in Begriffen wie «Bedürfnis» und «Erfüllung» nähert, kann die Liebe nichts anderes mehr sein als ein Handel. Und noch schlimmer ist, daß wir, weil wir ständig dem Bombardement nach Sättigung unserer Sinne und unserer Phantasie ausgesetzt sind, das uns unerreichbar ideale Erfüllung vorgaukelt, gar nicht anders können, als unsere Einschätzung des Handels, den wir abgeschlossen haben, jeweils zu revidieren. Wir können gar nicht anders als noch einmal umkehren und mit jemand anderem einen «besseren» Handel abschließen, der zufriedenstellender ist.

Die Situation ist also die folgende: Wir geraten mit einem Gefühl von ungeheurer Bedürftigkeit, mit einer naiven Forderung nach vollkommener Erfüllung in die Liebe hinein. Schließlich sagt man uns täglich und stündlich vor, daß wir dies erwarten könnten. Die Wirkung der Überstimulierung durch die Werbung und andere Medien hält uns auf dem höchstmöglichen Niveau von Unzufriedenheit mit der mittelmäßigen Erfüllung, die wir dann in Wirklichkeit finden, und mit dem Handel, den wir schließlich abschließen. Das steigert schmerzhaft unser Bedürfnis. Viele Leute halten ihr sexuelles Verlangen ständig in einem intensiven Reizzustand, nicht aufgrund wahrer Leidenschaft, sondern weil sie das Bedürfnis haben, unter Beweis zu stellen, daß sie attraktive und erfolgreiche Liebhaber sind. Sie suchen Sicherheit in der wiederholten Bestätigung, daß sie noch immer einen Marktwert haben, noch immer ein erstrebenswertes Produkt sind. Das geschraubte Wort für all das ist Narzißmus. Er hat katastrophale Folgen, denn er verleitet die Menschen dazu, einander zu selbstsüchtigen Zwekken zu manipulieren.

Wenn Sie gewohnheitsmäßig so funktionieren, mögen Sie den Anschein erwecken, ein «erfülltes» und glückliches Leben zu führen. Es mag so aussehen, als hätten Sie alles. Sie gehen überall hin, mischen überall mit, haben jede Menge Freunde, «lieben» und werden «geliebt». Sie wirken sexuell und in jeder anderen Hinsicht perfekt an ihre/n Partner «angepaßt». Und doch kann unter der Oberfläche ein nagendes Gefühl sein, Sie seien trotz alledem betrogen worden, und das Leben, das Sie führen, sei ganz und gar nicht das richtige. Das ist die Tragödie derjenigen, die es fertigbringen, sich einem Werbevorbild anzugleichen, das ihnen von allen Seiten her als ideal angepriesen wird. Und doch wissen sie aus Erfahrung, daß nichts dahinter ist. Das Ganze ist hohl. Sie sind vielleicht in mancher Hinsicht schlechter daran als diejenigen, die es nicht ganz schaffen und die daher immer meinen, es gebe vielleicht doch eine vollkommene Erfüllung, die sie noch finden können. Menschen, die so empfinden, haben zumindest noch Hoffnung!

Die Wahrheit ist jedoch, daß dieses ganze Konzept vom Leben und von der Liebe selbstzerstörerisch ist. Liebe einfach als eine Sache von Bedürfnissen und deren Erfüllung zu betrachten, als etwas, das sich in einem kühlen Handel umsetzen läßt, heißt, den wahren Sinn der Liebe zu verpassen – und den des Lebens ebenso.

Der grundlegende Irrtum ist, Liebe lediglich als ein Bedürfnis, als Appetit, als ein Verlangen, als Hunger zu betrachten, die nach Befriedigung rufen. Psychologisch betrachtet, zeugt eine solche Einstellung von einer unreifen und regressiven Haltung dem Leben und anderen Menschen gegenüber.

Zunächst einmal ist sie negativ. Liebe wird als Mangel definiert, als Leere, als ein Nichts. Aber sie ist darüber hinaus eine Leere, die ausgenützt werden kann. Andere können dazu herangezogen werden, das Bedürfnis erfüllen zu helfen – vorausgesetzt, wir schreien laut genug und lange genug und auf wirksame Art und Weise. Werbung beginnt in der Wiege! Sehr häufig bleibt sie dort – und die Liebe desgleichen. Psychologen haben einige ziemlich harte Worte über die Unreife und den Narzißmus der Liebe in unserer Konsumgesellschaft gesagt, in der die Liebe auf ein rein egoistisches Bedürfnis reduziert wird, das nach sofortiger Befriedigung schreit und andere mehr oder weniger geschickt manipuliert, um zu bekommen, was verlangt wird. Aber die schlichte Wahrheit ist: Liebe ist keine Angelegenheit, bei der es darum geht, zu bekommen, was man will. Ganz im Gegenteil. Das Beharren darauf, immer zu bekommen, was man will, immer zufriedengestellt zu werden, immer erfüllt zu werden, macht Liebe gerade unmöglich. Um zu lieben, müssen Sie aus der Wiege herausklettern, wo sich alles um das «Bekommen» dreht, und zur Reife des Gebens heranwachsen, ohne sich darum zu kümmern, ob sie irgend etwas Besonderes zurückbekommen. Liebe ist kein Handel, sie ist ein Opfer. Sie ist nicht Vermarktung, sie ist eine besondere Form der Anbetung.

In Wirklichkeit ist Liebe eine positive Kraft, eine transzendente spirituelle Macht. Sie ist sogar die tiefste schöpferische Macht in der menschlichen Natur. Verwurzelt im biologischen Reichtum unseres Erbes, erblüht Liebe spirituell als Freiheit und als die kreatürliche Antwort auf das Leben in einer vollkommenen Begegnung mit einem anderen Menschen. Sie ist eine lebendige Würdigung des Lebens als Wert und als Geschenk. Sie ist die Antwort auf den ganzen Reichtum, die Vielfalt, die Fruchtbarkeit der lebendigen Erfahrung selbst: sie «kennt» das innere Geheimnis des Lebens. Sie erfreut sich am Leben als einer unerschöpflichen Quelle. Liebe schätzt diese Quelle in einer Weise, in der Wissen allein es niemals könnte. Liebe hat ihre eigene Weisheit, ihre eigene Lehre, ihre eigenen Wege, um die verborgenen Tiefen des Lebens im Geheimnis des geliebten Menschen zu erforschen. Liebe kennt, versteht und erfüllt die Forderungen des Lebens insofern, als sie mit Wärme, Loslassen und Hingabe antwortet.

Wenn Menschen wirklich Liebende sind, dann erfahren sie weit mehr als lediglich ein beiderseitiges Bedürfnis nach der Gegenwart und dem Trost des anderen. In ihrer Beziehung zueinander werden sie zu anderen Menschen. Sie sind mehr als ihr Alltagsselbst, sie sind lebendiger, verständnisvoller, geduldiger und scheinen begabter. Sie werden zu neuen Wesen umgeformt. Sie werden von der Macht ihrer Liebe verwandelt.

Liebe ist die Offenbarung unseres tiefsten persönlichen Sinnes und Wertes, unserer Identität. Aber diese Offenbarung bleibt unmöglich, solange wir Gefangene unseres eigenen Egoismus sind. Ich kann mich nicht in mir selbst finden, sondern nur in einem anderen. Mein wahrer Sinn und Wert werden mir nicht in meiner Selbsteinschätzung gezeigt, sondern in den Augen dessen, der mich liebt; und dieser muß mich lieben, wie ich bin, mit meinen Fehlern und Grenzen, und mir die Wahrheit offenbaren, daß diese Fehler und Grenzen meinen Wert in *seinen* Augen nicht zerstören können und daß ich daher als Mensch wertvoll bin trotz meiner Unzulänglichkeiten und trotz der Unvollkommenheiten meiner äußeren «Verpackung». Die Verpackung ist vollkommen nebensächlich. Worauf es ankommt, ist die unendlich wertvolle Botschaft, die ich nur in meiner Liebe zu einem anderen Menschen entdecken kann. Und diese Botschaft, dieses Geheimnis, wird mir nicht vollkommen offenbart, wenn ich nicht gleichzeitig in der

Lage bin, den geheimnisvollen und einzigartigen Wert dessen zu sehen und zu verstehen, den ich liebe.

Diese gegenseitige Offenbarung zweier Menschen in ihrem tiefsten Geheimnis ist etwas vollkommen Privates. Sie ist ihnen eigen, und sie kann niemand anderem mitgeteilt werden, bis sie in einem Kind verkörpert wird, das sozusagen ein lebendiges Wort ist, ein körperlicher Ausdruck ihres gemeinsamen Geheimnisses. Aber auch in der Person des Kindes bleibt das Geheimnis ein Mysterium, das nur der Liebe der beiden bekannt ist, die an der schöpferischen Hingabe teilgenommen haben, welche das Kind ins Dasein gebracht hat.

Liebe ist auch eine verwandelnde Kraft von fast mystischer Intensität, die den Liebenden Qualitäten und Fähigkeiten verleiht, von denen sie nicht einmal im Traum gedacht hätten, daß sie diese besitzen könnten. Woher kommen diese Eigenschaften? Aus der Steigerung des Lebens selbst, das durch die Liebe vertieft, intensiviert, erhoben, gestärkt und spiritualisiert wird. Liebe ist nicht nur eine besondere Art und Weise, lebendig zu sein, sondern die Vervollkommnung des Lebens. Wer liebt, ist lebendiger und wirklicher als vorher, da er nicht liebte.

Das ist vielleicht einer der Gründe, weshalb Liebe so gefährlich wirkt: Der Liebende findet in sich zu viele neue Kräfte, zu viele neue Einsichten. Das Leben erscheint ihm vollkommen anders, und all seine Werte verändern sich. Was vorher lohnend schien, wird trivial, was unmöglich schien, ist leicht geworden. Wenn ein Mensch diese Art von innerer Umwälzung erfährt, kann alles geschehen. Und Gott sei Dank geschieht es auch. Die Welt wäre nicht viel wert, wenn es nicht geschehen würde!

Die Macht wirklicher Liebe ist so tief und so groß, daß sie nicht von ihrem wahren Ziel abgebracht werden kann, nicht einmal von der dümmsten aller falschen Vorstellungen. Wenn die Liebe in einem Menschen lebendig und reif ist, spielt es keine Rolle, ob er eine falsche Vorstellung von sich selbst und vom Leben hat. Die Liebe wird ihn gemäß ihrer eigenen inneren Wahrheit leiten und wird seine Gedanken unwillkürlich berichtigen. Das mag gefährlich sein, aber die Gefahr ist nicht neu, und die menschliche Rasse hat damit gut eine Million Jahre lang gelebt. Das Problem ist vielmehr, daß unsere falschen Vorstellungen die Liebe daran hindern können, in unserem Leben zu wachsen und zu reifen. Wenn wir erst einmal lieben, kann unsere Liebe unser Denken verwandeln. Aber falsches Denken kann die Liebe verhindern. Die Überbetonung der Aspekte von Bedürfnis und Erfüllung sowie Obsessionen, die eine selbstbewußte und narzißtische Fixierung auf das eigene Vergnügen fördern, können das Wachstum der Liebe leicht vereiteln oder in eine falsche Richtung lenken. Das ist der Grund, warum die Bilder aus der Werbung, die sexuelle Erfüllung mit den trivialsten übrigen Arten der Befriedigung assoziieren – um den Käufer von seinem Geld zu trennen –, ein geistiges und moralisches Klima schaffen, das der echten Liebe abträglich ist. Unbewußt wird die Kraft, die in eine schöpferische und positive Liebe zum anderen Menschen fließen sollte, durch Bilder infantiler oraler Erfüllung und anderer narzißtischer Symbole kurzgeschlossen. Der oder die Liebende wird dann zum wunderschön leuchtenden Inbild der Selbstzufriedenheit, wird zur begehrenswerten, glänzenden und unendlich beglückenden Werbepackung statt zur wärmenden Nähe eines Menschen, der vollkommen dem Wert und dem Wesen der oder des Geliebten entspricht. Sogar die Werbebilder jener beseligten Paare, für die noch der Beginn der reiferen Lebensjahre ein nicht enden wollendes Fest ist, überzeugen uns nicht von der Realität der Liebe. Sie glorifizieren lediglich den kühlen und vollendeten Handel, an den unsere Gesellschaft mit abergläubischer Verehrung glaubt.

Was sollen wir tun? Nun, zum einen können wir diese unreifen und unangemessenen Bilder und Vorstellungen bewußt wahrnehmen. Wir müssen uns nicht von ihnen beherrschen lassen. Es steht uns frei, bessere Gedanken zu entwickeln. Natürlich können wir das nicht alles ganz alleine machen. Wir brauchen die Hilfe beredter Stimmen, die selbst von der Liebe gelehrt und inspiriert werden. Darin besteht die Sendung des Dichters, des Künstlers, des Propheten. Leider hat die Verwirrung in unserer Welt die Botschaft unserer Dichter verdunkelt, und unsere Propheten scheinen völlig verstummt zu sein – wenn sie ihre Talente nicht gerade dem Loblied auf eine Zahnpasta widmen.

Andererseits gibt es keinen Grund, warum unsere Medien, die

immer raffinierter und subtiler werden, nicht auch ein besseres und gesünderes geistiges Klima für uns schaffen sollten – und uns eine weniger trügerische Phantasiewelt symbolischer Erfüllungen bescheren sollten.

Es gibt wirklich keinen Grund, außer natürlich, daß man leichter Geld verdient, indem man die menschliche Schwäche ausnützt!

Schöpferisches Schweigen

Stellen Sie sich einen einzelnen oder eine Gruppe von Menschen vor, die, allein oder gemeinsam, an einem ruhigen Ort, an dem kein Radio und keine Hintergrundmusik zu hören sind, einfach eine Stunde oder eine halbe Stunde lang schweigend dasitzen. Sie sprechen nicht. Sie beten nicht laut. Sie haben keine Bücher und keine Papiere in der Hand. Sie lesen oder schreiben nicht. Sie sind nicht mit irgend etwas beschäftigt. Sie kehren sich einfach nach innen, nicht, um in einer analytischen Weise zu denken, nicht, um zu prüfen, zu organisieren, zu planen, sondern einfach, um zu *sein.* Sie wollen sich im Schweigen sammeln. Sie wollen zu einer Synthese gelangen, sich integrieren, sich selbst wiederentdecken in einer Einheit von Denken, Willen, Verständnis und Liebe, die über Worte hinausgeht, über Analyse hinausgeht und sogar über bewußtes Denken hinausgeht. Sie wollen beten, und zwar nicht mit den Lippen, sondern mit ihren schweigenden Herzen und darüber hinaus mit dem Grund ihres Wesens selbst.

Was könnte moderne Menschen dazu bringen, so etwas zu tun?

Ist es das Gefühl, es gebe ein menschliches Bedürfnis nach Schweigen, nach Reflexion, nach innerer Suche? Wollen sie vom Lärm und von der Spannung des modernen Lebens wegkommen, zumindest für eine kleine Weile, um ihren Geist und ihren Willen zu entspannen und ein wohltuendes, heilendes Gefühl innerer Einheit, Versöhnung und Integration zu suchen?

Das wären gewiß hinreichend gute Gründe. Aber für einen Christen gibt es darüber hinaus tiefere Gründe als diese. Ein Christ kann erkennen, daß er von Gott zu Zeiten des Schweigens, der Reflexion, der Meditation und des «Hörens» berufen ist. Wir sind vielleicht allzu wortreich, allzu aktivistisch in unserer Auffassung vom christlichen Leben. Unser Dienst an Gott und der Kirche besteht aber nicht nur im Reden und Tun. Er kann auch in Zeiten des Schweigens, Horchens und Wartens bestehen. Vielleicht ist es sehr wichtig, in unserer Ära der Gewalt und der Unruhe die Meditation wiederzuentdecken, das schweigende, innere, vereinigende Gebet und das schöpferische, christliche Schweigen.

Schweigen hat viele Dimensionen. Es kann Regression und Flucht bedeuten oder einen Selbstverlust, es kann aber auch Gegenwärtigkeit, Achtsamkeit, Vereinigung, Selbstentdeckung sein. Negatives Schweigen verwischt und verwirrt unsere Identität, und wir versinken in Tagträumen oder diffusen Ängsten. Positives Schweigen macht uns ganz und läßt uns erkennen, wer wir sind, wer wir sein könnten und welcher Abstand dazwischen liegt. Daher hat positives Schweigen eine disziplinierte Wahl zum Inhalt und das, was Paul Tillich den «Mut zum *Sein*» genannt hat. Auf lange Sicht verlangt die Disziplin des schöpferischen Schweigens eine bestimmte Art von Glauben. Denn wenn wir uns selbst im einsamen Grund unseres eigenen Wesens von Angesicht zu Angesicht gegenüberstehen, stellen sich uns viele Fragen über den Wert unseres Daseins, die Realiät unserer Verpflichtungen, die Authentizität unseres täglichen Lebens.

Wenn wir fortwährend in Bewegung sind, immer damit beschäftigt, den Erfordernissen unserer gesellschaftlichen Rolle gerecht zu werden, passiv dahingetragen auf dem Redestrom, mit dem uns die Leute von morgens bis abends umgeben, sind wir vielleicht in der Lage, unserem tieferen Selbst und den Fragen, die es stellt, zu entkommen. Wir können mehr oder weniger mit der äußeren Identität zufrieden sein, mit dem sozialen Selbst, das durch unsere Interaktion mit anderen im Tun und Treiben des täglichen Lebens geschaffen wird. Aber gleichgültig, wie offen und ehrlich wir in unseren Beziehungen zu anderen sein mögen, dieses soziale Selbst impliziert notwendigerweise ein Element der Künstlichkeit. Es ist immer ein Stück weit Maske. Es muß eine sein. Selbst die amerikanische Vorliebe für Offenheit, Einfachheit, Umgänglichkeit, Ehrlichkeit und Humor ist oft eine Fassade. Manche Menschen sind von ihrer Natur her so. Andere erziehen sich dazu, diese Rolle zu spielen, um von der Gesellschaft anerkannt zu werden. Und sie ist selbst dann nicht gänzlich vorgetäuscht: Sie *gefällt* uns nämlich. Aber geben wir uns selbst jemals eine Chance, zu erkennen, daß diese gesprächige, lächelnde Persönlichkeit, die vielleicht alles gerade so nimmt, wie es kommt, und die wir zu sein scheinen, nicht unbedingt unser wahres Selbst ist? Geben wir uns jemals eine Chance, etwas Tieferes zu erkennen? Sind wir in der Lage, der Tatsache ins Auge zu sehen, daß uns vielleicht all dieses Gerede und all diese Geschäftigkeit *gar nicht interessieren?* Wenn wir still sind, nicht nur ein paar Minuten, sondern eine Stunde oder mehrere Stunden lang, werden wir vielleicht mit Unbehagen der Anwesenheit eines beunruhigenden Fremden in uns gewahr, des Selbst, das sowohl «ich» als auch jemand anders ist. Des Selbst, das nicht gänzlich willkommen ist in seinem eigenen Haus, weil es so verschieden ist von dem alltäglichen Charakter, den wir aus unserem Umgang mit anderen heraus konstruiert haben – und aus der Untreue gegenüber uns selbst.

Es gibt ein schweigendes Selbst in uns, dessen Anwesenheit gerade deshalb so beunruhigend ist, weil es so still ist; es *kann nicht* ausgesprochen werden. Es muß still bleiben. Es zu artikulieren, zu verbalisieren, heißt, daran herumzupfuschen und es in gewisser Weise zu zerstören.

Wir wollen der Tatsache ehrlich ins Auge sehen, daß unsere Kultur in vielfacher Hinsicht so eingerichtet ist, daß sie uns hilft, jeglicher Notwendigkeit aus dem Weg zu gehen, uns diesem inneren, schweigenden Selbst zu stellen. Wir leben in einem Zustand, in dem wir ständig einen Teil unserer Aufmerksamkeit auf den Klang von Stimmen oder Musik, auf den Lärm des Verkehrs oder den undefinierbaren Lärm von Vorgängen richten, die die ganze Zeit um uns herum ablaufen. So sind wir dauernd umspült von einer Flut von Radau und Wörtern, einem diffusen Medium, in dem unser Bewußtsein halb aufgelöst wird. Wir «denken» nicht so recht, reagieren auch nicht richtig, aber wir sind geistig halbwegs da. Wir sind nicht vollständig *gegenwärtig* und nicht gänzlich abwesend, nicht völlig zurückgezogen, aber auch nicht vollständig verfügbar. Man kann nicht sagen, daß wir wirklich an irgend etwas teilnehmen, wir mögen uns sogar gleichzeitig unserer Entfremdung und unseres Grolls teilweise bewußt sein. Aber wir ziehen einen gewissen Trost aus dem vagen Gefühl, daß wir «Teil» von etwas sind, obwohl wir nicht so recht in der Lage sind, zu definieren, was dieses Etwas ist – und wahrscheinlich auch keine Lust hätten, es zu definieren, selbst wenn wir könnten. Wir treiben einfach im allgemeinen Lärm dahin. Resigniert und gleichgültig haben wir halbbewußt teil am geistlosen Geist der musikalischen Dauerberieselung und der Radiowerbespots, der als «Wirklichkeit» durchgeht.

Natürlich reicht das nicht aus, um uns dieses andere, unwillkommene Selbst, das so weitgehend unbewußt bleibt, auf die Dauer vergessen zu lassen. Die beunruhigende Anwesenheit unseres tieferen Selbst erzwingt sich fortwährend den Weg bis fast an die Oberfläche des Bewußtseins. Um diese Anwesenheit auszublenden, brauchen wir einen deutlicheren Stimulus, eine Zerstreuung, einen Drink, eine Droge, einen Trick, ein Spiel, eine Gewohnheit, mit der wir unser Gefühl der Entfremdung und der Qual ausagieren. Dann sind wir es vorläufig los und können vergessen, wer wir sind.

All das kann man als «Lärm» bezeichnen, als Wirrwarr und Störmanöver, die die tiefen, verborgenen und beharrlichen Forderungen des inneren Selbst übertönen.

Mit diesem inneren Selbst müssen wir *schweigend* einig werden. Das ist der Grund, sich für das Schweigen zu entscheiden. Im Schweigen erkennen wir und gestehen wir uns ein, wie groß die Lücke zwischen der Tiefe unseres Wesens, die wir hartnäckig ignorieren, und der Oberfläche ist, die unserer eigenen Wirklichkeit nicht entspricht. Wir entdecken die Notwendigkeit, uns selbst gut zu kennen, damit wir hinausgehen und anderen begegnen können, nicht einfach mit einer Maske der Freundlichkeit, sondern mit wirklichem Einsatz und echter Liebe.

Wenn wir Angst haben, allein zu sein, Angst haben vor dem Schweigen, dann vielleicht deswegen, weil wir heimlich den Glauben an die innere Versöhnung verloren haben. Wenn wir keine Hoffnung haben, in unserer eigenen, persönlichen Einsamkeit und im Schweigen mit uns selbst im Frieden zu sein, werden wir niemals in der Lage sein, uns überhaupt gegenüberzutreten: Wir werden weiterrennen und niemals stehenbleiben. Und diese Flucht vor dem Selbst ist, wie der Schweizer Philosoph Max Picard aufgezeigt hat, eine «Flucht vor Gott». Schließlich spricht Gott dort, in den Tiefen des Bewußtseins, und wenn wir uns weigern, uns innerlich zu öffnen und in diese Tiefen hineinzuschauen, weigern wir uns gleichzeitig, dem unsichtbaren Gott zu begegnen, der in uns anwesend ist. Mit dieser Weigerung gestehen wir ein Stück weit ein, daß wir nicht wollen, daß Gott Gott ist, und ebensowenig wollen, daß wir unser wahres Selbst sind.

Geradeso, wie wir eine oberflächliche, äußerliche Maske haben, die wir aus Worten und Taten zusammensetzen, die nicht uneingeschränkt alles ausdrücken, was in uns ist, gehen Gläubige mit einem Gott um, der aus Worten, Gefühlen und beruhigenden Slogans aufgebaut ist. Und dieser ist weniger der Gott des Glaubens als das Produkt einer religiösen und gesellschaftlichen Routine. Solch ein «Gott» kann ein Ersatz für die Wahrheit des unsichtbaren Gottes des Glaubens werden, und obwohl dieses tröstliche Bild uns real erscheinen mag, ist es in Wahrheit eine Art Götzenbild. Seine Hauptfunktion ist, uns vor einer tieferen Begegnung mit unserem wahren inneren Selbst und mit dem wahren Gott zu schützen.

Schweigen ist daher sogar im Leben des Glaubens und bei unserer tiefsten Begegnung mit Gott wichtig. Wir können nicht fortwährend sprechen, mit Worten beten, schmeicheln, argumentieren oder eine Art fromme Hintergrundmusik aufrechterhalten. Ein Großteil unseres gutgemeinten, inneren religiösen Zwiegesprächs ist tatsächlich ein Tarnmanöver und eine Ausflucht. Vieles dient einfach der Selbstberuhigung, und am Ende ist es wenig mehr als eine Form der Selbstrechtfertigung. Anstatt Gott wirklich zu begegnen in der Nacktheit des Glaubens, in der unser innerstes Wesen vor ihm entblößt wird, führen wir ein inneres Ritual durch, das keine andere Funktion hat, als unsere eigene Angst zu beschwichtigen.

Auch der reinste Glaube muß in dem Schweigen geprüft werden, in dem wir auf das Unerwartete horchen, in dem wir offen sind für das, was wir noch nicht wissen, und in dem wir uns langsam und schrittweise auf den Tag vorbereiten, an dem wir die Hand nach einer neuen Ebene des Seins mit Gott ausstrecken. Wahre Hoffnung wird geprüft durch Schweigen, in dem wir dem Herrn dienen müssen in Gehorsam und in fraglosem Glauben. Jesaja hat das Wort Jahwes an sein widerspenstiges Volk aufgezeichnet, das ihn immer wieder verließ, um wertlose politische und militärische Bündnisse zu schließen: «Eure Sicherheit liegt darin, daß ihr aufhört, Bündnisse zu schließen, eure Stärke liegt in stillem Vertrauen» (Jes 30,15) oder, wie eine andere Übersetzung es formuliert: «In Umkehr und Ruhe liegt eure Rettung, eure Stärke in vollkommenem Vertrauen.» Ältere Texte lauten:«In *Schweigen und Hoffnung* soll eure Stärke liegen.» Das gibt dem Gedanken Ausdruck, daß Glaube die Stillegung fragwürdiger Abkommen und Strategien verlangt. Glaube verlangt die Integrität des inneren Vertrauens, das Ganzheit, Einheit, Frieden und wahre Sicherheit hervorbringt. Darin sehen wir die schöpferische Kraft und Fruchtbarkeit des Schweigens. Das Schweigen bietet uns nicht nur eine Chance, uns selbst besser zu verstehen, eine wahrhaftigere und ausgewogenere Perspektive unseres eigenen Lebens in Beziehung zum Leben anderer zu bekommen; das Schweigen macht uns auch ganz, wenn wir es zulassen. Schweigen hilft, die verzettelten und vergeudeten Energien einer zersplitterten Existenz zusammenzubringen. Es hilft uns, uns auf ein Ziel zu konzentrieren, das wirklich den tieferen Bedürfnissen unseres eigenen Wesen und zugleich Gottes Absichten für uns entspricht.

Das ist ein sehr wichtiger Punkt. Wenn wir oberflächlich leben, wenn wir immer außerhalb unserer selbst und niemals ganz «bei uns» sind, immer gespalten und von einander widersprechenden Plänen und Vorhaben in alle möglichen Richtungen gezerrt werden, ertappen wir uns dabei, daß wir viele Dinge tun, die wir nicht wirklich tun wollen, Dinge sagen, die wir nicht wirklich meinen, Dinge brauchen, die wir nicht wirklich nötig haben, uns erschöpfen für etwas, das wir im stillen als wertlos und für unser Leben bedeutungslos erkennen: «Warum bezahlt ihr mit Geld, was euch nicht nährt, und mit dem Lohn eurer Mühen, was euch nicht satt macht?» (Jes 55,2).

Der Psychologe Erich Fromm hat aufgezeigt, daß dieser innere Widerspruch, der von der Entfremdung und der Frustration des amerikanischen Lebens herrührt, eine der Wurzeln der Gewalt in unserer Gesellschaft ist. Wir sind uneins mit uns selbst, und wir suchen Befreiung durch Phantasien und Inszenierungen von Gewalt. Diese sind nichts anderes als eine Ausdehnung des inneren Lärms und Grolls, die uns erfüllen, wenn wir fortwährend die Forderungen unseres innersten, wahren Selbst und die Forderungen Gottes in uns ignorieren.

In vielen Religionen wird der Übung des schweigenden Meditierens von jeher große Bedeutung eingeräumt. Das gilt vor allem für den Hinduismus und den Buddhismus, in denen die Kunst der Meditation und die Kultivierung des inneren Schweigens das Herzstück von allem sind. Aber es gilt auch für das Christentum. Das katholische Mönchtum hat die Bedeutung des schweigenden Meditierens über das Wort Gottes immer betont. Die Quäker haben immer großen Wert darauf gelegt, gemeinsam zuzuhören, wie Menschen innerlich vom Geist ergriffen werden. Sogar Dietrich Bonhoeffer, der Verfechter eines radikalen und «säkularen» Christentums, hat sich über die Bedeutsamkeit des Schweigens geäußert. In seinen Briefen aus dem Gefängnis schrieb er von seinem Ekel vor der oberflächlichen Geschwätzigkeit der Gefangenen: «Völlig unterschiedslos wird vor jedem Beliebigen über eigene Angelegenheiten geschwatzt, gleichgültig, ob sie den anderen interessieren, ob er überhaupt etwas damit zu tun hat, einfach, weil man eben schwatzen muß; hat man diesen fast physischen Drang ein paar Stunden bezwungen, dann ist man nachher froh darüber, daß man sich nicht hat gehenlassen.» Und er fügte hinzu: «Es ist mir hier manchmal beschämend, wie sich Menschen in ihrem Mitteilungsbedürfnis erniedrigen», nur um sich reden zu hören. Doch sie alle schienen sich keine Gedanken über die tiefere Art des Ausdrucks zu machen, die stattfinden könnte, wenn sie ihr Herz einem vertrauenswürdigen Freund ausschütten und von dem sprechen würden, was am tiefsten in ihnen verborgen ist.

Viel schwerwiegender ist Bonhoeffers Feststellung, die Kirche sei selbst in zuviel leeres Gerede verwickelt. Es komme ihm vor, als habe die Kirche den Kampf um Erhaltung und Selbstbestätigung zum Selbstzweck erhoben. Die Kirche spreche immer mehr *über* sich und immer mehr *für* sich, aber immer weniger über das Reich Gottes, und sie sei dadurch unfähig geworden, «Träger des versöhnenden und erlösenden Wortes für die Menschen und für die Welt zu sein». Bonhoeffer sah voraus, daß diese Tatsache die Kirche – alle Kirchen – in eine Sphäre des Schweigens, der Verwirrung und der sichtlichen Hilflosigkeit führen werde, in der *«die früheren Worte kraftlos werden und verstummen müssen»*. Ob es uns gefällt oder nicht, ob wir es verstehen oder nicht, wir sind nun in die seltsame Phase der Trostlosigkeit und Neuorientierung eingetreten, in der nicht nur der einzelne Christ, sondern die Kirchen selbst weitgehend schweigen werden. Es wird natürlich viel Widerstand gegen diesen Zustand der Dinge geben, und viele werden ihre Stimme immer lauter erheben, und zwar weniger, um das Reich Gottes zu verkünden, als um auf ihre eigene Anwesenheit hinzuweisen und zu erklären, daß sie und ihre Kirchen der Aufmerksamkeit würdig seien. Bonhoeffer war weise genug zu erkennen, daß der wahre Zweck dieser Periode relativer Schweigsamkeit eine Vertiefung des Gebets, eine Rückkehr zu den Wurzeln unseres Wesens ist, damit wir aus dem Schweigen, dem Gebet und der Hoffnung noch einmal von Gott neue Worte empfangen können und eine neue Art und Weise, nicht *unsere* Botschaft zu verkünden, sondern *Seine.*

«Christsein wird heute nur in zweierlei bestehen: im Beten und im Tun des Gerechten unter den Menschen. Alles Denken, Reden und Organisieren in den Dingen des Christentums muß neugeboren werden aus diesem Beten und aus diesem Tun.» Er fügt hinzu, daß aus diesem stillen Gebet und dieser schweigenden Arbeit heraus eine ganz neue Sprache des Glaubens erwachsen werde: «Die Umschmelzung ist noch nicht zu Ende, und jeder Versuch, ihr [der Kirche] vorzeitig zu neuer organisatorischer Machtentfaltung zu verhelfen, wird nur eine Verzögerung ihrer Umkehr und Läuterung sein. Es ist nicht unsere Sache, den Tag vorauszusagen – aber der Tag wird kommen –, an dem wieder Menschen berufen werden, das Wort Gottes so auszusprechen, daß sich die Welt darunter verändert und erneuert. Es wird eine neue Sprache sein ... daß sich die Menschen über sie entsetzen und doch von ihrer Gewalt überwunden werden ... die Sprache, die den Frieden Gottes mit den Menschen und das Nahen seines Reiches verkündigt ... BIS DAHIN WIRD DIE SACHE DER CHRISTEN EINE STILLE UND VERBORGENE SEIN; ABER ES WIRD MENSCHEN GEBEN, DIE BETEN UND DAS GERECHTE TUN UND AUF GOTTES ZEIT WARTEN.»

Die Straße ist zum Feiern da

Eine Stadt ist etwas, das aus Raum geschaffen wird.

Eine Straße ist ein Raum. Ein Gebäude ist ein umschlossener Raum.

Eine Stadt besteht aus Zimmern, Gebäuden, Straßen. Sie ist eine Menge von besetzten Räumen. Besetzt oder bewohnt? Gefüllt oder belebt?

Die Qualität einer Stadt hängt wesentlich davon ab, ob diese Räume «bewohnt» oder einfach «besetzt» sind. Der Charakter der Stadt wird von der Art und Weise bestimmt, in der in den Zimmern gelebt wird. Von der Art und Weise, in der in den Gebäuden gelebt wird. Und davon, was auf den Straßen geschieht.

Kann eine Straße ein bewohnter Raum sein?

Diese Frage kann sich als entscheidend für eine Stadt, ein Land, für die ganze Welt erweisen.

Es gibt eine enge Beziehung zwischen dem, was auf der Straße geschieht, und dem, was in den Gebäuden geschieht. Zum Beispiel: Angenommen, die Straße ist ein unpersönliches Niemandsland, eine Art Röhre, durch die eine ungeheure Menge von Verkehr auf die Glaswände zu gesaugt wird, hinter denen das Geschäftsleben abgewickelt wird. Angenommen, die Straße ist ein Tunnel, eine Art Nirgendwo, etwas, durch das man hindurchgeht. Etwas, aus dem man herauskann. Oder ein Alptraum, in dem man läuft, ohne von der Stelle zu kommen.

In diesem Fall kann die Straße kein bewohnter Raum sein (außer, es geschähe etwas mit ihr). Wenn eine Straße wie ein Tunnel ist, wie ein Korridor, eine Röhre, die von einem Ort zu einem anderen Ort führt, dann leben die Menschen, die darin «leben», nicht wirklich dort. Dann ist die Straße nicht der Ort, an dem sie leben, sondern der Ort, an dem sie abgeladen wurden.

Eine Straße, die nicht bewohnt ist, ist ein Schuttabladeplatz.

Eine Straße kann ein Schuttabladeplatz für Tausende von Menschen sein, die nicht wirklich dort sind.

Sie sind dort abgeladen worden, aber ihre Anwesenheit ist so vorläufig, daß sie ebensogut abwesend sein könnten. Sie nehmen Raum ein, nachdem sie dorthin versetzt worden sind.

Sie sind fehl am Platz an der Stelle, die die Gesellschaft ihnen zuweist.

Sie sind fehl am Platz in kleinen, umschlossenen Räumen («Appartements»), in denen sie ständig daran erinnert werden, daß ihre Anwesenheit unbedeutend ist und daß sie unerwünscht sind. Zum Beispiel: Warten auf jemanden, der die Toilette in Ordnung bringt, welche nicht funktioniert. Eine Woche, drei Wochen, drei Monate. Warten auf Wärme. Warten, daß die Decke herunterkommt. «Oh ja, ich wohne in der X-Straße.» (Ich bin dorthin versetzt worden, eine Person, die in einem Kasten in der X-Straße abgeladen wurde. Mein Appartement ist unbewohnt, obwohl wir dort zu sechst sind. Es ist nicht bewohnt, sondern lediglich vollgestopft.)

Eine Straße, in der es Tausende von Menschen in diesem Zustand gibt, ist eine entfremdete Straße. Es ist eine Straße in einem fremden Land. Und doch können alle Leute dort Einheimische sein.

Eine solche Straße ist immer die Straße eines anderen. Aber wessen? Der Eigentümer ist nie da. Dann gehört das Gebäude vielleicht dem Vermieter? Aber wer ist der Vermieter? Vielleicht ein Unternehmen? Dann gehört die Straße also einer Fiktion. (Deshalb wird die Toilette nicht in Ordnung gebracht!) Und um die Maschinerie der großen Fiktionen im Geschäftsviertel in Gang zu setzen, muß man die imaginäre Flüssigkeit namens Geld haben.

Jemand sagt, die Straße gehöre der Stadt. Sie sei jedermanns öffentliche Straße. In Ordnung. Ist sie das wirklich? Man kann sich unter bestimmten Bedingungen auf der Straße aufhalten und etwas tun. Aber die Bedingungen sind derart, daß man nie das Gefühl hat, das ist *meine* Straße, denn man ist nicht sicher oder man ist nicht erwünscht, man wird nicht bemerkt oder man wird nicht gemocht, und am Ende darf man vielleicht überhaupt nicht mehr hingehen.

Die Straße gehört noch nicht einmal den Bullen. Sie sind dort auch nicht sicherer als irgend jemand anders.

Irgendeine Straße!

Kann eine Straße ein bewohnter Raum sein? Ein Raum, in dem sich die Leute gerne aufhalten? Ein Raum, in dem die Leute bei sich sind, mit ihrer vollen Identität, als wahre Menschen, als glückliche Menschen?

Zugegeben, sie sitzen auf den Eingangsstufen, sie sitzen im Fenster oder auf der Feuerleiter: Aber sie sitzen dort passiv und schauen alle nach den Autos, die irgendwohin fahren. Und fragen sich, ob wohl die Leute in den Autos die wahren Menschen seien. (Aber was die Leute in den Autos angeht: Deren Straße ist kein bißchen bewohnter als diese Straße.)

(Bewohnen Amerikaner vielleicht eher ihre Fahrzeuge als ihre Häuser? Das ist eine Frage. Aber ein Auto ist kein Ort, an dem man leben kann. Oder eine U-Bahn.)

Ein entfremdeter Raum, ein unbewohnter Raum, ist ein Raum, in dem man sich unterordnet.

Man bleibt, wo man ist, selbst wenn man das nicht wirklich «leben» nennen kann. Man hört auf, die Dinge in Frage zu stellen, und man weiß, daß es nicht viel Sinn hat, sich irgendwo zu beklagen. (Das Unternehmen ist nicht an Ihren Beschwerden interessiert, nur an Ihrer Miete.) «Ich lebe in der X-Straße.» Übersetzt: «Die X-Straße ist der Ort, an dem ich mich unterwerfe, mich füge, an dem ich aufgebe.»

(Das Beste, was man in einer solchen Straße tun kann, ist, die Rolläden herunterzulassen und eine Flasche Whisky aufzumachen.)

Kann eine Straße ein bewohnter Raum sein?

Die Frage beginnt Gestalt anzunehmen. Wir beginnen, die Antwort zu ahnen.

Um Bewohner zu gewinnen, wird die Straße verändert werden müssen. Etwas muß mit der Straße *geschehen.* Etwas muß mit ihr *gemacht werden.* Die Leute, die nur vorläufig anwesend sind, als halb anwesende Nicht-Personen, müssen jetzt in der Straße wirklich als *sie selbst* gegenwärtig werden. Sie müssen als Menschen erkennbar werden. Daher müssen sie einander als Menschen anerkennen. (Das Unternehmen ist nicht gesonnen, sie als Menschen anzuerkennen, höchstens als Verbraucher.)

Sie müssen auf der Straße anwesend sein, aber nicht einfach als Kandidaten für das örtliche Bauernfängerspiel oder um von Kredithaien manipuliert oder um verprügelt zu werden oder um ausgebeutet oder lächerlich gemacht oder total mißachtet zu werden.

Anstatt sich der Straße zu unterwerfen, müssen sie sie verändern.

Anstatt sich formell und unpersönlich von der Straße in die Schranken weisen zu lassen, müssen sie die Straße verwandeln und umformen, damit sie bewohnbar wird.

Die Straße kann bewohnt werden, wenn die Menschen beginnen, ihr Leben dadurch glaubwürdig zu machen, daß sie ihre Umgebung verändern.

Leben ist mehr als Unterordnung: Es ist Schöpfung.

Leben bedeutet, seine eigene Welt als Schauplatz des persönlichen Glücks zu schaffen.

Wie macht man das?

Verschiedene Ansätze wurden schon ausprobiert.

Man kann zum Beispiel seine Umgebung kurz und klein schlagen.

Man muß zugeben, daß durchaus einiges dafür spricht. Es ist ein Weg, das Unternehmen, die Stadt, die Bullen usw. daran zu erinnern, daß Sie da sind, daß Sie es satt haben, eine Nicht-Person zu sein, daß Sie nicht einfach eine passive Maschine zur Absonderung von Unterwerfung unbeschränkten Umfangs sind. Das mag Ihnen einen Fernsehapparat, eine Flasche Schnaps oder einen neuen Anzug einbringen. Das kann Ihnen vielleicht sogar (wenn es eine größere Operation ist) ein neues Gebäude einbringen. (Allerdings kann der Bienenstock, in dem Sie leben, auch durch einen besseren für jemand anders ersetzt werden.)

Aber das Leidige an diesem Vorgehen ist:

– Es macht die Straße kein bißchen bewohnbarer.

– Es macht das Leben in dieser Straße kein bißchen glaubwürdiger.

– Es macht niemanden glücklich.

– Es verändert nicht die Art von Raum, den die Straße darstellt.

– Es verändert nicht das negative Bild der Stadt und ihrer Straßen.

– Es bedeutet, daß man sich mit der Vorstellung abgefunden hat, die Straße sei ein Ort, der zu einem anderen Ort führe.

Man hat akzeptiert, daß die Straße ein Tunnel, die Stadt ein Kaninchenbau ist. Man betrachtet als selbstverständlich, was die Unternehmen und das Geld und die Bullen und alle anderen als selbstverständlich betrachten: daß die Straße eine unpersönliche Röhre für die «Zirkulation» des Verkehrs, des Geschäftemachens, des Reichtums ist und sich folglich alle wirklichen Handlungen irgendwo anders abspielen. Daß Leben in Wirklichkeit innerhalb der Gebäude stattfindet. Aber damit das Leben innerhalb von Gebäuden stattfinden kann, muß man zuerst teure Gebäude finden, in denen es stattfinden kann – im Geschäftsviertel oder in den Vororten, zu denen mit dem Verkehr auch das Geld hinfließt.

Gewalt auf der Straße eignet sich als Demonstration dafür, daß man sich nicht unterwirft, aber sie scheitert letztlich, weil sie den allgemeinen Mythos von der Straße als einem Niemandsland, als Schlachtfeld, als Nicht-Raum anerkennt. Daher ist sie nicht mehr als eine weitere Form der Unterwerfung. Sie betrachtet die Entfremdung als selbstverständlich. Auf der Straße zu kämpfen heißt lediglich, verzweifelt zu bekunden, daß man nicht in der Lage ist, irgend etwas zu ändern.

Eine Stadt ist etwas, das aus Raum geschaffen wird.

Die ersten Städte auf dem nordamerikanischen Kontinent waren Zentren des Feierns. Dazu gehören die frühen Maya-Städte in Guatemala und die zapotekische Stadt Monte Albán in

Mexiko.* Diese sehr alten Städte entstanden etwa 300 bis 500 v. Chr., etwa zur gleichen Zeit wie die Stadtstaaten Griechenlands. Die ersten Maya-Städte und das zapotekische Zentrum Monte Albán waren nicht die Hauptstädte von Reichen. Man hatte keine Armeen. Man hatte keine Könige. Man eroberte niemanden. Kämpfe hielten sich, sofern sie überhaupt stattfanden, in kleinem Rahmen. Die Stadt wurde nicht aufgrund von Krieg und Eroberung gebaut. Geld gab es nicht. Die Stadt wurde von Menschen gebaut, und zwar nicht für einen König, nicht für einen Generalsklüngel, sondern für sie selbst: *Sie war ihr Ort zum Feiern.*

Diese Steinpyramiden kosteten eine Menge Arbeit, und doch kann man sagen, daß sie zum Vergnügen gebaut wurden. Und umsonst!

Als die Maya-Pyramiden und -Tempel gebaut wurden, kamen die Menschen in den weiten, offenen Räumen zwischen den Gebäuden zusammen. Sie trugen die herrlichsten Kleider, die die Welt je gesehen hat, gefertigt aus den leuchtenden Federn von Paradiesvögeln. Sie tanzten und spielten ein Ballspiel, das gleichzeitig eine Form war, die Götter zu verehren, das Spiel und Ritus vereinigte. Es gab noch keine blutigen Opfer (Menschenopfer kamen erst später mit den Tolteken, den Azteken und den Militärreichen auf).

Die ersten Städte von Amerika waren Räume, die dazu ausersehen waren, großzügig Platz für Feiern, Freude, Anbetung, Spiel und Lobpreis zu schaffen!

In diesem Raum zum Feiern, den die Menschen selbst und für sich gebaut hatten, kamen sie in Freude und Schönheit zusammen, und jeder erkannte den anderen als Mitschöpfer der gemeinsamen Feier an. Ihre Stadt wurde lebendig!

Die Straßen in jenen Städten waren nicht Straßen, in denen Menschen andere dabei beobachteten, wie sie irgendwohin gingen, wo die ganze Freude hinter teuren Wänden verborgen war. Die Straßen waren Orte, an denen alle gemeinsam sangen und die

* Vgl. *Ishi Means Man: Essays on Native Americans* (Unicorn Press, Greensboro, N.C., 1976). Dort behandelt Thomas Merton dieses Thema ausführlicher (Anm. der Herausgeber).

im zentralen Tanzplatz zusammenliefen, der das Leben und die Identität der Stadt ausmachte ...

Es ist offensichtlich, daß etwas an der Art und Weise, in der diese Städte geplant wurden, radikal anders war als bei uns. Die Straßen führten zu offenen Plätzen, zu denen alle freien Zugang hatten, und nicht zu geschlossenen Gebäuden, die einigen wenigen vorbehalten blieben.

Diese frühen Städtebauer wußten, wie man mit Raum umgeht. Und ihre Art, damit umzugehen, machte das menschliche Leben fröhlich, echt, wahrhaft glaubwürdig. Die Bibel sagt uns, daß es am Ende wieder so sein wird, in einer Stadt reinen Feierns ...

Und bis dahin? Wie steht es mit dieser Straße?

Kann aus dieser Straße ein bewohnter Raum werden?

Ja, und zwar dann, wenn sie zu einem Raum gemeinsamen Feierns werden kann.

Aber wir sind keine vorklassischen Mayas und Zapoteken. Wir haben unsere Stadt nicht selbst gebaut. Wir sind in diesen entfremdeten Rattenkäfig hineingeworfen worden, in dem wir nicht erwünscht sind, in dem wir ständig von allem um uns herum daran erinnert werden, daß wir machtlos sind. Diese Stadt ist nicht zum Feiern erbaut worden, obwohl sie sich sogar «Fun City» nennt. Vergnügen ist Geld. Vergnügen gibt es in Häusern, in denen man Eintritt bezahlen muß.

Wir können auf der Straße tanzen, aber das ändert nichts an der Tatsache, daß unsere Häuser lausig sind, daß die Miete zu hoch ist, der Abfall nicht weggeschafft wird und die Hinterhöfe wie Bombenkrater aussehen.

Macht nichts. Wir können gleich jetzt anfangen, diese Straße und diese Stadt zu verändern.

Wir werden anfangen, unsere Macht zu entdecken, wie wir unsere eigene Welt verwandeln können.

Wer feiert, ist nicht machtlos. Er wird schöpferisch, weil er liebt.

Aber das Feiern ist nichts für Einsame.

Den Rolladen herunterlassen und die Flasche austrinken und betäubt auf dem Boden liegenbleiben mag Ihnen helfen, die Straße eine Zeitlang zu vergessen, aber es ist eine Niederlage. Es ist die

Krönung der Unterwerfung, das Akzeptieren der Ohnmacht, das Eingeständnis, daß Sie nichts sind. Die entfremdete Stadt isoliert die Menschen voneinander in Verzweiflung, Lieblosigkeit und dumpfer Ergebung. Sie ist angefüllt mit Leuten, die füreinander nicht vorhanden sind. Sie ist wie eine Wüste, obwohl es darin von Menschen wimmelt.

Feiern ist nicht Lärm. Es bedeutet nicht, daß sich einem der Kopf drehen muß. Es bedeutet nicht einfach individuelles Vergnügen.

Es ist das Schaffen einer gemeinsamen Identität, eines gemeinsamen Bewußtseins.

Feiern ist, wenn jeder zur Freude beiträgt.

Nicht als Pflicht (man kann nicht Freude herbeizaubern, weil man verpflichtet ist, fröhlich zu sein).

Wir feiern dann, wenn wir die Freude sich selbst erschaffen lassen aus unserer Liebe heraus.

Wir sind gern zusammen. Wir tanzen gern zusammen. Wir machen gern hübsche und unterhaltsame Dinge. Wir lachen gern über das, was wir gemacht haben. Wir streichen gern bunte Farben an die Wände – und tragen selbst noch buntere Farben. Wir mögen unsere Bilder, sie sind verrückt. Feiern ist verrückt: die Verrücktheit, sich nicht unterkriegen zu lassen, obwohl «sie», «die anderen», diejenigen, die Leben unmöglich machen, alle Macht zu haben scheinen. Feiern ist der Beginn der Zuversicht und deshalb der Macht.

Wenn wir über sie lachen, wenn wir feiern, wenn wir unser Leben schön gestalten, wenn wir einander Freude schenken, indem wir uns lieben, indem wir teilen, dann bringen wir eine Macht zum Ausdruck, die sie nicht antasten können. Wir können die Schöpfer einer Freude sein, die sie sich niemals vorstellen könnten.

Wir können in dieser Stadt ein Feuer des Glücks errichten, das sie beschämen wird.

Mit ihrem Gold haben sie unser Leben in Schutt gelegt. Aber wir werden unser Leben mit dem Feuer der Liebe entzünden und den Schutt in Gold zurückverwandeln. Diesmal wird das Gold wirklich wertvoll sein. Es wird nicht einfach Schrott sein, der aus der Erde kam. Es wird der unendliche Wert menschlicher Identität sein, die in einem Herzen aufflammt, das zuversichtlich ist aus Liebe. Dies ist der Anfang der Macht. Dies ist der Anfang der Verwandlung. Eines Tages werden Sie es erleben!

Inzwischen haben wir auch eine Antwort auf die Frage:

Kann aus der Straße ein bewohnter Raum werden?
Ja, dann, wenn sie zu einem Raum des Feierns wird.

Symbolik: Kommunikation oder Kommunion?

Das in diesem Titel angekündigte Thema eignet sich vorzüglich für eine detaillierte, langatmige akademische Behandlung. Um die Nachteile eines solchen Vorgehens zu vermeiden, wird sich der Autor statt dessen gestatten, in einer eher spontanen und wenig geordneten Form lediglich ein paar Intuitionen zu Papier zu bringen. Diese mögen weitere Gedankengänge im Kopf des Lesers anregen.

Wenn man sich mit Symbolik befaßt, begibt man sich in ein Gebiet, in dem Nachdenken, Synthese und Betrachtung wichtiger sind als Untersuchung, Analyse und Wissenschaft. Man kann ein Symbol nicht erfassen, wenn man nicht fähig ist, in seinem eigenen Wesen eine spirituelle Resonanz zu wecken, die auf das Symbol nicht nur als *Zeichen,* sondern als «Sakrament», als «Präsenz» antwortet. Wir brauchen nicht eigens zu betonen, daß uns, wenn wir hier von Symbol sprechen, nur der umfassende und wahre Sinn des Wortes interessiert. Rein konventionelle Symbole, die mehr oder weniger willkürlich eingeführt werden, um etwas anderes darzustellen, konkrete Bilder, die für abstrakte Eigenschaften stehen, sind nicht Symbole im höchsten Sinne. Das wahre Symbol deutet nicht einfach auf ein verborgenes Objekt hin. Es enthält eine eigene Struktur, die uns in irgendeiner Weise die innere Bedeutung des Lebens und der Wirklichkeit selbst zu Bewußtsein bringt. Ein echtes Symbol führt uns in die Mitte des Kreises, nicht zu einem anderen Punkt an der Peripherie. Ein echtes Symbol weist direkt auf das Herz alles Seins hin, nicht auf ein Ereignis im Fluß des Werdens.

Man könnte mit der Frage beginnen, ob man sich in der westlichen Welt des zwanzigsten Jahrhunderts überhaupt an solche Überlegungen heranwagen kann, ohne einen gewissen Unterton von Dringlichkeit, begleitet von einem Gefühl des Konflikts und der Verwirrung, hineinzubringen. Mit anderen Worten gesagt: Der Leser muß sich darauf einstellen, daß es diesen Bemerkungen etwas an Heiterkeit mangelt. Die Spannung, die im Westen, besonders in Amerika, zwischen einem naiven, oberflächlichen Optimismus (Glaube an den Fortschritt der Wissenschaft als Selbstzweck) und den tiefen, primitiven Zerstörungstendenzen einer Technik und Wirtschaft herrscht, in der der Mensch zum Werkzeug blinder, unmenschlicher Kräfte wird, läßt uns erkennen, daß der *Niedergang des Gefühls für die Symbolik* in der modernen Welt nur eines von vielen alarmierenden Anzeichen für den spirituellen Verfall ist.

Das auffallendste und störendste Merkmal dieses spirituellen Verfalls ist, daß er gleichzeitig mit einem überwältigenden Willen zur Macht und mit beinahe unbegrenzten Möglichkeiten gekoppelt ist, seine brutalen Bestrebungen zu verwirklichen. Daher erkennt der Mensch des zwanzigsten Jahrhunderts, der sich fälschlich auf dem Gipfel einer zivilisatorischen Entwicklung wähnt (da er Technik mit Zivilisation verwechselt), nicht, daß er in Wirklichkeit einen kritischen Punkt moralischer und spiritueller Zerrüttung erreicht hat. Er ist ein Wilder, nicht ein mit Keule oder mit Speer bewaffneter Wilder, sondern ein mit dem denkbar raffiniertesten Arsenal diabolischer Maschinen bewaffneter Wilder, einem Arsenal, das jede Woche um neue Erfindungen bereichert wird.

Nietzsches Erklärung «Gott ist tot» wird bereits ganz im Ernst von den Propheten der «fortschrittlichsten» Tendenzen in der westlichen Religion aufgegriffen, die heute in manchen Kreisen eifrig darum bemüht scheint, das, was eine gottlose Gesellschaft für Aufrichtigkeit hält, durch einen Akt spiritueller Selbstzerstörung zu beweisen.

Gleichzeitig erklären immer wieder Künstler, Dichter und andere, von denen man erwarten könnte, daß sie sich intensiv mit dem inneren Leben des Menschen befassen, der Grund dafür, daß Gott aufgehört habe, für den Menschen gegenwärtig zu sein (daher «tot» sei), liege darin, daß der Mensch aufgehört habe, für sich selbst gegenwärtig zu sein, und daß folglich die Aussage «Gott ist tot» in Wirklichkeit bedeute: «Der MENSCH ist tot». Die offenkundige materielle Geschäftigkeit und die äußere Hektik dienen lediglich dazu, den Mangel an geistlichem Leben zu unterstreichen.

Da der Mensch gerade durch die Symbolik spirituell und bewußt in Kontakt mit seinem eigenen, tiefsten Selbst, mit anderen Menschen und mit Gott steht, ist sowohl für den «Tod Gottes» als auch für den «Tod des Menschen» die Tatsache verantwortlich, daß die Symbolik tot ist. Der Tod der Symbolik ist seinerseits wieder das sprechendste und bezeichnendste Symbol unseres modernen kulturellen Lebens. Da der Mensch nicht ohne Zeichen für das Unsichtbare leben kann und da seine Fähigkeit, das Sichtbare und das Unsichtbare als sinntragende Einheit zu begreifen, von der schöpferischen Lebendigkeit seiner Symbole abhängt, wird er zwar vielleicht behaupten, er habe kein Interesse an diesem «Zusammenbringen» mehr (das ist die etymologische Bedeutung von «Symbol»), wird aber dessen ungeachtet weiterhin beharrlich Symbole schaffen. Wenn sie keine lebendigen Zeichen schöpferischer Integration und inneren Lebens sind, dann werden sie morbide, kraftlose, krankheitserregende Zeichen seines eigenen inneren Verfalls sein. Die feierliche Vulgarität, die spirituell abscheuliche und manchmal unbewußt obszöne Natur einiger «Symbole», die das Establishment und die Massen noch immer als des Respektes wert erachten (sei es im kapitalistischen Westen oder in den sozialistischen Ländern), hat natürlich den erbitterten Protest der modernen Künstler hervorgerufen, die nun entweder nur noch Anti-Kunst und Nicht-Symbole schaffen oder ganz ohne Zagen und ohne Kommentar die extremste spirituelle Beleidigung jener Formen und gegenwärtigen Erscheinungen betrachten, die Marktwirtschaft und Wohlstand überall «normal» und «gängig» gemacht haben.

Der Verlust des Gefühls für das Symbol in der wissenschaftlichen und technischen Gesellschaft ist teilweise auf eine Unfähigkeit zurückzuführen, zwischen dem *Symbol* und dem *hinweisenden Zeichen* zu unterscheiden. Die Funktion des Zeichens ist Mitteilung, und zwar in erster Linie die Mitteilung sachlichen oder praktischen Wissens. Die Funktion des Symbols ist nicht die Feststellung von Tatsachen oder die Übermittlung von Information, auch nicht spiritueller Information über absolute oder religiös offenbarte Wahrheiten. Ein Symbol lehrt und informiert nicht einfach. Und es *erklärt* auch nicht.

Es stimmt zwar, daß der Inhalt eines religiösen Symbols normalerweise reich an spirituellen oder offenbarten Wahrheiten ist. Trotzdem sind die Offenbarung und die spirituelle Vision nicht dazu in Symbolen enthalten, daß man sie aus dem Symbol herauszieht und sie von dem Symbol getrennt intellektuell untersucht oder in Besitz nimmt. Offenbarte Wahrheit wird konkret und existentiell in Symbolen vergegenwärtigt und wird in und mit den Symbolen durch eine lebendige Antwort des Subjekts erfaßt. Diese Antwort widersetzt sich der exakten Analyse und kann jemandem, der es nicht authentisch in sich selbst erfährt, nicht genau beschrieben werden. Die Fähigkeit zu einer solchen Erfahrung entwickelt man durch das Leben spiritueller Traditionen und durch Kontakt zu einem spirituellen Meister *(guru)* oder zumindest zu einer vitalen und schöpferischen Liturgie und einer traditionellen Lehre. Wenn man also fordert, daß ein Symbol die Funktion des Informierens und des Erklärens oder der Klärung und wissenschaftlichen Verifizierung der innersten Geheimnisse des Kosmos, des Menschen, des Platzes des Menschen im Kosmos, die Beziehung des Menschen zu Gott, die Beziehung des Menschen zu sich selbst usw. erfüllen sollte, dann fordert man damit, daß das Symbol leisten sollte, was hinweisende oder quantitative Zeichen leisten. Wird eine solche Forderung aber aufgestellt, hat sie sofort die Überzeugung zur Folge, das Symbol habe einen weit geringeren praktischen Wert als das Zeichen. In einer Welt, in der praktischer

Nutzen und quantitative wissenschaftliche Information hoch geschätzt werden, büßt das Symbol rasch an Bedeutung ein.

Wenn das Symbol dazu herangezogen wird, *mitzuteilen*, beschränkt es sich gezwungenermaßen darauf, die trivialste Art von Gedanken oder Information zu übermitteln. Das Symbol wird dann reduziert auf das *Warenzeichen* oder das *politische Abzeichen*, auf ein bloßes Zeichen der Identifizierung. Identifizierung ist nicht Identität. «Serienmäßige» Identifizierung ist in Wirklichkeit eine Verminderung oder ein Verlust der Identität, ein Untertauchen der Identität in der generalisierten Klasse. Die Pseudosymbole der Massenbewegung werden Zeichen des Massenzaubers, in dem der Massenmensch sein individuelles Selbst in der falschen, sogar teuflischen Leere verliert, dem allgemeinen Pseudoselbst der Massengesellschaft. Die Symbole der Massengesellschaft sind rohe und barbarische Brennpunkte für Emotionen, Fanatismus und übertriebene Formen des Hasses, die sich als moralische Entrüstung tarnen. Die Symbole der Massengesellschaft sind Chiffren auf der Oberfläche einer moralischen und spirituellen Leere.

Der Physiker Werner Heisenberg hat den revolutionären Wandel in der Einstellung des Menschen zur Natur im Zeitalter der Wissenschaft und Technik ausführlich kommentiert.* In der vorwissenschaftlichen Epoche versuchte der Mensch sogar bei seinen «wissenschaftlichen» Untersuchungen, zu einem möglichst lebendigen und möglichst qualitativ bedeutsamen Verständnis der Natur im ganzen zu gelangen. Dieses Verständnis blieb, selbst wenn es Anteile des Experimentierens und der objektiven Beobachtung zum Inhalt hatte, im wesentlichen poetisch, philosophisch und sogar religiös.

Die moderne Wissenschaft erstrebt keine «lebendige Darstellung», sondern will quantitative Fakten sammeln und koordinieren, aus denen sie Erklärungen oder einfach Arbeitshypothesen mit einer praktischen Ausrichtung ableiten kann. Wo Religion, Philosophie und Dichtung die Macht des schöpferischen Symbols

* Alle Zitate von Werner Heisenberg in diesem Essay stammen aus seinem Aufsatz «Das Naturbild der heutigen Physik» (1955).

nutzen, um ein ganzheitliches Verständnis des Lebens in seinen tiefsten metaphysischen Wurzeln zu erlangen, benützt die Wissenschaft technische Instrumente, um quantitative Daten über das physikalische Universum zu sammeln. Diese Daten werden dann zu mathematischen Formeln verkürzt, so daß sie den praktischen Bedürfnissen der Technik dienen können.

Noch ist nicht allgemein die Tatsache zur Kenntnis genommen worden, daß die moderne Wissenschaft selbst die Weltsicht des naiven Materialismus untergraben hat, als man noch glaubte, die «letzte Realität» sei in den Elementarteilchen der Materie zu finden. Die Wissenschaft hat vor allem die materialistische Vorstellung eines völlig objektiven Wissens zerstört, von dem her wir mit absoluter Sicherheit Aussagen über die «Realität» machen können, die auf unserer Beobachtung beruhen, als würden wir alles von einer Plattform der «Wissenschaft» aus in einem reinen Reich der Wahrheit beobachten. Tatsächlich, sagt Heisenberg, können wir die Elementarteilchen nicht als reine Gegenstände beobachten, da die Tatsache unserer Beobachtung selbst auf das Verhalten der beobachteten Teilchen und die Wechselwirkung zwischen ihnen einwirkt. Daher stellen die Formeln der Atomphysiker *«nicht mehr das Verhalten des Elementarteilchens, sondern unsere Kenntnis dieses Verhaltens dar»*. Gleichzeitig entwickelt sich die Technik weiter, «dringt» dem Anschein nach «in die Geheimnisse der Natur ein», wobei sie *«unsere Umwelt vor unseren Augen verwandelt und ihr damit unser Bild aufprägt»*. Diese Verwendung von Technik und Wissenschaft zur Verwandlung der Natur und zu ihrer Unterwerfung unter den Menschen erscheint Heisenberg als eine Ausweitung des biologischen Prozesses, so daß die technischen Apparate ebenso Teil des Menschen werden, wie das Netz untrennbar zur Spinne gehört. Das hat zur Folge, daß der Mensch die Natur nicht mehr zum Gegner hat; er findet keinen Feind mehr in der Welt, in der er mit sich selbst allein ist und die er bald völlig nach seinem eigenen Bild verwandeln wird. Aber es stellt sich ein anderes Problem, nämlich daß doch ein Gegner bleibt: *der Mensch selbst.* Und Heisenberg sagt, daß in dieser Lage die Technik die Lebensmöglichkeiten des Menschen nicht mehr erweitert und ausdehnt, sondern sie plötzlich zu verringern und womöglich ganz zu zerstören droht. «In dieser Auseinandersetzung muß die Weiterentwicklung der Technik aber kein Fortschritt mehr sein.»

Nun erfüllt die Symbolik ihre vitale und schöpferische Funktion aber in einem Kosmos, in dem der Mensch mit der Natur zurechtkommen mußte, in der er darum kämpfte, seinen eigenen Platz zu behaupten – wenn auch einen Platz spiritueller Überlegenheit. Die Symbolik hat zum Ziel, den Menschen, die Natur und Gott in einer lebendigen und heiligen Synthese «zusammenzubringen». Aber der Mensch des technischen Zeitalters befindet sich in einer anderen, künstlichen Synthese und hat nicht länger irgendein Wissen über irgend etwas anderes als über sich selbst, seine Maschinen und eben sein Wissen, daß er weiß, was er weiß. Dieses Wissen ist kein Wissen über die Realität, sondern ein Wissen über das Wissen. Das heißt, der Mensch ist nicht mehr «mit der Natur in Berührung», sondern ist lediglich im Kontext seiner eigenen Experimente fest aufgehoben. Er kann mit Sicherheit voraussagen, wie ein Experiment ausgehen wird, aber er kann letztlich keine Bedeutung dafür finden. Der Mensch ist daher von jeglicher Realität außer der seiner eigenen Prozesse abgeschnitten – das heißt, in Wahrheit, seines eigenen inneren Chaos – und der Realität der außergewöhnlichen neuen Welt seiner Maschinen. Da das Wissen um seine eigene Zerrüttung unangenehm ist, wendet er sich immer entschlossener seinen Maschinen zu. Aber über die Macht seiner Maschinen agiert er die unverstandene Tragödie seiner inneren Zerrüttung aus. Wie Heisenberg in einem zwingenden Vergleich sagt, «kommt die Menschheit in die Lage eines Kapitäns, dessen Schiff so stark aus Stahl und Eisen gebaut ist, daß die Magnetnadel seines Kompasses nur noch auf die Eisenmasse des Schiffes zeigt, nicht mehr nach Norden».

Heisenberg zitiert den chinesischen Weisen Dschuang Dsi, der bereits vor zweieinhalbtausend Jahren entdeckte, daß schon die Abhängigkeit von einer einfachen Maschine den Menschen dazu brachte, «ungewiß in den spontanen Regungen seines Geistes» zu werden. Natürlich ist der Fortschritt der Wissenschaft und der Technik irreversibel, und der Mensch muß sich nun in dieser neuen Lage zurechtfinden. Das kann er jedoch nicht, wenn er einen irrationalen und unwissenschaftlichen Glauben in die absolute und endgültige Objektivität der wissenschaftlichen Kenntnis der Natur setzt. Die Grenzen der Wissenschaft müssen erkannt, und dem blinden Glauben an ein unkontrolliertes Wuchern der Technik muß abgeschworen werden.

Kehren wir noch einmal zu dem Schiffskapitän zurück. Heisenberg sagt, daß sich die Gefahr verringern wird, wenn der Kapitän herausgefunden hat, was los ist, und dann versucht, andere Mittel zu finden, die Richtung des Schiffes zu bestimmen – sich zum Beispiel an den Sternen orientiert. Um sich «nach den Sternen zu richten», muß er die Grenzen der wissenschaftlichen Weltsicht überschreiten und seinen Sinn für das Symbol wiederfinden.

Alfred North Whitehead, der als Wissenschaftler eine kühle und distanzierte Haltung zur Symbolik einnahm, erklärte, daß die Gesellschaft sich gegen den Wildwuchs der Symbole zur Wehr setzen müsse, die «eine Tendenz haben, blindlings zu wuchern, wie die Vegetation eines tropischen Regenwaldes». Es ist gewiß richtig, daß eine Masse von undurchsichtigen Symbolen, die aufgehört haben, etwas zu erhellen und anzuregen, am Ende das gesellschaftliche und persönliche Leben ersticken können. Daher «bedarf es einer gelegentlichen Revolution der Symbolik», sagt Whitehead ziemlich leichtfertig, als könnten Symbole durch einen Parlamentsbeschluß neu geschaffen werden. Aber Whitehead sagt auch sehr bestimmt: «Die Symbolik ist nicht einfach ein müßiges Spiel der Phantasie oder korrupte Degeneration: sie wohnt der Struktur des menschlichen Lebens selbst inne.» Er sieht deutlich, daß Symbolik nicht einfach ein Mittel ist, Information zu übermitteln, sondern die Bedeutung und den Wert dessen zu erhöhen, was sie symbolisiert (vgl. *Symbolism, Its Meaning and Efficacy*). Er zeigt dann auf, wie im gesellschaftlichen Leben die Symbolik «die Kraft des Instinktes, der die Individualität unterdrückt», ersetzt und statt dessen eine Dynamik des Denkens und Handelns schafft, in der der einzelne Mensch seine eigene, freie Aktivität in die Arbeit für das Gemeinwohl eingliedern kann, ohne sich einfach in passiver, automatischer Weise den äußerlichen Anweisungen von Autoritäten zu unterwerfen.

Mittels des sozialen Symbols kann der Mensch das allgemeine

Wohl zu seinem eigenen machen. Mittels des religiösen Symbols kann der Mensch nicht nur in eine Gemeinschaft mit seinen Mitmenschen und mit der ganzen Schöpfung, sondern auch mit Gott eintreten. Die Symbolik sei mächtig, sagt Whitehead, aufgrund ihrer «einnehmenden Suggestivität und ihrer emotionalen Wirksamkeit». Das Symbol sei jedoch nicht nur emotional, sondern «es bietet dem Verstand dadurch einen Anhaltspunkt, daß es den speziellen Instinkt, den es ausdrückt, durchschimmern läßt».

Whitehead weist jedoch im Hinblick auf Massenbewegungen und blinde politische Vorurteile auf die Gefahr derjenigen (politischen) Symbole hin, die eine *direkte (reflexhafte) Reaktion* ohne Bezug auf irgendeinen Sinn hervorrufen. Die Wirkung solcher Symbole wird dann hypnotisch – gewisse Reaktionen, normalerweise gewalttätige, werden ohne Nachdenken und ohne moralisches Urteil ausgelöst.

Auf diese Weise kann in bestimmten, ungesunden Situationen das politische oder militärische Symbol den automatischen Gehorsam von SA-Männern und politischen Polizeieinheiten hervorbringen, die zu jeder Roheit und jeglicher Greueltat bereit sind. In diesem Fall hat das Symbol die Wirkung, das Gewissen und das vernünftige Urteil zu unterdrücken und eine teuflische Gemeinschaft des Bösen herbeizuführen.

Aber ist das die Schuld der Symbolik als solcher? Gewiß nicht. Schuld daran ist der Niedergang der Symbole. Ein Mensch, der dazu erzogen wurde, auf höhere, kreativere und spirituellere Symbole zu antworten, wird *sofort mit Ekel* auf die rohe Barbarei des totalitären Symbols reagieren. Auch seine Reaktion ist instinktiv und sozusagen automatisch. Der springende Punkt ist deshalb nicht, daß das Symbol dazu tendiert, sich auf die instinktiven Kräfte des Menschen zum Handeln und zur Selbsthingabe zu konzentrieren, sondern daß lebendige und schöpferische Symbole dieses Handeln erheben und in einem guten Sinne beeinflussen, während krankhafte und verderbte Symbole die Energien des Menschen auf das Böse und die Zerstörung hinlenken.

Das Entscheidende ist, die Menschen zu erziehen, so daß sie die einen von den anderen unterscheiden können.

Aber wenn wir in unserem Bildungswesen davon ausgehen, daß

alle Symbolik reine Phantasie und Illusion ist, lehren wir die Menschen nicht mehr, diese Unterscheidung zu treffen. Daher werden sie sich zwar einbilden, über die «Kinderei» der Symbolik hinausgewachsen zu sein, werden aber tatsächlich leicht und unkritisch der Faszination von perversen und destruktiven Symbolen erliegen, von denen gegenwärtig die ganze Gesellschaft, in der sie leben, besessen ist.

In unserer modernen Welt ist die Faszination der Gewalt durch das Fernsehen, durch Zeitschriften, Kino, Radio usw. fast unwiderstehlich geworden. Das geistige Klima der Welt ist heute derart mit Terror und Haß aufgeladen, daß die geringste und lächerlichste Handlung symbolisch interpretiert werden und auf der Stelle eine Massenhysterie globalen Ausmaßes entfesseln kann. Das einzige Gegenmittel ist eine Rückkehr zur Ebene spiritueller Weisheit, auf der sich die höheren Symbole entfalten. Das ist sehr leicht gesagt; aber ist es heute überhaupt noch möglich? Sind wir nicht in Wahrheit von unserer Fähigkeit zur «symbolisch konditionierten Handlung» im höheren Sinne (Führung durch den *Sinn* und die *Weisheit* des höheren Symbols) abgefallen und in rein reflexhafte und instinktive Handlungsweisen zurückgefallen, ohne Bezug zum Sinn und, vor allem, *ohne irgendeinen rationalen Sinn für Kausalität und Verantwortung?*

Am Ende seines anregenden Essays spricht Whitehead, vielleicht ohne das so ganz zu beabsichtigen, vom Gemeinschaftsleben der Ameisen, das (wahrscheinlich) vom reinen Instinkt und nicht von sinntragenden Symbolen geleitet wird.

Es ist kein neuer Gedanke, zu behaupten, es sei gut möglich, daß der Mensch, sollte er in seiner kybernetischen Gesellschaft überleben, ohne sich in die Luft zu sprengen, dem schöpferischen Symbol entsagen, mechanisch leben und lernen werde, seine Welt in einen riesigen Ameisenhaufen zu verwandeln. Wenn das reine Überleben alles ist, was wir uns wünschen, dann mag das eine befriedigende Aussicht sein. Aber wenn unsere Berufung darin liegt, schöpferisch an der Spiritualisierung unserer Existenz teilzunehmen, dann ist das Konzept des Ameisenhaufens alles andere als wünschenswert.

Offensichtlich muß Symbolik in eine Richtung gehen, in der sie zum Ausdruck von Einheit, Verständnis und Liebe unter den Menschen wird – zu dem, was Paul Tillich *communal eros* genannt hat. Aber die rohe Symbolik der Gewalt hat ihre Macht gerade aufgrund der Tatsache gewonnen, daß die Symbolik der Liebe so entsetzlich entwürdigt, erniedrigt und entmenschlicht worden ist. Es liegt etwas sehr Erschreckendes in der abscheulichen Karikatur von Liebe und Schönheit, die sich, fortschreitend häßlicher werdend, mehrere Jahrhunderte lang in der westlichen Literatur und Kunst, einschließlich religiöser Literatur und Kunst, breitgemacht hat. Heute ist es soweit, daß ein empfindsamer Geist gänzlich vor dem Versuch zurückschreckt, «das Schöne» zu sehen und abzubilden, und sich statt dessen auf das Häßliche, das Sinnlose und das Formlose konzentriert, und zwar in dem ehrlichen Versuch, das entweihte Heiligtum von dem Kehricht zu reinigen, mit dem es angefüllt ist.

In der technisierten Gesellschaft, in der die Mittel der Kommunikation und der Zeichenverwendung unglaublich vielseitig geworden sind und, dank des Computers mit seiner ungeheuren Speicherkapazität und seiner Fähigkeit zur sofortigen Aufnahme und Organisation von Fakten, an der Schwelle zu einer noch folgenreicheren Entwicklung stehen, werden Natur und Nutzung der Kommunikation selbst, ohne daß es uns bewußt wird, symbolträchtig. Obwohl der Mensch jetzt die Möglichkeit hat, alles sofort überallhin mitzuteilen, stellt er fest, daß er *nichts zu sagen hat.* Wohl gibt oder gäbe es zahlreiche Dinge, die er mitteilen könnte oder mitzuteilen versuchen sollte. Er sollte zum Beispiel in der Lage sein, mit seinen Mitmenschen zusammenzukommen und in aller Offenheit Möglichkeiten zu diskutieren, eine friedliche Welt aufzubauen. Er ist zu dieser Art direkter Begegnung aber unfähig. Statt dessen ist er im Besitz von ballistischen Interkontinentalraketen, die in wenigen Augenblicken Millionen von Menschen den Atomtod bringen können. Dies ist allem Anschein nach die höchstentwickelte Botschaft, die der moderne Mensch seinem Mitmenschen heute zu überbringen hat. Und es ist natürlich nichts anderes als eine Botschaft über ihn selbst, über seine Entfremdung von sich selbst und über seine Unfähigkeit, mit dem Leben fertig zu werden.

Es ist die entscheidende Rolle des Symbols, auszudrücken, daß der Mensch seine eigene Mitte, seine eigenen ontologischen Wurzeln in einem Geheimnis des Seins hat, das sein individuelles Ego überschreitet, und ihn dazu zu ermutigen, daß er das annimmt. Aber wenn der Mensch auf sein empirisches Selbst reduziert wird und auf seine eigenen Grenzen beschränkt bleibt, ist er sozusagen von sich selbst ausgeschlossen, von seinen eigenen Wurzeln abgeschnitten und zu einem spirituellen Tod des Verhungerns und Verdurstens in einer Wüste von Äußerlichkeiten verurteilt. In dieser Wüste kann es keine lebendigen Symbole geben, sondern nur die toten Symbole der Dürre und der Zerstörung, die Zeugnis vom eigenen, inneren Ruin des Menschen ablegen. Aber der Mensch kann diese Symbole nicht «sehen», da er zu einer inneren Antwort darauf unfähig ist.

In einem kürzlich erschienenen Aufsatz eher esoterischer, gleichzeitig aber auch populärer Natur entwarf ein amerikanischer Theoretiker der nuklearen Kriegführung eine ausgeklügelte «Stufenleiter der Eskalation», wobei sein erklärtes Ziel war, eine *rudimentäre Sprache* zu entwickeln. Es ist eine Sprache der Zerstörung geworden, in der jede Sprosse auf der «Leiter» (so z.B. der massive Einsatz von Atomwaffen auf beiden Seiten, die Zerstörung von Städten, Raketenstandorten usw.) ein Mittel war, dem Feind «etwas zu sagen» und ihm «Information zu übermitteln». Man kann sich des Gefühls nicht erwehren, daß selbst vor Jahrtausenden, in der Altsteinzeit, die Kommunikation zwischen den Menschen einfacher, artikulierter und menschlicher gewesen sein muß. Die «Leiter» (selbst ein altes Symbol, etwa in Genesis 28,12, in der babylonischen Religion, im kosmischen Baum, der *axis mundi* der asiatischen Mythen usw.) ist hier zum Symbol der totalen und verneinenden Sinnlosigkeit einer riesigen technischen Maschinerie geworden, die vor allem zum Zwecke der Zerstörung aufgebaut wird. Am oberen Ende der Leiter wartet nicht Gott, sondern warten «Todeszuckungen». Aber «Todeszuckungen» gibt es auch auf jeder Sprosse. Alle Stufen der Eskalation sind «unsinniger Krieg».

Freilich ist die häufigere und besser bekannte Behauptung jener, welche die Kommunikationsmittel anpreisen und verkaufen, die, daß unsere modernen Medien in erster Linie immer noch daran interessiert seien, Botschaften der Liebe rasch zu übermitteln. Dies ist natürlich ein weiterer Weg, um zu bestätigen, was in Wirklichkeit so universell bezweifelt wird: daß die Menschen noch immer Botschaften der Liebe zu überbringen haben. Wir wollen dies für den Augenblick nicht in Zweifel ziehen. Hier ist ein Beispiel für diese Art von «Kommunikation».

Ein vielbeschäftigter Arzt in einer amerikanischen Großstadt hat ein Telephon im Auto, damit er selbst dann, wenn er nicht in seiner Praxis, im Krankenhaus oder zu Hause ist, Notrufe empfangen kann. Während er durch die Stadt fährt, läutet sein Telephon, und er nimmt ab. Es ist ein Anruf aus Afrika, über Kurzwellenfunk. Er horcht. Es ist ein Freund, der vor kurzem nach Afrika gegangen ist. Was hat er zu sagen? Nichts. «Ich hatte Gelegenheit, umsonst zu telephonieren, und dachte, ich sage dir mal schnell guten Tag.» Sie tauschen Grüße aus, versichern einander, daß es ihnen gutgeht, daß es den Familien gutgeht usw. Sie reden genauso belanglose Dinge wie bei jedem beliebigen anderen Telephongespräch. Man kann darüber nachdenken und erkennen, daß selbst manche der scheinbar «wichtigen» Angelegenheiten, für die die Kommunikationsmedien benötigt werden, vielleicht ebenso trivial sind wie dieses Gespräch.

Jemand mag einwenden: Was macht es schon, wenn sie einander keine wirklich wichtige Mitteilung zu machen hatten? Hier ging es doch um mehr als nur um Mitteilung. Es ging um einen Ausdruck der Freundschaft, also der Liebe. Ist Liebe nicht wichtiger als sachliche Information? Wollten diese Freunde nicht vor allem *Gemeinschaft* und nicht Mitteilung?

Darauf kann man nur antworten, daß Liebe und Gemeinschaft in der Tat äußerst wichtig sind und viel schwerer wiegen als reine «Kommunikation». Aber es bleibt die Tatsache, daß dort, wo Gemeinschaft nicht mehr verstanden wird und wo Kommunikation tatsächlich als vorrangig betrachtet wird, weil sie «praktisch» ist, die Menschen bei ihrem Bemühen, Gemeinschaft herzustellen, nur mehr einen *symbolisch nutzlosen* Gebrauch von teuren Kommunikationsmitteln machen können. Aber auch die symbolische Nutzlosigkeit bleibt frustrierend, denn nach den Regeln einer technisch ausgerichteten Kultur macht sich derjenige, der solche nutzlosen Dinge tut, einer Sünde gegen den grundlegenden Wert schuldig: gegen das Praktische.

Und sogar diesbezüglich gibt es höchst merkwürdige Zwiespältigkeiten, denn während die außerordentliche Effizienz der technischen Instrumente täglich wächst, muß man gleichzeitig zugeben, daß die Verwendungszwecke, denen sie zugeführt werden, zunehmend nutzloser und sogar zerstörerisch werden. Was zählt die Nutzlosigkeit eines freundschaftlichen Telephongespräches von Afrika nach Amerika, verglichen mit der gigantischen Nutzlosigkeit der Raumfahrt und der Mondflüge? Man erkennt plötzlich, daß die Technik derzeit tatsächlich total auf Nutzlosigkeit hin geschaffen wird, statt auf Nutzen hin, und diese Nutzlosigkeit ist, genaugenommen, symbolisch. (Sie ist ein Symptom. Und bei einer Krankheit ist ein Symptom ein Symbol. Das richtige Verständnis für die Symptome kann zur Wiederherstellung der Gesundheit führen. Eine falsche Reaktion verschlimmert die Krankheit.) Der eine große Nutzen, den die Technik für uns haben könnte, ist genau der, den niemand sieht: die symbolische Nutzlosigkeit, die auch noch so viele Predigten über den Fortschritt nicht zu rechtfertigen vermögen.

Traditionell liegt der Wert eines Symbols gerade in seiner offensichtlichen Nutzlosigkeit als einfaches Kommunikationsmittel. *Weil es kein taugliches Werkzeug ist, um Information zu übermitteln, kann das Symbol einen höheren Zweck erreichen, den Zweck, über das Praktische und den Zweck, über Ursache und Wirkung hinauszugehen.* Anstatt einen neuen Kontakt durch eine verstandesmäßige Begegnung mittels Austausch von Informationen herzustellen, sagt uns das Symbol nichts Neues: Es erweckt unser Bewußtsein dessen wieder, was wir bereits wissen, vertieft dieses Bewußtsein jedoch. Was «neu» ist am Symbol, ist die ewig neue Entdeckung einer neuen Tiefe und einer neuen Aktualität in dem, was IST und immer war. Die Funktion des Symbols ist nicht nur die, eine Gemeinschaft des Geistes und des Willens *herbeizuführen,* wie eine

Ursache eine Wirkung hervorruft; die Funktion des Symbols besteht darin, eine Einheit aufzuzeigen, die *bereits existiert, aber nicht voll erkannt wird.* Das Symbol erweckt das Bewußtsein oder stellt es wieder her. Daher strebt es nicht Kommunikation, sondern Kommunion an. Kommunion ist das Bewußtsein der Teilhabe an einer ontologischen oder religiösen Wirklichkeit: am Geheimnis des Seins, an der menschlichen Liebe, am Erlösungsgeheimnis, an der kontemplativen Wahrheit.

Der Zweck des Symbols – wenn man denn sagen kann, es habe einen «Zweck» – ist nicht, die Menge unseres Wissens und unserer Information zu vergrößern, sondern die *Qualität* des Lebens selbst zu vertiefen und zu steigern, indem es den Menschen in die Gemeinschaft mit den geheimnisvollen Quellen der Lebendigkeit und der Sinngebung, der Kreativität, Liebe und Wahrheit führt, zu denen er über die Wege von Wissenschaft und Technik keinen direkten Zugang erhalten kann. Das Reich des Symbols ist das Reich der Weisheit, in dem der Mensch nicht nur in und mittels Gegenständen Wahrheit findet, sondern in sich selbst und in seinem Leben, das in Übereinstimmung mit den höchsten Prinzipien göttlicher Weisheit gelebt wird. Natürlich schließt eine solche Weisheit die Kenntnis der Gegenstände nicht aus. Sie eröffnet der Wissenschaft vielmehr eine neue Dimension. Wie würde unsere Welt der Wissenschaft aussehen, wenn wir nur die Weisheit hätten?

Die Wertschätzung des Symbols schließt notwendigerweise eine bestimmte Sichtweise der Wirklichkeit selbst mit ein, eine bestimmte Kosmologie und eine religiöse Metaphysik des Seins, vor allem ein spirituelles Bild vom Menschen. Symbole gewinnen erst dann eine lebendige und schöpferische Bedeutung, wenn man den Menschen als heiliges Wesen begreift. Die «Entheiligung» des Menschen beginnt dort, wo Symbole ihres Sinnes beraubt werden und nur noch insoweit überleben dürfen, als man ihnen herablassend bestätigt, sie seien irreführend, aber eben «für die Unwissenden nötig».

Das Symbol wird dann nur noch als eine politisch oder religiös «nützliche Lüge» betrachtet, da es auf einer kindlichen Ebene

Information zu übermitteln scheint – Information, die zwar unangemessen ist, aber für diejenigen annehmbar, denen die «objektive Wahrheit» noch nicht klar ist. Die «Heiligkeit» des Menschen besteht aber genau in der Tatsache, daß die Wahrheit, für die und durch die er lebt, primär in ihm selbst liegt und daß daher dem Symbol, das ihn zu dieser Wahrheit hinführt, überragende Bedeutung zukommt, nicht als einem äußeren Objekt, sondern als der spirituellen und persönlichen Erfüllung an sich. Ohne diese innere Erfüllung ist der Verstand des Menschen nicht in der Lage, mit der objektiven Wahrheit fertig zu werden, und der Geist, der keine inneren Wurzeln hat, wird feststellen, daß seine «wissenschaftliche» Kenntnis der Gegenstände sich als «Lüge» entpuppt, selbst wenn sie faktisch richtig ist. Sie führt ihn, was den Sinn seiner eigenen Existenz betrifft, in die Irre.

Damit der Mensch zutiefst säkularisiert und «entheiligt» werden kann, müssen daher die Symbole selbst in Verruf gebracht und aus der Kunst, der Kultur und der Religion ausgeschlossen werden. Für Marx ist das Symbol (vor allem das religiöse Symbol) lediglich ein Instrument der Entfremdung. Aber wieviele pseudoreligiöse Symbole sind in der marxistischen Gesellschaft entstanden, die an Vulgarität und Trivialität denen der kapitalistischen und faschistischen Gesellschaftsformen in nichts nachstehen? Die Leere dieser Symbole legt Zeugnis von der Entfremdung des Menschen in diesen Gesellschaftsformen ab.

Die Entweihung von Symbolen ist seit über zweihundert Jahren systematisch fortgeschritten, vor allem in halbwissenschaftlichen Theorien der Anthropologie, Archäologie, vergleichenden Religionswissenschaft usw. Betrachten wir als Beispiel die vollkommen unrealistische Theorie, daß die Kunst des primitiven Menschen ihren Ursprung in einem utilitaristischen Konzept hatte, in der vermeintlichen Wirksamkeit eines künstlerischen Bildes. Ein Bild von einem Bison an die Wand einer Höhle zu malen soll angeblich die Art und Weise gewesen sein, in der ein primitiver Mensch zum Ausdruck brachte, daß er schrecklichen Hunger leide und seit langem kein Bisonfleisch mehr gegessen habe. Er soll einen Bison in der Vorstellung gemalt haben, daß ihm das Bild Macht über einen lebendigen Bison gebe. Das Gemälde hätte dann den «virtuellen Fang» der erwünschten Beute dargestellt. Auch mit dieser Theorie wird das Symbol lediglich als ein wirksames Zeichen gesehen, als Versuch, die Kausalität geltend zu machen, eine praktische und nützliche Wirkung in der Welt der Gegenstände herbeizuführen. Das heißt aber, daß die primitive Kunst nur unter modernen kommerziellen und technischen Gesichtspunkten aufgefaßt wird.

Man nimmt an, ein Symbol habe, wie andere Zeichen, nur einen praktischen Bezug. Man nimmt an, es erhebe Anspruch auf eine bestimmte Art von Wirksamkeit, behaupte einen eindeutigen kausalen Einfluß: Es liefert also eine Möglichkeit der Kontrolle über Objekte. Es ist Teil eines Verfahrens. Es muß daher im Kontext einer magischen und archaischen vortechnischen Daseinsweise gesehen werden, die inzwischen als vollkommen untauglich verworfen wurde. Die Kunst wird nur als Nachahmung von Objekten gesehen, als Ersatz für den Besitz eines erwünschten Gegenstandes. Wichtig ist somit nicht die Kunst, sondern der Gegenstand, auf den sie hindeutet. Das aber ist das grundlegende Axiom der Werbung, die ein Bedürfnis *suggeriert*, ein Bedürfnis weckt und es im potentiellen Käufer mit Hilfe von «Kunst» am Leben hält. Und es ist auch das Prinzip, das die Kunst der politischen Propaganda regiert.

Dieser plumpen Theorie vom Ursprung der primitiven Kunst fehlt es zunächst einmal an jeglicher Würdigung der *außerordentlichen schöpferischen Kraft* dieser erstaunlichen Symbole, die der vorgeschichtliche Mensch geschaffen hat. Schon die elementarste Kenntnis moderner Psychologie sollte hinreichen, um zu zeigen, daß eine solche schöpferische Kraft normalerweise nicht einem bloßen körperlichen Bedürfnis entstammen kann. Sie kann nur aus einer läuternden Umwandlung von Begehren hervorgehen.

Nähere Kenntnis primitiver Religionen zeigt uns, daß der primitive Mensch ein tiefes Gefühl der Verwandtschaft mit den Tieren hatte, mit denen er lebte, auch mit denjenigen, von denen seine Existenz abhing. Seine «Liebe» zum Bison oder zum Rentier war etwas viel Tieferes und Komplexeres als das Verlangen eines modernen Großstadtbewohners nach dieser oder jener Sorte Fleisch, welches von einem Tier stammt, das er ohnehin nie in seinem natürlichen Zustand zu Gesicht bekommt. Diese primitive «Liebe» zum Tier war in eine sehr komplexe religiöse Beziehung eingebettet, eingefaßt in strenge rituelle Bestimmungen, die unnötiges und unverantwortliches Töten und alle Arten von Mißbrauch verboten. Die primitive Kunst war keineswegs nur ein schwacher, fruchtloser, halb resignierter Versuch eines ungeschickten Jägers, Glück auf seinen Speer herabzubeschwören. Sie war auch die Anerkennung einer tiefen Gemeinschaft mit allen Lebewesen, mit den Tieren, mit denen der Mensch in einer Vertrautheit zusammenlebte, die für uns nicht mehr vorstellbar ist.

Daher sind die Symbole der primitiven Kunst auf mehr als einer Ebene von grundlegender Bedeutung. Da geht es, natürlich, um die Darstellung der Alltagsebene, die Jagd nach Nahrung. Aber es geht auch um eine andere Ebene, nämlich die der Verwandtschaft, der religiösen Verbundenheit mit dem Tier, das aus einem bestimmten Blickwinkel heraus als dem Menschen überlegen betrachtet wird, als «göttlich».

Die biblische Polemik gegen die Vergöttlichung natürlicher Lebewesen und Kräfte kommt relativ spät in der kulturellen Entwicklung des Menschen, und ohne Zweifel war um diese Zeit die primitive Religion tatsächlich schon sehr degeneriert. Aber eine Untersuchung der philosophischen Ideen der Bantu in Afrika zeigt noch immer, daß die Verehrung des primitiven Menschen für das Leben und die heilige, schöpferische Dynamik des Lebens, die sich in seiner Kunst und seiner Symbolik ausdrückt, außerordentlich tief und rein sein konnte. Daß der moderne Mensch die Kunst und die Symbolik seiner primitiven Vorfahren mißdeutet, wirft ein schlechtes Licht auf unsere blinde Selbstzufriedenheit und unser blindes Überlegenheitsgefühl.

Dic primitive Kunst bezieht ohne Zweifel einen großen Teil ihrer Kraft aus der *Ambivalenz von Liebe und Schuld*, die auf die Tatsache zurückzuführen ist, daß der Mensch ein geliebtes, bewundertes und geheimnisvolles Objekt erschlagen mußte, um sich am Leben zu erhalten. Dies wurde so stark empfunden, daß schließlich in gewissen hochentwickelten Kulturen, wie der Indiens, das Töten von Tieren und das Fleischessen verboten wurden. Damit stößt man auf eine sogar noch tiefere Ebene der

Gemeinschaft: auf die Ebene des *Seins selbst.* Nach dieser Auffassung teilen sich Mensch und Tier in das ontologische Geheimnis des Seins: Sie sind auf eine bestimmte Art eins «in Gott, dem Schöpfer». Oder, wie es der Hinduismus ausdrücken würde: Der Atman ist einer in beiden.

Man kann primitive Kunst nicht verstehen, wenn man die Implikationen dieser verschiedenen Ebenen symbolischer Bedeutung nicht begreift. Einfach zu erklären, die primitive Kunst habe lediglich einen magischen oder utilitaristischen Zweck gehabt, auf ein begrenztes, praktisches Ergebnis hingezielt, heißt, diese symbolische Qualität zu ignorieren und sich ausschließlich auf eine angenommene kausale Bedeutung festzulegen, von der man dann zeigt, daß sie so naiv und unsinnig ist, daß man sie nicht ernst nehmen kann. Auf diese Weise gelingt es dem Theoretiker, indem er das faktische Zeichen an die Stelle des religiösen Symbols setzt, alle Kulturformen in Frage zu stellen – religiöse, philosophische, künstlerische, mystische –, die das Symbol in irgendeiner Form einsetzen. Sie werden alle auf der Stelle unverständlich.

Der amerikanische protestantische Theologe Paul Tillich, den ich bereits erwähnt habe, hat richtig gesehen, daß «ein echtes Symbol auf ein Objekt hindeutet, das niemals ein Objekt werden kann». Das Symbol kann in keinem Fall *Information über ein Objekt* vermitteln, wenn es seiner Natur als Symbol treu ist. Nur wenn es herabgewürdigt wird, weist ein Symbol ausschließlich auf einen Gegenstand außerhalb seiner selbst hin. *Das Symbol ist vielmehr ein Objekt, das auf das Subjekt hindeutet.* Das Symbol ist kein Objekt um seiner selbst willen: Es ist eine Erinnerung daran, daß wir zu einer tieferen spirituellen Bewußtheit aufgerufen sind, die weit jenseits der Ebene von Subjekt und Objekt liegt.

Es wäre jedoch ein großer Fehler, zu glauben, daß das Symbol lediglich das Subjekt daran erinnert, sich seiner selbst als Objekt gewahr zu werden, nach der westlichen Manier der Introspektion und der Selbstprüfung. Wir müssen noch einmal wiederholen, daß das Symbol ein Objekt ist, das über das Reich der Trennung hinausführt, in dem Subjekt und Objekt einander gegenüberstehen. Dies ist der Grund dafür, daß das Symbol über die Kommunikation hinausgeht und zur Gemeinschaft, zur Kommunion führt. Kommunikation findet zwischen Subjekt und Objekt statt, aber Kommunion liegt jenseits der Trennung; sie ist eine Teilhabe an der grundlegenden Einheit. Das setzt nicht notwendigerweise eine «pantheistische Metaphysik» voraus. Die höheren Religionen weisen alle auf diese tiefere Einheit hin, ob sie strikt monistisch sind oder nicht, denn sie alle streben nach der Erfahrung dieser Einheit. Sie unterscheiden sich allerdings, und zwar manchmal beträchtlich, in der Art der Erklärung, was diese Einheit ist und wie man sie erlangen könne.

Das Christentum betrachtet diese Einheit als eine besondere Gabe Gottes, als Gnadengeschenk, das uns im Heiligen Geist zur Einheit mit Gott und unseren Mitmenschen führt. Die Religionen Asiens neigen dazu, diese Einheit in einem ontologischen und natürlichen Prinzip zu sehen, in dem alle Wesen metaphysisch eins sind. Die Erfahrung der Einheit ist für den Christen die Einheit «im Heiligen Geist». In den asiatischen Religionen ist sie Einheit im Absoluten Sein (Atman) oder in der Leere (Sunyata). Der Unterschied zwischen den beiden Betrachtungsweisen ist der Unterschied zwischen einer ontologischen Mystik und einer theologischen Offenbarung; zwischen einer Hingabe an die Absolute Natur und der Hingabe an eine Göttliche Person.

Die Symbole der höheren Religionen scheinen vielleicht auf den ersten Blick wenig miteinander gemein zu haben. Aber wenn man zu einem tieferen Verständnis dieser Religionen gelangt und wenn man sieht, daß jene Erfahrungen, die die Erfüllung des religiösen Glaubens und der religiösen Praxis sind, am deutlichsten in Symbolen auszudrücken sind, dann wird man möglicherweise erkennen, daß die Symbole verschiedener Religionen oft mehr miteinander gemein haben als die abstrakt formulierten, offiziellen Lehren.

Das chinesische Ideogramm *Chung* hat mehr als nur eine oberflächliche Ähnlichkeit mit einem Kreuz. Es ist auch ein Bild der fünf kosmischen Punkte, der vier Kardinalpunkte, mit dem «Angelpunkt» des Tao in der Mitte. Dies entspricht der traditionellen christlichen kosmischen Interpretation des Kreuzsymbols, dem «Bild» der Neuerschaffung und der Vereinigung von allem in

Christus (Epheser 1,10). Man könnte diese Analogien mit dem Studium der traditionellen buddhistischen Stupas usw. fortsetzen. Es mag genügen, auf diese Gedankengänge hinzuweisen und es dem Leser zu überlassen, sie für sich weiterzuverfolgen.

Ein Symbol ist also nicht einfach ein hinweisenden Zeichen, das Information über einen religiösen Gegenstand, eine Offenbarung, eine theologische Wahrheit, ein Glaubensgeheimnis übermittelt. Es ist die *Verkörperung* dieser Wahrheit, ein «Sakrament», durch das man an der religiösen Gegenwart des Rettenden und Erleuchtenden teilhat. Es zeigt nicht einfach den Weg zu dem Einen als Objekt. Solange das Eine als Objekt betrachtet wird, ist es dualistisch oder vielfältig, weil es eine Trennung zwischen Ihm und demjenigen (oder denjenigen) gibt, die es zu erreichen suchen. Daher die folgende Frage eines Zenmeisters: «Wenn alle Dinge zu dem Einen zurückkehren, wohin kehrt dann das Eine zurück?» Auf eine solche Frage kann es keine Antwort geben, da die Frage selbst widersprüchlich ist. Der Verstand könnte nach einem Weg suchen, den Widerspruch zu umgehen und ihn aufzulösen. Das Symbol neigt eher dazu, den Widerspruch zu akzeptieren, um über ihn hinauszuweisen. Es scheint das Eine so zu behandeln, als wäre es ein Objekt, aber tatsächlich enthüllt es, daß das Eine in unserem eigenen subjektiven, inneren Wesen gegenwärtig ist. Das Symbol enthüllt, daß die Subjektivität des Subjekts jetzt tatsächlich tief im unendlichen Gott, dem Vater, dem Wort und dem Geist verwurzelt ist oder, in der Sprache der Hindu, im Atman, in *sat-cit-ananda.* Das Symbol überbrückt nicht nur den Abstand und führt den Gläubigen in die Einheit mit Gott. Es verkündet darüber hinaus je nach Art der Religion auf die eine oder andere Weise, daß der Gläubige zu demjenigen zurückkehren kann und es auch bereits tut, aus dem er ursprünglich gekommen ist. Es verspricht nicht einfach eine neue und erfolgreiche Kommunikation, durch die der Gläubige sich bei seiner Gottheit Gehör verschaffen und sogar einen gewissen Überzeugungsdruck auf sie ausüben kann. Es bewirkt viel mehr: Es öffnet das innere Auge des Gläubigen, das Auge des Herzens für die Erkenntnis, daß er dahin kommen muß, in Gott seine Mitte zu haben, weil dort in Wahrheit seine

Mitte ist. Er muß werden, was er ist, ein «Kind Gottes», das «nur den Willen des Vaters zu erfüllen trachtet», hingegeben an die unsichtbare Gegenwart und Nähe Dessen, Der ist, denn es gibt keine Wirklichkeit außer in Ihm.

Aber das Symbol spricht auch zu vielen Gläubigen gleichzeitig: Es erweckt sie zu ihrer Gemeinschaft miteinander in Gott. Es bringt, zum Beispiel in einem gemeinsamen Gottesdienst, nicht nur ihren Verstand in Kommunikation miteinander. Der Gottesdienst selbst ist symbolisch, und daher ist er eher Kommunion als Kommunikation. (Daher ist eine bestimmte Richtung von Christentum so bedauerlich, jene, die in erheblichem Maße zu einer reinen Mitteilung von Information geworden ist, zu einer Zusammenkunft, bei der die Zuhörer durch eine fesselnde Ansprache unterhalten werden.) Gottesdienst ist symbolische Gemeinschaft im Geheimnis, im Geheimnis der wirklichen Gegenwart Dessen, Der Sein, Licht und Seligkeit der Liebe ist. Es ist die Anerkennung der Tatsache, daß wir in Wahrheit nicht ohne Ihn sein können, daß wir in Ihm unsere Mitte haben, daß Er in uns wohnt und daß wir, weil Er in uns ist und wir in Ihm, in Ihm miteinander eins sind.

«Alle sollen eins sein: Wie du, Vater, in mir bist und ich in dir bin, sollen auch sie in uns sein, damit die Welt glaubt, daß du mich gesandt hast. Und ich habe ihnen die Herrlichkeit gegeben, die du mir gegeben hast; denn sie sollen eins sein, wie wir eins sind, ich in ihnen und du in mir. So sollen sie vollendet sein in der Einheit, damit die Welt erkennt, daß du mich gesandt hast und die Meinen ebenso geliebt hast wie mich.
Vater, ich will, daß alle, die du mir gegeben hast, dort bei mir sind, wo ich bin. Sie sollen meine Herrlichkeit sehen, die du mir gegeben hast, weil du mich schon geliebt hast vor der Erschaffung der Welt» (Johannes 17,21-24).

Die Entweihung der Symbole kann nicht ausschließlich den Kräften des Säkularismus und des Atheismus angelastet werden. Ganz im Gegenteil begann sie leider in den religiösen Kreisen selbst. Sobald eine Tradition ihre kontemplative Lebendigkeit und ihre Weisheit verliert, verliert ihre Symbolik nach und nach ihre

Bedeutung und hört auf, ein Kontaktpunkt mit «der Mitte» zu sein. Die Symbole verkommen zu Allegorien. Das Symbol hat keine eigene Lebendigkeit mehr, es bezeichnet lediglich noch eine Abstraktion. Im System der Allegorien weist alles auf alles andere hin, und nichts endet schlüssig in einer wirklichen Bedeutung. Es gibt nichts als einen unendlichen Kreis von Verweisen. «A» weist auf «B» hin und «B» auf «C», das wiederum auf «A» hinweist. Die Mitte gerät in Vergessenheit.

Es kommt lediglich darauf an, den Schlüssel zu den verborgenen Bedeutungen zu besitzen und zu wissen, daß «A» in Wahrheit für «B» steht, so daß man, wenn man «A» sagt, tatsächlich «B» meint. Aber dann kommt mit Sicherheit ein wissenschaftlich gebildeter Kritiker daher und sagt, daß «A» nicht «B» bedeute, daß man nicht wissen könne, ob «A» überhaupt etwas bedeute, und daß wir bestenfalls sagen könnten, daß man fünfhundert Jahre vor Christus eben gemeint habe, «A» bedeute «B», daß aber die Wissenschaft heute zeigen könne, daß diese Interpretation unmöglich sei.

Wenn das Symbol zu einem bloßen Kommunikationsmittel verkommt und aufhört, ein Zeichen der Gemeinschaft, der Kommunion zu sein, wird es zum Götzenbild, und zwar insofern, als es auf ein Objekt hinzuweisen scheint, mit dem es das Subjekt in eine erfolgreiche, gleichsam magische, psychische oder parapsychische Kommunikation bringt. Es wäre sinnlos, hier in die alte biblische Polemik gegen die «Götzenbilder aus Holz und Stein» einzutreten. Es gibt heute viel gefährlichere und viel mächtigere Idole in der Welt: Zeichen kosmischer und technischer Macht, politische und wissenschaftliche Idole, Idole von Nationen, von Parteien, von Rassen. Diese sind offenkundig genug, aber die Tatsache, daß sie so offenkundig sind, verhindert noch lange nicht, daß sich die Menschen immer blinder, immer verzweifelter ihrer völligen Macht ausliefern. Das Idol nationaler militärischer Stärke war nie mächtiger als heute, selbst wenn die Menschen immer wieder behaupten, sie wollten Frieden. Tatsächlich legen sie zwar Lippenbekenntnisse zur Liebe und zur Menschlichkeit ab, aber sie erkennen dunkel, daß sie sich, indem sie sich dem Dämon des totalen Krieges unterwerfen, von den Ängsten und der Komplexität eines

«Friedens» befreien, der mit so vielen Zwiespältigkeiten beladen ist, daß sie sich nicht dabei wohl fühlen. Kann der Mensch der Versuchung widerstehen, sich seinem Idol ganz und unwiderruflich zu opfern?

Ein weiteres, wenn auch nicht ganz so augenfälliges Idol ist das der angeblich «spirituellen Erfahrung», die als reiner Selbstzweck gesucht wird. Auch hier ist die Versuchung, die sich anbietet, eine Flucht aus der Angst und der Begrenztheit und darüber hinaus eine *Bestätigung des individuellen Selbst als Objekt*, und zwar als eine besondere Art von Objekt, *das als frei von allen Begrenzungen erfahren werden soll.*

Die Versuchung der modernen Pseudomystik ist vielleicht eine der größten und subtilsten, gerade wegen der Verwirrung, die sie in den Köpfen und in den Herzen derjenigen stiftet, von denen man sich vorstellen könnte, daß sie zu einer authentischen Gemeinschaft mit Gott und ihren Mitmenschen geführt werden könnten durch die strengen traditionellen Mittel von Gehorsam, Demut, Opfer, Liebe, Wissen, Gebet, Meditation und Kontemplation. Alle diese altehrwürdigen Mittel verlangen die Kontrolle und die Hingabe, den schließlichen «Verlust» des empirischen Selbst, damit wir in Gott «wiedergefunden» werden können. Aber im Mittelpunkt der Pseudomystik steht die individualistische Freude an der Erfahrung, das heißt, *das individuelle Selbst, das sich als grenzenlos erfährt.* Das ist ein brillanter Kunstgriff, mit dessen Hilfe es einem möglich ist, seinen Kuchen zu essen und ihn zu behalten. Es ist die Entdeckung eines spirituellen Tricks (der als außerordentlich wertvolles «Objekt» gesucht wird), bei dem man, während man sich scheinbar verleugnet und losläßt, in Wirklichkeit das Ego als Zentrum unendlicher und himmlischer Freuden kräftig bestätigt. Man ruht in der Freude des spiritualisierten Ich und ist sich sehr deutlich seiner persönlichen Identität sowie seiner cleveren Leistung bewußt, den Durchbruch zu einem Paradies der Wonnen geschafft zu haben, ohne am Eingang seine Eintrittskarte gezeigt haben zu müssen. Die Eintrittskarte, die gezeigt und abgegeben werden muß, ist das individuelle, empirische Ego. Die Pseudomystik sucht dagegen das permanente Entzücken des Ego an seiner eigenen Spiritualität, seiner eigenen Reinheit, als wäre es selbst absolut und unendlich.

Und dies erklärt den Erfolg und die Gefahr des gegenwärtigen Trends im Westen, «spirituelle Erfahrung» auf dem Weg des Drogenkonsums zu produzieren.

Sollen wir in pessimistischer Tonlage schließen? Nicht unbedingt. Die gegenwärtige Krise des Menschen ist etwas, wofür wir keine angemessene geschichtliche Vergleichsmöglichkeit haben. Unsere Risiken sind extrem hoch. Die Hoffnungen, die wir in unsere technischen Fähigkeiten setzen, sind sehr wahrscheinlich illusorisch. Aber es bleiben noch andere Dimensionen. Die Tatsache, daß wir nicht in der Lage sind, diese Dimensionen zu erfassen, ist nicht unbedingt ein Grund zur Verzweiflung. Wenn unser Schicksal nicht vollständig in unseren eigenen Händen liegt, können wir noch glauben, wie unsere Väter es taten, daß unser Leben auf geheimnisvolle Weise von einer Weisheit und einer Liebe geführt wird, die das höchste Gut aus dem größten Übel herausholen kann. Es bleibt die Tatsache, daß der Mensch etwas von dieser geheimnisvollen Führung erkennen und in eine aktive Zusammenarbeit mit ihr eintreten muß. Aber solche Erkenntnis und Zusammenarbeit können nicht wirklich existieren ohne ein Gefühl für die Symbolik. Dieses Gefühl ist heute in hohem Maße degeneriert und korrupt. Der Mensch kommt nicht umhin, Symbole der einen oder anderen Art zu erschaffen; er ist ein Wesen von Symbolen. Aber gegenwärtig sind seine Symbole nicht das Produkt spiritueller Kreativität und Lebendigkeit, sondern sie sind Symptome einer schweren Krankheit, einer technischen Krebsgeschwulst, von der er sich vielleicht nicht wieder erholt.

Doch die endgültige Antwort liegt nicht gänzlich und ausschließlich in den Händen derer, die noch immer das Rüstzeug haben, alte religiöse Traditionen zu interpretieren. Und sie liegt auch nicht in den Händen der Wissenschaftler und Techniker. Der Künstler und der Dichter scheinen diejenigen zu sein, die sich der katastrophalen Lage am deutlichsten bewußt sind, aber sie sind aus eben diesem Grunde auch der Verzweiflung am nächsten. Wenn der Mensch seine Gesundheit und sein spirituelles Gleichgewicht wiedererlangen will, muß eine Erneuerung der Gemeinschaft zwischen den traditionellen, kontemplativen Disziplinen und denjenigen der Wissenschaft, zwischen dem Dichter und dem Physiker, dem Priester und dem Tiefenpsychologen, dem Mönch und dem Politiker stattfinden.

Gewiß wird es keine Probleme lösen, die moderne Technik schlechthin als Übel abzulehnen, dem nicht abzuhelfen ist. Der von der Technik angerichtete Schaden muß mehr ihrer exzessiven und übermäßig hastigen Entwicklung zugeschrieben werden als der Technik selbst. Es ist denkbar, daß in Zukunft eine technisierte Gesellschaft ruhig und kontemplativ leben *könnte.* Es wird uns aber auf jeden Fall nicht gut tun, Spezialisten zu bleiben, eingeschlossen zu bleiben in unsere jeweiligen Bereiche und, mit Argwohn und Herablassung die Bemühungen anderer beäugend, unserer Welt einen Sinn abzugewinnen. Wir müssen versuchen, gemeinsam eine Erneuerung der Weisheit herbeizuführen, die mehr sein muß als eine Rückkehr in die Vergangenheit, wie glanzvoll sie auch immer gewesen sein mag. Wir brauchen eine Weisheit, die unserer eigenen, ernsten Lage entspricht, und eine solche Weisheit kann nirgendwo anders als im Leiden beginnen.

Aber eines ist gewiß: Wenn der Kontemplative, der Mönch, der Priester und der Poet einfach ihre restlichen Spuren von Weisheit aufgeben und bei der triumphierenden, geistlosen Bekränzung der Werbemenschen und der Meinungsmacher mitmachen, liegt nichts mehr vor uns als totaler Irrsinn.

Cargo-Kulte des Südpazifik*

Sogenannte Cargo-Kulte sind seit der Kolonialzeit bei den Eingeborenenvölkern der Südseeinseln und in abgewandelten Formen auch in Afrika und Südostasien immer wieder entstanden. Diese Kulte sind messianischer Natur und legen eindrucksvoll Zeugnis ab vom zutiefst verstörten religiösen Bewußtsein der Eingeborenen angesichts einer sich rasch verändernden Welt. Sie sind Ausdruck ihres mitleiderregenden und manchmal tragischen Bemühens, sich der Kultur anzupassen, die ihnen durch den Kolonialismus der Weißen aufgedrängt wurde. Diese exotischen, oft bizarren Systeme ritualistischen Verhaltens scheinen unserer eigenen, vorgeblich modernen Welt auf den ersten Blick fernzustehen. Aber meiner Meinung nach sollten wir uns, anstatt die Cargo-Kulte als unnütze und abwegige primitive Erscheinung zu verwerfen, die Frage stellen, ob nicht einige unserer eigenen sozialen und politischen Bewegungen im Westen bei Licht besehen den Cargo-Kulten ziemlich ähnlich sind, wenn auch vielleicht weniger naiv. Und wir sollten uns fragen, ob uns ein einfühlsames Verständnis für

* Dieser Essay ist eine überarbeitete Version eines auf Tonband aufgenommenen Vortrags, der für eine Veröffentlichung in *America* beträchtlich gekürzt wurde. Die unbearbeitete Transkription des Vortrags ist erhältlich im Thomas Merton Studies Center, Bellarmine College, Louisville, KY — Anm. der Herausgeber.

diese Kulte nicht über etwas Wichtiges Aufschluß geben könnte, und zwar nicht die Eingeborenen, sondern uns selbst betreffend. Aber zunächst ist zu erklären, was Cargo-Kulte überhaupt sind.

Nach der Ankunft der Weißen beobachteten die Inselbewohner jahrelang das Tun und Treiben ihrer weißen Herren und Gebieter und waren von der mächtigen Kultur der Weißen völlig verstört. Sie hörten, wie die Weißen über «kago» sprachen (das ist die pidgin-englische Form von «cargo», Frachtgut). «Alles ist in Ordnung», sagte der Weiße, «wenn das Kago kommt. Wenn das Kago kommt, dann haben wir Konserven und die Kleidung, die wir brauchen, und Scheren und den Tabak, der am Ausgehen ist. Wenn das Kago kommt, werden wir Bier und Whisky und Reis haben.»

Viele dieser wundervollen Güter waren Dinge, die die Eingeborenen nicht besitzen durften. So kam es, daß Kago für die Eingeborenen eine sehr wichtige Bedeutung bekam: Es stand für den Anbruch einer guten Zeit, in der sie wie die Weißen sein und sich der Dinge erfreuen würden, deren sich die Weißen erfreuten – für den Anbruch des Goldenen Zeitalters. Es ist wichtig, zu erkennen, daß die Ankunft von Kago viel mehr zum Inhalt hatte als das Erlangen von Reichtum und die Teilhabe am guten Leben. Sie betraf die entscheidend wichtige Frage der Identität des Eingeborenen und seiner Beziehung zum Weißen. Der Unterschied zwischen Eingeborenen und Kolonialherren war nicht nur einer der Hautfarbe. Es war die radikalere Differenz zwischen denjenigen, die Cargo anfordern und empfangen konnten, und denjenigen, die niemals eigenes Cargo bekamen, sondern von den Weißen abhängig waren und nur einen armseligen Lohn erhielten.

Für die Eingeborenen bedeutete daher eigenes Cargo zu erhalten die Wiederzulassung zur menschlichen Rasse. Es würde beweisen, daß sie der Anerkennung würdig und den Weißen ebenbürtig waren. Es ging also um ein Problem der Identität, um den Platz der Eingeborenen in der Ordnung der Dinge, um ihre menschliche Wirklichkeit.

Die Eingeborenen spürten, daß ihnen etwas vorenthalten wurde. In der Bibel, die ihnen der christliche Missionar überreicht hatte, schien ein wichtiger Teil zu fehlen, nämlich die Erklärung, wie man zu Cargo kommt und den Weißen ebenbürtig wird, wie man einen greifbaren und konkreten Beweis der Brüderlichkeit erlangen kann: einen gemeinsamen Lebensstandard. In dem Versuch, diese Information zu erhalten, beobachteten die Eingeborenen die Weißen, die sich mit viel Aufhebens im Büro mit ihren Papieren beschäftigten. Sie sahen, wie die Weißen auf der Veranda saßen und, nach dem Verständnis der Eingeborenen, niemals viel arbeiteten. Tatsächlich schienen die Weißen überhaupt nichts anderes zu tun, als umherzustolzieren, Befehle zu erteilen und Papiere zu unterschreiben, worauf dann ziemlich bald ein Schiff erschien, das über das Meer kam, und zwar voll mit Cargo.

Die Eingeborenen versuchten sich das zusammenzureimen. Was hatten die Weißen getan, damit das Cargo kam? Da die Eingeborenen nie eine Fabrik oder einen Industriebetrieb gesehen hatten und da die Weißen sich nicht die Mühe machten, Erklärungen abzugeben, entwickelten die Eingeborenen ihre eigenen, mythischen Erklärungen, wie all das Cargo entstanden war: Es mußte auf magische Weise von den verstorbenen Vorfahren der Weißen jenseits des Meeres hergestellt worden sein, und die Weißen kannten das Geheimnis, wie man mit ihnen in Verbindung blieb.

Auf der Grundlage ihrer Beobachtungen entwickelten die Eingeborenen Kulte symbolischer Aktivität und hofften, sich dadurch mit der Quelle von Kago in Verbindung setzen zu können, um so eine Situation herbeizuführen, in der Kago auch zu ihnen und nicht nur zu den Weißen kommen würde.

Während der Yali-Bewegung, einem Cargo-Kult, der Mitte dieses Jahrhunderts in Neuguinea entstand, war man auf den Gedanken gekommen, daß Blumen irgendeine Rolle bei dem geheimen Zauber spielen könnten, durch den die Weißen ihr Cargo erhielten. Man hatte beobachtet, daß die Weißen gerne Vasen mit frischen Blumen in ihren Wohnräumen verteilten und daß sie Blumen auf den Tisch stellten, wenn sie sich zum Essen versammelten. Die Eingeborenen schlossen daraus, dies könnte irgendeine überirdische Bedeutung haben, und begannen nicht nur ihre Häuser, sondern ganze Dörfer mit ungeheuren Mengen von Blumen zu schmücken: Dann würde Kago vielleicht auch zu ihnen kommen.

In den Cargo-Bewegungen in Melanesien zerstörten die Eingeborenen gar ihren eigenen Reichtum, und zwar nicht nur die alte einheimische Währung, sondern sogar ihren Besitz, ihre eigene Ernte, ihr eigenes Vieh! Dahinter stand der Gedanke, man müsse, wenn man gläubig sei, alles zerstören, was einen mit der Vergangenheit verbinde. Zerstöre alles, und dann setz dich hin und warte! Und nach drei Tagen, fünf Tagen, zehn Tagen wird als Belohnung für diesen Akt des Glaubens Kago zu dir kommen, und du wirst all das wieder erhalten, was du geopfert hast, und alles andere obendrein.

Wir, die wir im Westen leben, sind versucht, solches Handeln als kuriose Verirrung anzusehen, als irrationalen und verrückten Ausdruck einer gänzlich primitiven Mentalität, als die Art von Ahnungslosigkeit, die wir längst hinter uns gelassen haben. Wir sind überzeugt, ein solches Verhalten sei uns völlig fremd, es sei nichts weiter als ein neuerlicher Beweis für unsere Überlegenheit, die perfekte Rechtfertigung für unsere Versuche, die primitiven Völker unter Vormundschaft zu halten und ihnen unsere eigene politische und wirtschaftliche Lebensweise überzustülpen.

Es wäre jedoch ein großer Fehler, die Anhänger von Cargo-Kulten wie Kinder zu behandeln, die nicht in der Lage sind, für sich selbst zu sorgen, und die uns brauchen, damit wir ihnen Vernunft, Wissenschaft, Effizienz und Fortschritt bringen. Ein wirkliches Verständnis der Cargo-Mentalität kann uns viel über uns selbst zeigen.

Wir, die wir im Westen leben, geben uns der Illusion hin, wir seien wissenschaftlich und vernünftig bis zum letzten, wir hätten keine Mythen. Aber gerade dies *ist* einer unserer zentralen Mythen. Wir denken, wir seien objektive, logisch denkende Menschen, dabei ist unser Leben in eine dicke Schicht von Mythologie eingebettet. Und ich bin der Meinung, daß unsere westliche Mythologie sich nicht einmal grundsätzlich von der Mythologie der Cargo-Kulte unterscheidet, sondern nur komplizierter und raffinierter ist.

Wir, die wir im Westen leben, sind umgeben von gewaltigen Mythen, die einer fortschrittlicheren Zivilisation als der unsrigen ebenso primitiv und bizarr erscheinen würden, wie die Mythen der Cargo-Kulte uns anmuten – nur merken wir es nicht. Ist der

Unterschied zwischen Kago und dem Anbruch des guten Lebens, das uns in unserer wundervollen modernen Verbraucherwerbung versprochen wird, wirklich so groß?

Wir Amerikaner müssen immerzu kaufen und verbrauchen. Das Schlimmste, was man hier in Amerika tun kann, ist, an der Vergangenheit festzuhalten, während die Zukunft in Form von neuen Autos, neuer Kleidermode, neuen Häusern, neuen Lebensformen ständig über einen hinwegflutet. Was einmal zufriedenstellend war, stellt sich plötzlich als unzureichend und veraltet heraus. Wir sind konfrontiert mit einem dringenden Bedürfnis nach immer neuen Haltungen, einem Verlangen nach einer stets neuen Sicht der Dinge, einer stets neuen Art, die Dinge zu tun, weil sonst plötzlich das Gefühl auftaucht, die Dinge zögen sich vor einem zurück und man werde, wenn man nicht schnell genug mit neuen Ideen bei der Hand ist, die neuen Produkte nicht schnell konsumiert, abgehängt: das gute Leben, das Kago des modernen Amerika, wird dann nicht zu einem kommen.

Allen Bewegungen vom Cargo-Typ ist also ein Bedürfnis gemeinsam, abrupt alles Alte abzustoßen. Genau das taten die Melanesier, als sie ihre eigenen irdischen Besitztümer zerstörten. Genau das geschieht auch im modernen China, wo die Meinung herrscht, daß die einzig wertvollen Glaubensüberzeugungen die von Mao Tse-tung sind, und wo junge Revolutionäre fortwährend systematische Angriffe gegen alles Alte führen. Und genau das geschieht auch hier in Amerika, wo wir uns eine Art Grand Canyon zwischen denjenigen vorstellen, die älter als sechsundzwanzig sind, und denen, die jünger sind. Von ihnen glauben wir Älteren, daß sie bereit seien, alles über Bord zu werfen, was sie von uns bekommen. Ebenso gab es in der amerikanischen Black-Power-Bewegung eine Ablehnung der Gewaltlosigkeit und eine Ablehnung von Martin Luther King, eine Ablehnung des liberalen oder gemäßigten, normalen politischen Weges, die Dinge zu regeln. Die Black Power sucht in ihren extremen Formen alle Kompromisse in Mißkredit zu bringen und ebenso alle alten Arten, etwas zu beurteilen und zu tun.

Entweder akzeptiert man das ganze Gefüge, die ganze Cargo-Botschaft, oder man geht mit der abgelehnten Vergangenheit unter. Man gilt als belanglos und überholt und wird zerstört. Friß oder stirb.

Eine Cargo-Bewegung muß nicht unbedingt gewalttätig oder aggressiv sein. Sie kann manchmal äußerst friedlich sein, so etwa die Indian Ghost Dance Movement (Indianische Geistertanzbewegung) in Amerika während der siebziger Jahre des vorigen Jahrhunderts. Ihre Anhänger vertraten die Überzeugung, wenn man fünf Tage lang tanze, sich im Fluß wasche und andere rituellen Vorschriften befolge, kämen die Toten zurück, werde die alte indianische Lebensweise wiederhergestellt und würden die Weißen aus dem Land vertrieben. Das Wichtige ist, daß allen Cargo-Kulten eben diese Art von rituellen Anweisungen gemeinsam ist, die man mit perfekter Genauigkeit ausführen muß. Manchmal muß man tanzen, manchmal fasten, manchmal ein Gewehr tragen – aber das Ziel ist immer die Zerstörung von etwas Altem als Akt des Glaubens an die Zukunft.

Das Endstadium, das allen Cargo-Kulten gemeinsam ist, ist natürlich ihr Zusammenbruch. Der Cargo-Prophet kann mit der Idee, Kago komme sofort oder sehr bald, eine leidenschaftliche Glut entfachen. Verständlicherweise führt das dazu, daß alle, die daran glauben, erregt und entzückt sind. Natürlich gehen ihre Erwartungen aber dann nicht in Erfüllung: das Cargo kommt nicht. Die Menschen sind enttäuscht, oder noch schlimmer, sie werden sogar umgebracht. Dem Ghost Dance der Indianer beispielsweise setzte ein Massaker durch Soldaten der Vereinigten Staaten ein Ende. Wenig hat sich verändert, zumindest was die anfänglichen Erwartungen des Kultes betrifft.

In der Folge bricht der Kult zusammen. Die Gläubigen, die sich ihm völlig hingegeben haben, die alle Rituale ausgeführt haben, die man ihnen zu vollziehen befohlen hatte, erkennen, daß es umsonst war, daß das Cargo nicht kommt. Der Kult bricht zusammen. Und dann beginnt er von neuem. Früher oder später beginnt er wieder irgendwo anders, ganz in der Nähe, in etwas veränderter Form. Ein Jahr vergeht, zwei Jahre vergehen, und eine neue Prophezeiung ist da. Wie der englische Wissenschaftler K. O. L. Burridge in seinem Buch *Mambu*, einer ausgezeichneten Untersuchung der Cargo-Bewegungen in Neuguinea, darlegt, weist das ständige Wiederaufblühen der Cargo-Aktivitäten darauf hin, daß etwas grundlegend Befriedigendes in den kultischen Handlungen als solchen liegen muß, selbst wenn sie keine Ergebnisse zeitigen. Das Durchexerzieren des Cargo-Kultes, der Ablauf der Mechanismen der Gespräche, des Glaubens, der Verpflichtung, das Darbringen von Opfern und das Aufgeben der Vergangenheit, der Vollzug der rituellen Handlungen als Vorbereitung auf die Zukunft und dann das Hinsetzen und Warten auf die Zukunft, all das zusammengenommen entspricht offenbar einem sehr tiefen Bedürfnis des Menschen. Und wenn wir uns nur zurücklehnen, unsere Augen ein wenig öffnen und erkennen würden, was da vorgeht, würden wir den Prozeß überall entdecken. Es ist ein grundlegendes Mythen-Traum-Muster, das allen gemeinsam ist, einschließlich derjenigen, die sich einbilden, sie seien zivilisiert.

Der Mensch will die Erfahrung des Cargo-Kultes machen, und er macht sie auch immer wieder. Nicht nur die Eingeborenen Neuguineas, der Salomon-Inseln, der Neuen Hebriden und Südafrikas, sondern die Schwarzen, die jungen Chinesen, die weißen Bewohner des Westens – jeder –, wir alle finden die Cargo-Erfahrung, in welcher Form auch immer, grundlegend wichtig für das eigene Leben. Burridge ist der Auffassung, und ich stimme ihm zu, daß wir die grundlegenden Symbole unseres Mythen-Traumes ständig korrigieren, umgestalten und in neuen Formen zusammenfügen müssen. Und es spielt keine Rolle, ob dieser Mythen-Traum vollkommen naiv und vollkommen legendär ist oder ob er eine theologische Grundlage hat oder eine realistische, politisch-wissenschaftliche Basis oder was auch immer. Es macht keinen Unterschied. Die tiefere Funktion eines Cargo-Kultes ist nicht, Cargo zu erhalten, sondern vielmehr, eine Gemeinschaft zusammenzuschmieden.

Wie steht es mit der Aktivität, die wir Katholiken derzeit bei unserem Versuch entwickeln, eine Erneuerung zustande zu bringen? Hat nicht auch sie einige der Merkmale eines Cargo-Kultes? Ist das nicht eine schreckliche Frage? Ich stelle sie nicht einfach, um boshaft zu sein. Ich meine, es wäre wirklich nützlich für uns, leidenschaftslos und objektiv die Möglichkeit in Erwägung zu ziehen, ob auch wir von der Welle der Cargo-Mentalität erfaßt werden, ob primitiv oder höchst kultiviert, die die Welt in alle Richtungen überschwemmt.

Der Mythos ist notwendig und unvermeidlich. Das Unbewußte spielt bei allem, was wir tun, eine enorme Rolle. Es gehört zu unserem westlichen Mythen-Traum, anzunehmen, alles, was wir tun, müsse logisch und wissenschaftlich sein. Aber unter dem Vorwand, logisch zu sein, erlauben wir uns manchmal, in höchstem Maße unlogisch zu sein.

Nehmen wir einmal den Vietnamkrieg. Wir haben uns dort als großen Bruder gesehen, der einem kleinen Bruder hilft. Aber wer ist unser Bruder? Der kleine vietnamesische Bruder, dem wir zu helfen versuchen, kann sich plötzlich als kommunistischer Bruder erweisen, den wir ganz und gar nicht als einen Bruder betrachten, sondern als einen Teufel. Und das besiegt augenblicklich jegliches Element der Brüderlichkeit im doch ziemlich trügerischen Traum von unserer Beziehung zu den Vietnamesen. Und wie steht es mit unserem katholischen Mythen-Traum? Ist er nicht nur theoretisch eindeutig und in der Praxis zwiespältig? Es gibt zweifelsohne einige sehr merkwürdige und komplexe Elemente in einem Traum, der das Töten aus Liebe rechtfertigt.

Was sollen wir von solchen Ungereimtheiten halten? Es kann sein, daß das mythische Material der Cargo-Kulte, das wir als bizarr, belanglos und willkürlich abzutun pflegen, uns eine fundamentale Wahrheit zu enthüllen hat, aus der wir Nutzen ziehen können, wenn wir sie nur entziffern und ihre Botschaft, die wir so lange nicht erkannt haben, auf unser eigenes, irregeleitetes Leben anwenden können.

Mit der Entdeckung und Erforschung des Mythos der beiden Brüder (Teil eines Cargo-Kultes, der vor nicht allzu langer Zeit in Neuguinea entstand) zieht Burridge uns Weißen wirklich den Boden unter den Füßen weg: Die beiden Brüder werden getrennt aufgrund einer versehentlichen Tat des einen Bruders, der eine bestimmte Art von Fisch getötet und dadurch ein Tabu verletzt hat. Als Folge davon werden die beiden Brüder durch einen Ozean geschieden. Derjenige, der den Fisch getötet hat, bleibt benachteiligt zurück. Er ist nicht mehr so klug und erfolgreich wie der andere. Er bleibt auf der Stufe einer primitiven Kultur stehen, während sein Bruder Fortschritte macht und alle möglichen Arten von Kenntnissen und Gütern erwirbt.

Dieser Mythos versucht den Unterschied zwischen den Kanaken (Eingeborene von Neuguinea) und den Weißen zu erklären. Die Botschaft läßt sich zusammenfassen wie folgt: Alle Menschen sind Brüder, und daß es einigen Menschen besser geht als anderen, weil sie größere Gaben und Fertigkeiten besitzen, bedeutet nicht, daß sie deshalb grundlegend besser sind. Es bedeutet einfach, daß sie ganz zufällig Fehler vermieden haben und auf segensreiche Lösungen gestoßen sind. Es hätte aber ebensogut anders herum sein können. Die Eingeborenen von Neuguinea hätten ohne weiteres die richtigen Lösungen finden und zuerst Fortschritte machen können. Manche Menschen haben mehr Glück als andere, aber sie sind deswegen nicht höherstehend. Sie sind immer noch alle Brüder.

Während die Eingeborenen sich mit ihrer «Minderwertigkeit» und mit dem Schuldgefühl herumschlagen, die ihnen die größere Begabung und der größere Reichtum des Weißen einflößen, gelangen sie zu einer grundlegenden Wahrheit. Sie sagen sich: «Schau, du brauchst dich nicht schuldig zu fühlen, weil du schwarz bist. Es bedeutet nicht, daß du schlechter bist. Du brauchst dich nicht schuldig zu fühlen, weil der Weiße Cargo hat und du nicht. Es ist kein Zeichen dafür, daß du schlecht bist. Es ist kein Zeichen dafür, daß du hilflos bist. Du kannst und solltest ebenfalls Cargo haben.»

Und dies ist höchst bemerkenswert, denn es ist dieselbe Botschaft, die die Black-Power-Bewegung in Amerika zum Inhalt hat, nur drückt sie es nicht in Form eines bizarren und primitiven Mythos aus. Aber die Schwarzen stecken überall in dieser ungeheuren Identitätskrise, kämpfen mit Schuldgefühlen, weil sie schwarz sind, und versuchen, zu einer echten, tiefen Überzeugung zu gelangen, daß schwarz sein nicht schlechter sein bedeutet. In der Black-Power-Bewegung versuchen die Schwarzen wie im Cargo-Kult ihre Identität als diejenige eines Menschen zu etablieren, der sich seine Gleichheit selbst holen kann, anstatt darauf zu warten, sie als großmütiges Geschenk von den Weißen zu erhalten – zu den Bedingungen der Weißen.

Den Weißen gelingt es einfach nicht, dies zu begreifen. Sie sind schlicht außerstande, den Cargo-Kulten eine solche Botschaft zu entnehmen. Ganz im Gegenteil ist ihre Reaktion von Angst und Unverständnis geprägt. Sie haben das Gefühl, daß irgendeine unheimliche Art von Magie gegen sie verwendet werde, geradeso, wie die meisten unintelligenten weißen Amerikaner das Gefühl hatten, die gewaltlose Bewegung Martin Luther Kings sei eine Bedrohung für und ein Angriff gegen sie gewesen.

Es erscheint mir außerordentlich wichtig, daß wir lernen, aus diesen Cargo-Bewegungen das herauszulesen, was tatsächlich in ihnen steckt, und uns selbst dadurch zu helfen, uns von diesem schrecklichen Aberglauben von der Überlegenheit der Weißen zu befreien. Aber statt dessen meinen wir nach wie vor, wir hätten die einzig richtige Antwort. Selbstverständlich sind wir bereit, unserem schwarzen Bruder zu helfen, aber die Hilfe wird in arroganter, überheblicher, selbstgefälliger Weise angeboten. Wir werden ihm ohnehin nur dabei helfen, genauso zu werden wie wir, und gleichzeitig machen wir es ihm unmöglich, uns zu mögen. Auf diese Weise versetzen wir ihn in eine Doppelbindung und fragen uns dann verwundert, warum er Qualen leidet.

Alle nicht-weißen Menschen, all die unterprivilegierten Menschen auf der Welt scheinen eine ungeheure Sehnsucht nach authentischer Gleichstellung mit *dem* Weißen zu empfinden, die dadurch symbolisiert wird, daß man gemeinsam ißt, sich gemeinsam an einen Tisch setzt und zusammen dieselbe Nahrung zu sich nimmt. Jesus hat diese wunderbare menschliche Geste in der Eucharistie zu hoher religiöser Würde erhoben. Aber wie oft ist die Eucharistie, dieses große Zeichen der Brüderlichkeit, ihrer Bedeutung beraubt worden. Wie oft hat sie alles andere bedeutet als das, was sie bedeuten soll, nämlich, daß Reiche und Arme, Weiße und Eingeborene sich zusammen zu Tisch setzen. Ein weißer Kolonialherr setzte sich nie mit einem Eingeborenen zu einer häuslichen Mahlzeit zusammen. Wenn der Weiße sein Essen mit dem Eingeborenen teilen wollte, dann ließ er eine Dose Corned beef zur Hintertür hinausreichen und sagte: «Hier, iß das.» Er warf es dem Eingeborenen hin wie einem Hund. Es gab keine wie auch immer geartete sittliche Gleichstellung.

Nun kommt die beunruhigende Wahrheit nach und nach ans Licht. Unser weißer Mythen-Traum *fordert* die Gleichstellung der nicht-weißen Menschen, weil sein elementarer Grundsatz die Gewißheit unserer absoluten Überlegenheit über alle anderen ist! Wie der Eingeborene der Südseeinseln haben auch wir einen Mythen-Traum, aber der unsrige ist zutiefst unchristlich und sogar zutiefst unmenschlich. Selbst wenn es uns gelingt, die nicht-weißen Völker als Menschen zu behandeln, so behandeln wir sie noch immer als *zweitklassige* Menschen. Selbst wenn wir meinen, wir seien nett und fair und gerecht, leben und agieren wir einen Traum aus, der Fairneß und Gerechtigkeit unmöglich macht. Selbst wenn wir freundlich und großzügig sind, sind unsere Freundlichkeit und unsere Großzügigkeit von unbewußtem Rassismus gefärbt. Die Black-Power-Bewegung versucht uns, unter anderem, das zu zeigen.

Unser Mythen-Traum bestaunt voll faszinierter Selbstbewunderung die Tatsache, daß wir wissen, wie man Geld verdient. Wir besitzen dieses Geheimnis, das Geheimnis des Cargo, das die uns Unterlegenen nicht haben. Natürlich tun wir so, als wollten wir unser Geheimnis mit allen teilen. Wir sagen, wir wollten jedermann zum selben Wohlstand führen, den wir haben. Aber wir meinen nicht, was wir sagen. Wir wollen in Wirklichkeit aus den uns Unterlegenen einen Nutzen ziehen. Wir investieren so in die unterentwickelten Länder, daß sie von uns abhängig bleiben. Unser Mythen-Traum erhält sich, indem wir alle anderen in einer wirtschaftlichen und kulturellen Bindung an uns selbst niederhalten.

Wenn die Eingeborenen oder die Schwarzen versuchen, aus dieser Bindung herauszukommen, führt unsere Unfähigkeit, ihre Mentalität zu verstehen, dazu, daß wir unsererseits einen rassistischen Gegenmythos mobilisieren. Die Funktion dieses Gegenmythos ist die Ablehnung der Eingeborenen als Personen, die Diskreditierung der Eingeborenen in ihrem Streben nach Identität. Wir weigern uns, ihr Streben nach Identität zu akzeptieren, weil es nicht in unseren eigenen Mythen-Traum hineinpaßt. Welcher normale Geschäftsmann würde, zum Beispiel, auch nur zwei Sekunden lang seine Aufmerksamkeit dem Kanaken Mambu schenken, einer Heldenfigur in einem der Cargo-Kulte von Neuguinea, der nach Australien ging und mit dem Geheimnis des Cargo zurückkam und behauptete, er könne jetzt Geld buchstäblich aus der Luft zaubern? Das ist aus unserer Sicht nichts als barer Unsinn. Blind gemacht von unserem eigenen Mythen-Traum, werden wir grausam, despotisch und schließlich mörderisch in unserem Bedürfnis, den bedrohlichen Mythen-Traum der Eingeborenen zu entwerten.

Betrachten wir, was aus dem Versuch der Yali-Bewegung, Blumen als magisches Symbol zu nutzen, resultierte. Als die Eingeborenen in dem Glauben, die Blumen, die die Kolonialherren auf ihre Eßzimmertische stellten, würden das Geheimnis des Cargo bergen, ihre eigenen Häuser und sogar ganze Dörfer mit Blumen zu schmücken begannen, fingen die Europäer an, empfindlich zu reagieren. Jegliches Anzeichen von Blumen in den Häusern der Eingeborenen und jeglicher Blumenschmuck in den Dörfern wurden mit großem Argwohn betrachtet. Bald fing die Polizei an, den Eingeborenen die Blumen wegzunehmen und sie zu vernichten, und durchsuchte sogar die Häuser der Eingeborenen nach versteckten Blumen.

Dies aber bestärkte die Eingeborenen nur in ihrem Glauben, die Europäer hätten irgendein Geheimnis, das sie vor den Kanaken zu verbergen trachteten, und dieses Geheimnis habe etwas mit Blumen zu tun. Warum sollten sich die Europäer sonst so sehr bemühen, Sträuße in den Häusern der Eingeborenen zu vernichten? Während die Kanaken bewußt mit einem Mythos operierten, reagierten die Europäer, die glaubten, sie, die Europäer, hätten keinen Mythos, unbewußt auf den Mythos der Eingeborenen, getrieben von ihrem eigenen Mythen-Traum von der Überlegenheit der Weißen. Eine solche Kleinigkeit wie die Verwendung von Blumen seitens der Eingeborenen, die an sich natürlich und unschuldig und gesund war, wurde schließlich als verdächtige und bedrohliche Manifestation einer anti-weißen Revolte interpretiert. Verdächtigungen dieser Art werden rasch zu einer sich selbst erfüllenden Prophezeiung, weil sie eben jene Art von Unterdrückung erzeugen, die eine Revolte provoziert.

Der Mythen-Traum von der absoluten weißen Überlegenheit duldet keinen Widerstand. Wir müssen unseren Mythen-Traum eifersüchtig hüten und bewahren, obwohl er sich, wie wir gesehen haben, nicht grundlegend von der Cargo-Mentalität unterscheidet. Er ist unser kollektiver Tagtraum, zusammengewürfelt aus allen möglichen gebräuchlichen Symbolen und Überzeugungen, mit denen wir uns kollektiv wohl fühlen. Wir tauschen diese Elemente bereitwillig untereinander aus, reichen sie bei Gesprächen und besonders in den Massenmedien herum. Wenn ein Mythen-Traum ständig in der Zeitung und im Fernsehen gegenwärtig ist, wirkt er ziemlich real!

Also erschaffen wir den großen, gemeinsamen Fundus von Ideen, Haltungen, Witzen, Spitznamen, Markennamen, genormten Bedürfnissen nach bestimmten Produkten, Standardreaktionen auf Ereignisse – und das alles fügt sich zusammen und wird zum Stoff, aus dem unser Leben tagtäglich besteht. Dieser Fundus ist die Grundlage, auf der wir unsere gesamte Existenz interpretieren und auf die wir uns bei unseren wichtigsten Entscheidungen stützen. Und wenn wir sie für bedroht halten, dann schaffen wir in unserer Paranoia oft gerade den Widerstand, den wir fürchten. Wir *brauchen* Widerstand und Rebellion, um unsere Ängste und Feindseligkeiten dadurch auszuagieren, daß wir diejenigen unterdrücken, von denen wir meinen, sie bedrohten uns. US-Soldaten beendeten den Indian Ghost Dance mit einem Massaker. Die Anti-Guerilla-Truppen in Bolivien töteten mit Hilfe des CIA Che Guevara und verwandelten ihn in einen Märtyrer-Helden mythischer Größe für die ganze Welt.

In Vietnam nimmt der Kampf bei all unseren immensen technischen Fähigkeiten, bei all der ungeheuren Vielseitigkeit der mörderischen Waffen, die wir erfunden haben, mythische Dimensionen katastrophaler Natur für die USA an, sobald man ihn, wie die Dritte Welt es tut, als einen Kampf zwischen einer kleinen Minderheit von schlecht bewaffneten, aber hingebungsvollen Guerillakämpfern gegen die enorme technische Macht des reichsten Landes der Welt betrachtet. Wir setzen Waffen im Wert von Milliarden von Dollars ein, und das Ergebnis unter dem Strich ist ein Mythen-Traum der Dritten Welt, mit dem Widerstandskämpfer ihre Identität und ihre Würde stärken. Für die Vereinigten Staaten ist das, selbst wenn sie den Krieg gewinnen, verhängnisvoll.

Und so stellen wir in unserer Blindheit den nicht-weißen Völkern selbst die so nötig gebrauchten mythischen Elemente zur Verfügung, mit denen sie ihren eigenen, lebendigen Mythen-Traum aufbauen können. Wir geben ihnen Selbstvertrauen und ein Gefühl der Identität. Immer deutlicher wird ihnen bewußt, daß sie der weißen Macht und der weißen Technik mit ihrer baren menschlichen Würde Widerstand leisten können und nicht nur überleben, sondern zumindest einen moralischen Sieg davontragen können. Man kann die tragische Unfähigkeit der amerikanischen Öffentlichkeit, diesen Aspekt der Auseinandersetzung zu begreifen, nur bedauern. Denn diese Unfähigkeit stammt aus demselben eifersüchtigen Bedürfnis, unseren weißen Mythen-Traum zu hüten, das uns auch daran hindert, die wahre Botschaft der Cargo-Kulte zu entschlüsseln.

Wenn es uns gelänge, die sittlichen Prinzipien zu verstehen, die in den Mythen-Träumen der Cargo-Kulte am Werk sind, und sie in unser politisches Handeln zu übersetzen, würden die Cargo-Kulte aussterben. Sie würden nicht mehr gebraucht. Aber daran hindert uns unsere Neigung, die Cargo-Kulte als anti-weiß anstatt als pro-einheimisch zu sehen.

Burridge schreibt: «Man kann sich des Gefühls nicht erwehren, daß die Europäer, die in den Cargo-Kulten wenig mehr als eine Reaktion auf die weiße Herrschaft sehen, sich selbst ernster nehmen, als es die Kanaken tun. Für die Kanaken ist das Problem dringlicher und persönlicher und beschränkt sich nicht auf die Frage, ob sie auch in Zukunft von Weißen beherrscht werden. Sie wollen wissen, wo sie als Menschen in der Welt stehen.»

Das Anliegen dieser Studie war nicht, etwas Kurioses und Exotisches zu entdecken, sondern zum Kern unseres eigenen Problems vorzustoßen, dem universellen Problem der Kommunikation. Unsere Kommunikation mit primitiven Menschen und Gesellschaften verlangt, daß wir zuerst Kontakt zu etwas aufnehmen, das tief in uns selbst liegt, etwas, mit dem wir nicht in Berührung sind. Es ist unser eigenes, primitives Selbst, das entfremdet, feindselig und uns unbekannt geworden ist.

Der Weiße interpretiert den Cargo-Mythos entweder als Gier oder als naiven Irrtum über den Prozeß der Herstellung und Verteilung von Gütern, und dadurch deutet (oder mißdeutet) er ihn zu seinen eigenen Gunsten. Er ignoriert die wahre Botschaft des Cargo-Mythos, die in der Forderung besteht, daß der Weiße allen Völkern auf einer Basis sittlicher Gleichstellung und Wechselseitigkeit begegnen sollte.

Der eigene Mythen-Traum zwingt die Weißen, selbst wenn sie mit angeblicher Uneigennützigkeit den Eingeborenen zu helfen versuchen, in einer Weise zu handeln, die die sittliche Kapitulation und Unterwerfung der Eingeborenen sicherstellt.

Noch einmal Burridge: «Weder Missionar noch Verwaltungsbeamter verlangen ein quid pro quo in wirtschaftlicher Hinsicht. Ganz im Gegenteil bietet jeder den Kanaken sowohl persönlich als auch in einer stellvertretenden Rolle Geld an, die Möglichkeit, Geld zu verdienen und materielle Güter zu erwerben. Keiner fragt nach einer entsprechenden Gegenleistung, sondern beide verlangen die sittliche Unterordnung und Zustimmung des Kanaken zu einem höchst vielfältigen und systematisierten Gefüge politischer und religiöser Formen und Überzeugungen. Das bedeutet in Wahrheit, Mephistopheles zu spielen und zu versuchen, die Seele eines Menschen zu kaufen.»

Wenn unser Mythen-Traum, jener der weißen Bewohner des Westens, von uns verlangt, daß wir andere spirituell versklaven, um sie zu «retten», dann sollten wir nicht überrascht sein, wenn ihr eigener Mythen-Traum von ihnen verlangt, daß sie sich gänzlich von uns befreien, um sich zu retten. Aber die Mythen-Träume sowohl der Weißen als auch der Eingeborenen sind nur bruchstückhafte und unzureichende Ausdrucksformen der ganzen Wahrheit. Es ist nicht so, daß der Primitive vom Weißen beherrscht werden muß, um ganz Mensch zu werden. Und es ist auch nicht so, daß er den Weißen loswerden muß. Beide brauchen einander, um bei dem gemeinsamen Unternehmen zusammenzuarbeiten, eine Welt zu errichten, die der geschichtlichen Reife des Menschen angemessen ist.

II

SIEBEN WORTE

FÜR NED O'GORMAN

Tod

«Der Tod ist das Ende des Lebens.»

Diese Aussage scheint auf den ersten Blick ziemlich eindeutig zu sein. Sie scheint alles Wesentliche über den Tod zu sagen. Aber indem man einfach erklärt, daß ein Lebewesen, wenn es aufhört zu leben, «stirbt», sagt man damit vielleicht überhaupt nichts von Bedeutung. Wenn wir über die Hintergründe von «Leben» und «Tod» und «Ende des Lebens» nachdenken, dann wird uns unbehaglich deutlich, daß rein beiläufige Aussagen über diese Realitäten – Aussagen, von denen sich herausstellt, daß sie «nichts von Bedeutung» sagen – einen leichtfertigen Mißbrauch der Sprache darstellen. Diese Tatsache deckt unsere Unfähigkeit auf, sich der Realität des Lebens, des Todes und des Endes des Lebens zu stellen. Der Tod wird leichtfertig behandelt, weil auch das Leben leichtfertig behandelt wird.

Leben entsteht, ohne daß wir selbst darum gebeten hätten: Wir finden uns plötzlich in ihm vor. Und sobald wir uns als lebendig erkennen, wird uns auch bewußt, daß wir unvermeidlich auf den Tod zugehen. Wenn wir während der Lebensspanne, die uns gegeben ist, kein hinlänglich angemessenes Verständnis für unser Leben und unseren Tod erwerben, wird unser Leben nichts als eine vorwurfsvolle Auflehnung sein, eine einzige Kette von Klagen darüber, daß es im Tod enden muß. Dann wird die Angst vor dem Tod so mächtig, daß sie zu einer glatten Verweigerung des Lebens führt. Das Leben selbst wird zur Verneinung, zur Neurose, zu einer Frivolität.

Wenn Leben und Tod ihre eigentliche Bedeutung verlieren, das heißt, wenn sie nicht mehr als das erfahren werden, was sie wirklich sind, dann kriecht die schreckliche und leere Macht des Todes in alles hinein und kränkelt alles an. Wo daher der Tod am trivialsten wird, durchdringt er auch alles am tiefsten. Er ist nurmehr «das Ende des Lebens». Also endet alles Leben. Alles ist Tod. Wozu dann leben?

Den Tod ernst zu nehmen bedeutet keineswegs, ihm immer und um jeden Preis aus dem Weg gehen zu wollen, sondern zu sehen, daß er als Teil einer Entwicklung kommen muß, als Teil einer lebendigen Kontinuität, die einen eigenen inneren Sinn hat. Der Tod trägt etwas Entscheidendes zum Sinn des Lebens bei. Daher «schreitet» oder «greift» der Tod nicht einfach plötzlich ein und stürzt sich auf das Leben wie auf eine Beute, um es zu verschlingen. Den Tod zu hypostasieren, ihm eine objektive und autonome eigene Realität, eine eigene «Macht» zu verleihen und ihn dem Leben gegenüberzustellen heißt, den Tod nicht ernst zu nehmen, sondern ihn zu trivialisieren. Und doch gibt diese Art des Denkens dem Tod tatsächlich gerade eine Art Macht über das Leben, zumindest in unseren Köpfen. Daher *leben wir, als ob* der Tod jederzeit bereit wäre, uns seine Macht, der wir nicht entrinnen können, spüren zu lassen. Wir fangen an, wie Mäuse zu leben, die ständig auf die Katze Tod warten. Dabei ist gar keine Katze da, und wir sind auch keine Mäuse. Wenn wir tatsächlich «sterben», dann nicht, weil uns ein Ungeheuer eingeholt und am Ende doch noch geschnappt hat. Wenn wir zwanghaft von dem Gedanken verfolgt werden, der Tod lauere uns in einem Hinterhalt auf, machen wir damit nicht den Tod wirklicher, sondern das Leben unwirklicher. Unser Leben spaltet sich. Es wird zum Tauziehen zwischen der Liebe zu sich selbst und der Angst um sich selbst. Der Tod agiert dann mitten im Leben, nicht als Ende des Lebens, sondern vielmehr als *Angst* vor dem Leben. Der Tod ist Leben, das Angst hat, sich selbst zu lieben und zu vertrauen, weil es von dem Gedanken an seine eigene Zufälligkeit und sein eigenes Ende verfolgt wird.

Daß wir unvermeidlich diese falsche Haltung dem Leben und dem Tod gegenüber einnehmen (wir können es nicht ändern), ist nach Aussage der Bibel das Zeichen und die Folge der Sünde. Sünde und Tod gehören zusammen, denn wenn unsere Einstellung zum Leben von der Sünde infiziert wird (und das Leben jedes Menschen ist davon infiziert), wird das Leben als etwas betrachtet, dem der Tod unausweichlich auflauern muß. Aber wann wird das Leben in diesem Lichte betrachtet? Das ist die zentrale Frage, denn von ihr hängt unsere Vorstellung vom *Ende* des Lebens ab. Und wenn wir hier innehalten und über diese Tatsache nachdenken, wird uns bewußt, daß das Wort «Ende» doppeldeutig ist. [Im Englischen bedeutet «end» auch «Zweck» oder «Ziel». A.d.Ü.] Diese Doppeldeutigkeit ist nahe dem Kern jener Unkenntnis über das Leben (und der daraus folgenden Angst vor dem Tod) angesiedelt, die ihrerseits ein so wichtiges Element dessen ist, was wir «Sünde» nennen.

Das *«Ende»*: das heißt, *das Aufhören, der plötzliche und willkürliche Schluß.* Die Griechen stellten sich vor, daß die Schicksalsgöttinnen den Lebensfaden mit der Schere abschnitten. Der Tod ist dann die Zerstörung von etwas, das nicht aufzuhören brauchte. Die Beendigung des Endlosen. Das bringt uns einer deutlicheren Vorstellung von einer sündigen Auffassung des Lebens näher: Das Wort «endlos» ist recht vielsagend. Obwohl es eigentlich keinen Grund dafür gibt, warum das Leben einfach immer weitergehen sollte, haben wir das Gefühl, diese Endlosigkeit stehe dem Leben zu. Wir sind überzeugt, das Leben sei daher ein unbegreifliches *datum,* etwas, das uns aufgedrängt wird, etwas, das weitergehen möchte, etwas, das sogar sinnlos sein kann und doch seinem innersten Wünschen und Streben nach Anspruch darauf erhebt, «endlos» zu sein. Diese Art, das Leben zu erfahren, die wir jetzt als aus der Sünde geboren charakterisieren, ist daher zutiefst zwiespältig und im Grunde genommen äußerst quälend. Leben wird aufgefaßt als etwas Sinnloses, das ohne Grund ewige Dauer anstrebt und einfach willkürlich endlos sein will. Dem gegenüber steht der Tod, der der Feind des Lebens ist und, letztlich immer mit Erfolg, versucht, es zu beenden. Zwei willkürliche Kräfte begegnen sich also in diesem unsinnigen Konflikt, und der Tod gewinnt immer.

Etwas, das ohne Grund endlos sein möchte, wird, in der Tat, beendet. Ein im wesentlichen sinnloser Lebenstrieb fordert, trotz allem fortdauern zu dürfen, und wir entscheiden uns dafür, unser Leben dieser Forderung anzupassen. Aber die ganze Situation erscheint uns hoffnungslos ungerecht. Daher neigen wir als Sünder dazu, ihr zwiespältig zu begegnen. Wir wissen, daß man den Tod nicht durch Täuschung abwenden kann, und trotzdem versuchen wir, ein Leben zu führen, das den Tod zumindest so lange wie möglich überlisten wird. Das sündige Leben ist ein Leben, das aus keinem anderen Grund als dem, daß wir den Tod überlisten möchten, einem hektischen und verzweifelten Drang verfällt, die Endlosigkeit des Lebens durchzusetzen. Dies macht die gesamte innere Widersprüchlichkeit von Leben und Tod aus. Zunächst trachten die Menschen bei ihrem Versuch, sich selbst von ihrer eigenen Macht zum Überleben zu überzeugen, danach, andere zu vernichten, die schwächer sind als sie selbst. Indem sie andere vernichten, trachten die Sieger danach, sich «endlos» zu fühlen, denn beim Anblick von Leiden und Tod eines anderen machen sie ja selbst um so herzhafter weiter. Sie gehen nach Hause und feiern ihren neuen Pachtvertrag mit dem Leben – der jedoch aus der Erfahrung und dem Schauspiel des Todes stammt. In der Gesellschaft von Menschen, die selbst dann ausschließlich auf ihr eigenes Vergnügen und Überleben bedacht sind, wenn es keinen Sinn hat, sondern einfach weil sie überzeugt sind, daß ihr Leben endlos sein sollte, beginnt der Tod eine sehr wichtige Rolle zu spielen. Der Tod wird dazu herangezogen, das «Lebensgefühl» zu nähren und zu stimulieren.

Dies erzeugt unmittelbar einen weiteren und viel schlimmeren Widerspruch. Ein «Lebensgefühl», das sich gewohnheitsmäßig vom Tod ernährt, ist korrupt und krankhaft. Es ist gar kein Leben. Bei dem Versuch, dem Tod zu entrinnen, wird der Mensch in fataler Weise vom Tod gefesselt, dem er zu entrinnen sucht. Indem er zwanghaft versucht, den Tod zu vermeiden, erliegt er fasziniert und hypnotisiert dem Flirt mit dem Tod. Auf diese Weise wird der Tod tatsächlich zum «Ende» des Lebens, und zwar nicht mehr allein im Sinne von Aufhören, sondern vielmehr als einem *Ziel.*

In der Psychoanalyse wird einiges über den Todeswunsch gelehrt, der die moderne Welt durchdringt. Wir entdecken, daß unsere Wohlstandsgesellschaft zutiefst der Liebe zum Tod verfallen ist, und zwar am meisten dort, wo sie von der Feier des Lebens mitgerissen scheint. Erich Fromm hat aufgezeigt, daß das Besessensein von Macht und Reichtum unausweichlich das Besessensein vom Tod bedeutet. Der todesorientierte Geist lenkt seine Energien nicht nur auf offensichtlich zerstörerische Verwendungsweisen von Macht hin (wie das Horten von Atomwaffen), sondern selbst sein augenscheinlich produktives Werk ist in Wahrheit ein Werk des Todes, ein Werk, das darauf ausgerichtet ist, das Leben auf «tote Dinge» zu reduzieren und Menschen zu entpersönlichen, indem es sie zu Objekten, zu Gebrauchsgegenständen reduziert. Die Liebe zum Geld ist in Wahrheit die Liebe zu einem «toten» Produkt (das dessen ungeachtet mit magischem Leben ausgestattet wird), und wir wissen, wie die Psychoanalyse das erklärt. Der anale Charakter ist ein Charakter, der den Tod liebt, und er drückt seine Liebe zum Tod nicht nur im Geiz und in der Anhäufung von Macht aus, sondern auch im Legalismus (dem Ersticken des Lebens und aller Impulse durch die Hand des Gesetzes), Technizismus (der Ersetzung der fruchtbaren Unvorhersagbarkeit des Lebens durch mechanische Ordnung) und in der direkten Verherrlichung der Gewalt um ihrer selbst willen.

Wir sehen also, daß in einer todesorientierten Gesellschaft, auch wenn sie noch so dynamisch und mächtig erscheinen mag, *der Tod das «Ende» des Lebens im Sinne von «Ziel» des Lebens wird,* und das wird zumindest symbolisch durch die Tatsache verdeutlicht, daß Dinge wie Geld, Maschinen, Bomben usw. als wichtiger gelten als lebendige Menschen. In einer solchen Gesellschaft mag vordergründig viel über menschliche Werte geredet werden, aber immer dann, wenn tatsächlich eine Wahl zwischen dem Lebendigen und dem Toten, zwischen Menschen und Geld oder Menschen und Macht oder Menschen und Bomben zu treffen ist, wird die Wahl zugunsten des Todes ausfallen, *denn der Tod ist das Ende oder das Ziel des Lebens.*

Und trotzdem ist die Vorstellung vom Tod als einem Ziel, einer Frucht, einer Erfüllung nicht völlig falsch oder irreführend, wenn man den Kontext der Sünde erst einmal verstanden und angenommen hat. Aber dann muß der Tod als «Ende» in einem gänzlich anderen Licht gesehen werden – nicht im Licht von Sünde und Selbstsucht, sondern in dem der Liebe und Gnade.

Alles erschaffene Leben ist endlich. Lebewesen kommen zur Welt und beginnen sofort, sich zu entwickeln, denn Wachstum ist eine der grundlegenden Funktionen des Lebens. Zu Beginn seines Wachstums muß das Lebewesen ständig von anderen empfangen. Das kleine Kind, das völlig hilflos und von seinen Eltern abhängig ist, zeigt das sehr deutlich. In diesem Zustand der Verletzlichkeit und Begrenztheit sieht sich das menschliche Herz bereits vor das Problem des Todes gestellt, und in eben dieser Zeit formt der infantile Mensch, dessen Wesensmerkmal es gerade ist, daß er sich als endlos betrachtet, als einen, für den die anderen zu leben und sich zu opfern haben, seine listige Vorstellung vom Tod. Aber die Vorstellungen des Menschen müssen zugleich mit ihm wachsen. Die infantile Vorstellung vom Überleben um jeden Preis ist sozusagen absolut. Man muß aus ihr herauswachsen. Während der Mensch in andere Stadien der menschlichen Entwicklung hineinwächst, erkennt er, daß das Leben Wege kennt, *sich dadurch zu bestätigen, daß es seinem Ende zustimmt.* So beginnt ein Jugendlicher zum Beispiel zu erkennen, daß er, wenn er irgendeiner egoistischen Befriedigung ein Ende setzt, um etwas für einen anderen zu tun, eine tiefere Ebene der Wirklichkeit und des Lebens entdecken kann. Der reife Mensch erkennt, daß sich sein Leben nicht darin am stärksten bestätigt, daß er Dinge für sich selbst erwirbt, sondern darin, daß er seine Zeit, seine Mühe, seine Kraft, seine Intelligenz und seine Liebe anderen schenkt. Hier beginnt sich eine andere Dialektik von Leben und Tod zu zeigen. Der Lebenstrieb, die elementarste Befriedigung, geht über sich selbst hinaus, wenn es ihm gelingt, seine Neigung zur Befriedigung seiner selbst zu «beenden» und sich wieder anderen zuzuwenden. Er «stirbt» insofern, als das Ego betroffen ist, denn das Ich wird unmittelbarer Befriedigungen beraubt, die es früher unangefochten beanspruchen konnte. Jetzt verzichtet es auf diese Dinge, um anderen etwas zu geben. Daher «stirbt» das Leben für sich selbst, um sich wegzuschenken, und bestätigt sich auf diese Weise reifer, fruchtbarer und umfassender. Wir leben, um für uns selbst zu sterben und alles an andere zu verschenken. Diese Auffassung vom «Sterben» unterscheidet sich grundlegend von der Haltung der Todesliebe, die wir weiter oben skizziert haben, denn sie ist in Wahrheit ganz und gar keine Liebe zum Tod oder Ausrichtung auf den Tod. Das «Sterben» für sich selbst, um anderen zu geben, ist nicht mehr und nicht weniger als eine höhere und ganz besondere Bestätigung des Lebens. Ein solches Sterben ist die Frucht des Lebens, das Zeugnis einer reifen und produktiven Lebensweise. Es ist das wirkliche «Ende» oder Ziel des Lebens.

Aber da zufälliges Leben enden muß – es ist nicht endlos, und seine Beschaffenheit bietet uns keinerlei Anhaltspunkt für den Glauben, es sei endlos –, ist es wichtig, daß das Ende des Lebens selbst schließlich dem Schenken und dem Opfern, die das reife und produktive Leben ausgezeichnet haben, das Siegel aufdrückt. Dann schwinden die körperlichen und geistigen Kräfte des Menschen, nachdem er alles, was er hatte, dem Leben, den anderen Menschen, seiner Liebe, seiner Familie und seiner Welt gegeben hat. Er ist verausgabt oder erschöpft, nicht einfach in dem Sinn, daß er ausgebrannt oder ausgepumpt ist von der Anhäufung von Geld und Macht, sondern weil er sich in Liebe verschenkt hat. Es ist nichts mehr übrig, was er geben könnte. Jetzt gibt er in einem abschließenden Akt sein Leben selbst hin. Das ist das «Ende des Lebens», nicht im Sinne eines abrupten Aufhörens, sondern im Sinne eines *krönenden Geschenks,* die letzte freie, vollkommene Liebeshandlung, die gleichzeitig Hingeben und Annehmen ist: Das Hingeben seines Lebens an Gott, der es geschaffen hat, und das Annehmen des Todes, der in seinen Einzelheiten und Umständen in bezeichnender Weise die Fortführung aller Taten und Ereignisse des Lebens darstellen mag – des Guten und des Schlechten, der Sünde und der Liebe, der Siege und der Niederlagen. Die letzte Hingabe seiner selbst im Tod bedeutet somit für den Menschen die Annahme dessen, was gewesen ist, und den Verzicht auf jedes abschließende Urteil über den Sinn seines Lebens, seinen Wert, seinen Zweck, seine letzte Bestimmung. Sie ist der letzte und unwiderrufliche Akt, mit dem der freie Mensch die Liebe und das Vertrauen besiegelt, aus denen heraus er zu leben bestrebt war.

Für einen Christen kann diese Sublimierung des Todes durch Freiheit und Liebe nur die Folge eines freien Geschenks von Gott sein, in dem unser persönlicher Tod mit dem Geheimnis des Todes Christi am Kreuz vereint wird. Der Tod Christi ist nicht einfach die gerichtlich verordnete Bezahlung eines unbegreiflichen Lösegeldes, das uns irgendwie an der Himmelspforte akzeptabel macht. Er hat den sündigen Tod des Menschen radikal verwandelt in einen befreienden und siegreichen Tod, einen höchsten Akt des Glaubens und der Liebe, weil er auch das Leben des Menschen durch Glauben und Liebe verwandelt. Der Gehorsam Christi verwandelt den Tod des Menschen in einen Akt dankbarer Annahme und Liebe, der den Tod transzendiert und den Menschen hinüberführt in das ewige Leben mit dem Auferstandenen Christus.

Es versteht sich natürlich von selbst, daß für die christliche Theologie der Tod «in Christus» nicht nur eine Angelegenheit äußerer Formen, sondern der inneren Gnade ist. Diese Gnade kann jedem Menschen zuteil werden und wird es auch, sei er nun Christ oder nicht, wenn sein Tod tatsächlich das letzte, freie, krönende Geschenk in einem fruchtbaren Leben ist, das auf die letzte Wahrheit in Gott hin ausgerichtet ist (ob erkannt oder unerkannt, aber zumindest implizit geliebt und gesucht).

Ohne das Kreuz Christi, Seine Liebe, Freiheit und Gnade erstickt der Tod den letzten, verzweifelten Lebensfunken und triumphiert über ihn, weil das Leben, das sich noch immer an seine eigene Illusion der Endlosigkeit klammert, sich weigert, sich dem zurückzugeben, aus dem es einst gekommen ist. Diese Niederlage kleiden die verschiedenen Religionen in unterschiedliche Bilder. Für den Hinduismus und den Buddhismus muß der Mensch, der sich an die Endlosigkeit klammert, tatsächlich immer wieder geboren werden, denn das ist es ja, was er wirklich will. In der christlichen Tradition wird diese «endlose», lieblose und sinnlose Existenz Hölle genannt. (Wir müssen uns natürlich vor Augen halten, daß die anschaulichen Schilderungen der Höllenqualen mehr oder weniger literarisch sind und so, wie sie dastehen, nicht einfach wörtlich aufgefaßt werden dürfen. Sartres Vorstellung von der Hölle im Stück *Bei geschlossenen Türen* steht der christlichen Theologie in Wahrheit viel näher als die schauerlichen Bilder von

Teufeln mit Mistgabeln, die die Sünder in die lodernden Flammen treiben.)

Das himmlische Leben, das ewige Leben in Christus, ist nicht einfach ein Leben ohne Ende. Es ist nicht endlose Freude – sogar die Freude würde, wenn sie *endlos* wäre, schrecklich sein. Das vielsagende Wort «endlos» enthält eine Andeutung, daß etwas, das besser beendet würde, tatsächlich nicht zu einem Ende gebracht werden kann. Es hört nie auf! Es geht immer weiter. Wer wünschte sich eine Freude, die er nie mehr loswerden kann? Das ewige Leben enthält dagegen keine Spur von etwas, das besser zu Ende käme. Die ganze Vorstellung von einem Ende hat keine Bedeutung mehr, denn das Ziel ist erreicht. Es gibt daher kein Ziel mehr, kein Ende. Alles ist gegenwärtig, und alles ist wirklich. Alles ist *reine Wirklichkeit,* die totale, alles zusammenfassende Erfüllung des Menschen in Liebe und Gottesschau, nicht zugemessen in Form unendlich ausgedehnter Zeit, sondern gegründet in den Tiefen des persönlichen Lebens Gottes und der inneren Dynamik der Liebe: aus dem Abgrund des Vaters, im Licht des Sohnes, durch die Liebe des Heiligen Geistes.

Der Tod ist der Punkt, an dem das Leben durch freie und vollkommene Hingabe in diesen Grund und diesen unendlichen Liebesakt eingeht. Der Tod ist der Punkt, an dem das Leben, wenn wir es so wollen, vollkommen wirklich werden kann, nicht, weil es «fordert, endlos zu sein», sondern weil es das Geschenk der reinen Wirklichkeit in der Liebe Gottes, im Dreifaltigen Leben, in der vollständigen gegenseitigen Durchdringung *(circumincessio)* der Personen, annehmen kann. Der Tod ist dann der Punkt, an dem das Leben seine reine Erfüllung finden kann. Der Tod bringt das Leben an sein Ziel. Aber das Ziel ist nicht der Tod – das Ziel ist das vollkommene Leben.

Theologie

Theologie ist der Akt des gläubigen Menschen, über seinen Glauben nachzudenken und ihn methodisch zu erforschen, um ein tieferes Verständnis der Offenbarung Gottes zu erlangen und um sich umfassender und bewußter Gottes Willen und Heilsplan hinzugeben, wie er sich in der Welt um ihn herum zeigt.

Die klassische Formulierung der Aufgabe der Theologie ist der Ausspruch, zu dem der heilige Augustinus von einer Zeile der Septuaginta angeregt wurde und den der heilige Anselm und die ganze mittelalterliche Tradition in der Folge aufgenommen haben: *credo ut intelligam,* ich glaube, um zu begreifen. Theologie ist das Verstehen von Gott, das die Frucht liebenden, fragenden und forschenden Glaubens ist. Die Aufgaben des Glaubens und der Theologie müssen in ihrer Verschiedenheit wahrgenommen werden. Durch den Glauben empfängt der Mensch Gottes Wort und nimmt es willig an, weil es Sein Wort ist. Durch den Glauben «hört» der Mensch Gott (Röm 10,17). Das heißt, er hört nicht nur *über* Gott, sondern tritt in eine persönliche Beziehung gehorsamer Liebe mit Gott, seinem Vater, ein, der ihm die Botschaft der Erlösung in der und durch die Kirche, die Gemeinschaft der Gläubigen und Erlösten, anbietet. Theologie im wahren Sinne beginnt nicht einfach mit bestimmten formalen, autoritativen Lehrsätzen über Gott, sondern mit dieser persönlichen Beziehung. Die Aufgabe der Theologie besteht nicht nur darin, unser wissenschaftliches Verständnis der Dogmen zu verbessern, sondern unsere persönliche Beziehung zu Gott und der Kirche zu vertiefen und zu erhellen.

Daraus geht klar hervor, daß Theologie nicht einfach statisch als «Paket» betrachtet werden darf, das man erwirbt, besitzt und benützt. Sie ist Arbeit, sie ist aktives Bemühen nicht nur theologischer Intelligenz, sondern der ganzen Person. Dies bedeutet, daß Theologie nicht nur den Nachweis zu erbringen sucht, dieser oder jener Lehrsatz sei von Gott offenbart worden und eine Glaubenswahrheit, sondern daß sie auch die Bedeutung der offenbarten Wahrheit für den Menschen in bezug auf sein menschliches und irdisches Leben in allen seinen Aspekten aufdeckt. Theologie ist daher nicht einfach eine esoterische Untersuchung dessen, was als strikt übernatürlich betrachtet wird, im Gegensatz zu allem, was zum Reich der davon getrennten Natur und Materie gehört. Vielmehr betrachtet Theologie die ganze Welt der Natur und der Materie sowie alle Anliegen des Menschen und seiner Gesellschaft in ihrer Beziehung zum Plan, den Gottes Liebe zur höchsten Erfüllung und Vollendung des Menschen und der Welt in Christus vorsieht. Daher kann sich jeder Zweig menschlicher Wissenschaft und Kunst als für die Theologie relevant erweisen; und eine Theologie, die sich anmaßt, über menschliche Disziplinen gleichzeitig zu richten und sie zu ignorieren, erfüllt kaum die ihr entsprechende Aufgabe. Wir brauchen uns hier nicht damit aufzuhalten, die Belanglosigkeiten und die Verwirrung zu untersuchen, die aus einem Konflikt zwischen der Wissenschaft und der Theologie entstanden sind, der für nichts so berüchtigt war wie für sein semantisches Chaos.

Theologie ist, wie wir gesagt haben, in einer persönlichen Beziehung von erleuchtetem Glauben begründet, in der der Gläubige, als Mitglied der Gemeinschaft des Glaubens, durch die Offenbarung von Christus, dem «Urheber und Vollender des Glaubens» (Hebr 12,2), belehrt wird. In dieser Dimension einer persönlichen Beziehung zu einem offenbarenden und erleuchtenden Gott wird Theologie nicht nur als Wissenschaft, sondern auch als Weisheit betrachtet, nicht einfach als Studium und Methode, sondern auch als Kontemplation und Liebe. So konnte Evagrius Ponticus (im vierten Jahrhundert) sagen, der wahre Theologe sei der Mensch des Gebets. Aber dies darf uns nicht dazu führen, die zentrale Bedeutung der Intelligenz und des methodischen Urteilsvermögens in der Theologie zu unterschätzen oder zu verdunkeln. Theologie ist nicht nur eine diffuse und religiöse Wertschätzung der offenbarten Wahrheit, sondern eine Art der wissenschaftlichen Untersuchung, die darauf abzielt, gesicherte Ergebnisse zu erlangen. Diese gesicherten Ergebnisse sind wiederum nötig, um die Treue der Kirche sowie den klarblickenden Gehorsam der Gläubigen gegenüber Gottes Erlösungswillen zu vertiefen und zu stärken. In einem Zeitalter revolutionärer Veränderungen wird eine der entscheidend wichtigen Aufgaben der Theologie die Klärung dieser Treue und dieses Gehorsams in bezug auf die derzeitige Lage der Menschen und die gegenwärtige Weltsicht des säkularen Menschen in seiner Säkularität sein. Eine Theologie, die ohne jeden Bezug zu den menschlichen Problemen unserer Zeit ist, die sich in die Kategorien einer Weltsicht einkapselt, die für den modernen Menschen keinerlei Relevanz mehr hat, und «Gehorsam» gegenüber einer statischen und rein juridischen Ordnung verlangt, die eher der Reaktion und dem Status quo als den dringendsten, sowohl materiellen als auch spirituellen, menschlichen Bedürfnissen dient, erfüllt nicht länger ihre Funktion; sie spart nämlich den Bereich aus, in dem sich uns der Wille Gottes am beharrlichsten zu zeigen sucht. Die Theologie eines jeden Zeitalters schuldet den menschlichen Bedürfnissen ebendieses Zeitalters notwendigerweise ihre Zuwendung, weil christliche Theologie die Erhellung einer Erlösungsbotschaft ist, die sich an alle Menschen im Kontext ihrer je eigenen Zeit und ihrer eigenen Geschichte richtet. Die Aufgabe der Theologie ist es nicht allein, der Kirche ein angemessenes Verständnis «zeitloser» Wahrheiten zu ermöglichen, sondern vielmehr, ihr aufzuzeigen, wie sie ihre Sendung erfüllen kann, dem Menschen in seinen dringendsten und echten Bedürfnissen in ihrer tatsächlichen, existentiellen Wirklichkeit hier und jetzt zu dienen. In einem Zeitalter, in dem der Mensch von unvernünftigen und ungerechten sozialen Strukturen niedergedrückt wird und davon bedroht ist, in einem rücksichtslosen Machtkampf, der alle seine wahren Interessen mißachtet, zerstört zu werden, liegt klar auf der Hand, daß radikale Veränderungen mit äußerster Dringlichkeit erforderlich sind. Der einzige theologische Standpunkt, der unserer Zeit angemessen ist, ist einer, der aufrichtig und unbefangen für die Notwendigkeit revolutionärer Veränderung in der säkularen Welt des Menschen offen ist. Eine distanzierte, akademische, rein spekulative Betrachtung von Substanz und Akzidenzien, eine Betrachtung von Formalitäten und eine ausgefeilte Untersuchung rein spiritueller Kausalitäten wird in diesem Jahrhundert nicht mehr als Theologie taugen.

Göttlich

Vielleicht läßt sich über kein Wort so schwer etwas Vernünftiges sagen wie über dieses. Kann man sich Gott mit einem Adjektiv nähern? Der Gebrauch eines Adjektivs, also «göttlich», verweist zwangsläufig auf eine besondere Eigenschaft Gottes. Aber da Gott ohne Eigenschaften ist, wird uns sofort klar, daß das Wort «göttlich» in Wirklichkeit am häufigsten in bezug auf irgendeine geschaffene Teilhabe am Leben Gottes gebraucht wird. Zum Beispiel kann man das «göttliche Licht» betrachten, oder man kann erleuchtet werden vom «göttlichen Glauben» (in diesen Fällen bezieht sich das Wort «göttlich» auf Gott als die *Quelle* des Lichtes und die *Autorität,* auf deren Wort hin man glauben muß). Wir leben das «göttliche Leben» der «göttlichen Sohnschaft» durch «göttliche Gnade», weil das «göttliche Bild» in uns durch das Handeln des uns innewohnenden Heiligen Geistes wiederhergestellt wird. Bei all diesen Beispielen bezieht sich das Wort «göttlich» nicht auf das Sein und Wesen Gottes selbst, sondern auf eine in Teilhabe verliehene und gottgleiche Eigenschaft des Menschen. Das Wort «göttlich» wird am angemessensten dort gebraucht, wo es sich nicht auf Substanz, sondern auf Akzidenz bezieht, nicht auf Gott selbst, sondern auf eine geschaffene Teilhabe an Seinem Leben. Freilich finden wir trotzdem viele Ausdrücke wie «göttliches Wesen», «göttliche Güte» usw., die nicht immer zur besten Tradition in der Theologie gehören. Allerdings müssen wir zugeben, daß wir sogar in der Bibel auf die Verwendung des Adjektivs «göttlich» stoßen – in einem seltenen und außergewöhnlichen Fall. Im zweiten Petrusbrief heißt es, durch das Leben aus der Gnade sollten die Angesprochenen «an der göttlichen Natur Anteil erhalten» (1,4).

«Göttliche Gnade» ist dann das Geschenk der Gottgleichheit an ein Geschöpf, das von Gott als sein Sohn geliebt wird. «Göttliche Sohnschaft» [dt. eigentlich «Gottessohnschaft», A.d.Ü.] ist die Eigenschaft eines Geschöpfes, das in eine besondere Beziehung zu Gott eingetreten ist. Diese Beziehung ist ein «göttliches Leben», hervorgerufen durch «göttliche Liebe».

Was aber ist es, das das Leben eines Menschen «göttlich» macht? Wenn ihn diese besondere Eigenschaft charakterisiert, muß sie doch in irgendeinem Sinn erkennbar sein. Für das «göttliche» Leben ist in der Tat ein Glaube kennzeichnend, der die Menschen von allen Formen der Knechtschaft befreit, sogar und vielleicht sogar ganz besonders in religiösen Belangen (siehe Galater *passim).* Dieser Glaube stellt ihn unter die direkte Führung des Heiligen Geistes der Liebe, der in der Kirche Gottes lebt. Der «göttliche» Mensch, der «Sohn Gottes», zeichnet sich dann paradoxerweise durch große Demut und Zurückhaltung aus. Er ist nicht gewalttätig, sondern verzeihend und freundlich (Mt 5,43-48). Er ist frei von jedem Bedürfnis nach aggressiver Selbstbehauptung. Er macht sich keine Sorgen über seine eigenen Bedürfnisse, sondern vertraut in allem vollkommen auf Gott (Mt 6,19-34). Der Mensch, der ein «göttliches» Leben führt, ist dann ein vollkommener Sohn Gottes in der Nachfolge Christi, der in allen Dingen nur auf den Willen und die Liebe Seines Vaters achtet. Der göttliche Mensch lebt in ständigem Kontakt mit einer inneren Quelle göttlichen Lebens, oder, wie Meister Eckhart es ausgedrückt hätte, mit «der göttlichen Geburt in uns». Meister Eckhart sagt über die Gottgleichheit:

«Wer sind die, die in solcher Weise [Gott] gleich sind? ... Göttliches Wesen ist nichts gleich; in ihm gibt es weder Bild noch Form. Die Seelen, die in solcher Weise gleich sind, denen gibt der Vater gleich und enthält ihnen nichts vor. Was der Vater zu leisten vermag, das gibt er einer solchen Seele in gleicher Weise, fürwahr, wenn sie sich selbst nicht mehr gleicht als einem andern, und sie soll sich selbst nicht näher sein als einem andern.»

In solchen typischen Verwendungsweisen verweist das Wort «göttlich» auf einen Ursprung in Gott oder eine Bestimmung auf Gott hin oder irgendeine Gleichheit mit Gott. Aber wenn wir genauer hinsehen, stellen wir fest, daß das Wort «göttlich» sogar dann, wenn es für diese geschaffenen Entitäten gebraucht wird, eher die Verweigerung einer Erklärung als eine wirkliche Erklärung ist.

Wenn man sagt, etwas sei menschlich, dann macht man es damit hinlänglich explizit und offenbart Eigenschaften, die uns gut bekannt sind, weil wir selbst Menschen sind und die Dinge, die dem Menschen eigentümlich sind, an uns selbst kennen und erfahren. Wenn man andererseits sagt, etwas sei göttlich, sagen wir gleichzeitig, daß wir nicht so genau wissen, was es ist, daß wir seine Bedeutung nicht ganz erfassen können und daß das, was wir darüber wissen, aus einer geheimnisvollen «göttlichen Offenbarung» stammt. Das heißt, daß es durch Botschaften und Worte bekanntgegeben wurde, die von Gott gekommen sind. Aber wer oder was ist Gott?

Wenn man sagt, Gott sei das «göttliches Wesen», kann dies zu einem totalen Mißverständnis führen, falls es zum Inhalt haben sollte, daß unter all den Wesen, die es geben kann, eines ist, das den anderen überlegen ist, und dieses «göttlich» genannt wird. Als würde sich Gott spezifisch durch seine «Göttlichkeit» von anderen Wesen unterscheiden, geradeso, wie sich der Mensch durch seine Menschlichkeit spezifisch von anderen Wesen unterscheidet. Können solche Aussagen wirklich sinnvoll sein? Es ist für niemanden eine Neuigkeit, daß der «Gott der Philosophen», den Pascal ablehnte, als er sich dem «Gott Abrahams, Isaaks und Jakobs» zuwandte (der ihm als lebendiges Feuer erschien), daß der deistische Gott, der lediglich ein himmlischer Uhrmacher oder ein «höchstes Wesen» ist, seit langem aufgehört hat, eine große Rolle in einer Welt zu spielen, die ausgezeichnet ohne derartige Hypothesen auskommen kann. Es ist einer der problematischsten

Aspekte des Wortes «göttlich», es auf Gott selbst anzuwenden anstatt auf Geschöpfe, die an Seinem geheimnisvollen Leben teilhaben. Gott ein «göttliches Wesen» zu nennen kann in bestimmten Kontexten ohne weiteres bedeuten, Ihn damit lediglich als Hypothese zu postulieren und gleichzeitig zu verstehen zu geben, daß Er ein Wesen ist, über das man in vornehmer Gesellschaft nicht mehr ernsthaft diskutiert. Daher können wir sagen, daß der Gott der Bibel nicht als «göttliches Wesen» offenbart wird, für das es eine bequeme Klassifizierung gibt. Das Alte Testament hat mehrere Namen für Gott, und alle sind Eigennamen und stellen Ihn den «Gottheiten» oder Baalim gegenüber, denen man Idole errichten kann. Daraus geht hervor, daß das Wort «göttlich» beinahe von vornherein dazu verurteilt ist, in götzendienerischer Weise verwendet zu werden, wenn man nicht außerordentlich sorgfältig damit umgeht. Ein Begriff kann sehr leicht «götzendienerisch» werden, wenn er abstrakt ist (wie das Wort «göttlich»), und die Versuchung, aus scheinbar wissenschaftlichen Abstraktionen Idole zu machen, ist für den modernen Menschen viel größer als für die Menschen früherer Zeit.

Die große Selbstoffenbarung Jahwes gegenüber Mose (Ex 3,14) ist gleichzeitig vollkommen konkret und vollständig transzendent. «Ich bin der Ich-Bin» oder «Ich bin der, der ist» oder «Ich bin der, der ich bin» – diese verschiedenen, geheimnisvollen Möglichkeiten, die in einem strikten Sinn nicht einmal Namen sind, offenbaren nicht eine «göttliche Natur» mit bestimmten Eigenschaften, wenn man auch in einem gewissen theologischen Kontext von dieser Offenbarung auf ein System von Sätzen über die göttliche Natur und *Aseität* (Aus-sich-selbst-Sein) als reine Wirklichkeit, absolutes Sein, schließen kann.

Die Manifestation des «Göttlichen» ist daher keine Manifestation irgendeiner speziellen Eigenschaft, sondern des radikalen Seins, der Wirklichkeit, des Lebendigseins, der Macht, der Liebe, der Anteilnahme. Und all das manifestiert sich geschichtlich in den Taten, die aus den Befehlen und den Aufträgen des verborgenen Einen hervorgehen, der einfach «ist».

Was deshalb an der biblischen Theologie von Gott bedeutsam ist, ist nicht die Erklärung einer «göttlichen Natur», sondern die

Erklärung der Taten Gottes in der Welt. Diese Taten sind «Großtaten» *(magnalia)*, zeichnen sich aber nicht immer notwendigerweise durch einen besonderen, außergewöhnlichen, «göttlichen» Charakter aus. Ganz im Gegenteil besteht der Skandal des Alten Testamentes – z.B. in der Genesis – für manche modernen Leser gerade in der Tatsache, daß so viele der Taten Gottes vollkommen alltäglich und anscheinend trivial sind: die Wahl einer Frau für Isaak oder die Geschicklichkeit, mit der es Jakob zu Reichtum bringt. Das sind kaum Taten, die wir «göttlich» nennen würden in dem Sinn, daß sie einen besonderen und wundersamen Charakter an sich hätten. Aber es sind trotzdem Taten Gottes. Somit ist ein großer Teil von Gottes Wirken, wie es in der Bibel aufgezeichnet ist, von einer störenden Aura der Weltlichkeit umgeben, und das Unbehagen daran hat bei Vertretern von gewissen Arten philosophischer Religiosität gewöhnlich dazu geführt, das Konzept Gottes zu verbessern und zu versuchen, es spiritueller zu machen, für den menschlichen Geist eindrucksvoller, mit einem Wort: «göttlicher».

Wir müssen daher, wenn wir es mit dem Wort «göttlich» zu tun haben, sorgfältig unterscheiden, ob es Gott huldvoll von irgendeinem Philosophen verliehen wird oder ob es wirklich für etwas steht, das durch die verblüffende Alltäglichkeit «göttlicher Offenbarung» ans Licht kam.

Reinheit

«Herr Pater, ich habe gegen die Reinheit gesündigt.»

Die häufige Verwendung dieses diskreten und sittsamen Klischees im Beichtstuhl hat dem Wort «Reinheit» im Laufe der Zeit einen schlechten Ruf eingebracht, den ihm heute kein Einschreiten unsererseits, so energisch es auch ausfallen mag, wieder abnehmen kann. Es bleibt uns nur, herauszufinden, was der Ausdruck bedeuten könnte, über die Mißverständnisse nachzudenken, die aus ihm entstehen können, und darauf hinzuweisen, daß es immerhin noch andere mögliche Bedeutungen gibt, die zu bedenken wären. Aber beginnen wir mit der «Sünde gegen die Reinheit». Ist die Vorstellung einer «Sünde gegen die Reinheit» vielleicht schon selbst eine Sünde gegen die Reinheit? Drückt sie nicht eine stillschweigende Verfälschung bestimmter, wichtiger Aspekte der menschlichen Natur aus? Stiftet sie nicht innerhalb des ganzen Fragenkomplexes hinsichtlich der Sexualität eine unglaubliche Verwirrung?

Fragen wir uns doch, was hier mit «rein» und «unrein» gemeint ist. Wir sehen uns dann sofort einem folgenschweren semantischen Übel gegenüber. Die Spitzfindigkeit gerichtlicher Haarspaltereien (die den meisten Beichtkindern zum Glück unbekannt ist) hat den Begriff der Reinheit so zerpflückt, daß er sehr schwer faßbar und komplex geworden ist. Die Erektion, die spontan ungewollt eintritt, ist nicht unrein oder ist zumindest «weniger unrein» als eine, die vorsätzlich herbeigeführt wird, indem man sich das Bild einer

Stripteasetänzerin anschaut; aber dieses wiederum wird plötzlich weniger unrein oder sogar rein, wenn der Betrachter ein Moraltheologe ist, der bei der Ausübung seiner Pflicht einem interessanten Fall nachgeht. Genau betrachtet, scheint die Entscheidung darüber, ob man rein oder unrein ist, also lediglich davon abzuhängen, welchen Rechtsgelehrten man konsultiert.

Auf jeden Fall ist der Begriff der Reinheit häufig aus zwei Elementen zusammengesetzt. Das Reine ist das Asexuelle und das Gefühllose. Der Mensch ist dann «rein», wenn er entweder gar keine sexuellen Reaktionen hat oder wenn er sie nicht genießen kann, wenn er lieber keine hätte oder wenn er sein Bestes getan hat, sie widerwärtig und frustrierend zu machen, oder wenn sie strikt im Bereich der Pflicht liegen (ehelicher Beischlaf). Einen zaghaften Wunsch nach sexuellem Vergnügen zu verspüren ist schon ein bißchen unrein. Eine Erektion zu bekommen noch etwas unreiner. Geschlechtsteile zu berühren – die eigenen oder die eines anderen – wieder etwas unreiner. Einen Orgasmus zu haben ist dann schon höchst unrein. Diese ganze Haltung der Abstraktion, des Hasses gegen den Körper und dessen Verunglimpfung hat schließlich zu einer krankhaften und völlig unrealistischen Fixierung auf körperliche Einzelheiten geführt. Der Brauch der Bußkataloge, der auf die Kodizes der irischen Mönche des Hochmittelalters zurückgeht, hat die verschiedenen Reaktionen und Teile des Körpers sozusagen durch entsprechende Bußen «preislich gestaffelt», und das hat zu einer schrecklichen Zerstückelung der Liebe geführt. Man könnte noch lange damit fortfahren, diese Idee weiterzuverfolgen – die keineswegs nur auf die Religion beschränkt ist –, nach der die Liebe den menschlichen Körper entweder als begehrenswertes Paket von Handelsartikeln und Genüssen oder als hochgefährliche Mischung moralischer Übel auf den Markt bringt. Liebe ist dann nicht mehr ein Ausdruck der Gemeinschaft von Menschen, sondern ein kaltes Büfett für die Sinne, bei dem man auswählt, was man möchte – oder das, von dem man meint, man könne davon ungeschoren bleiben. Leider bringt das eine ganz besondere Mentalität hervor, die es gewissen Leuten ermöglicht, auf folgende Weise zu einem, wenn auch verunglückten, sexuellen Leben zu kommen: Wenn man sexuelle Wünsche im

Kopf hat, dann nehme man sie dadurch zurück, daß man sagt, man wolle sie nicht (aber man hat sie natürlich weiterhin). Ansonsten achte man darauf, daß sie dann, wenn sie in Erfüllung gehen, immer zufällig wahr werden. Und um ganz beruhigt sein zu können, sollte man sicherstellen, daß die Erfüllung immer in einer Weise vonstatten geht, die im höchsten Grade frustrierend, demütigend und unerfreulich ist oder zumindest unter ungünstigen Bedingungen stattfindet, damit man überzeugt sein kann, daß man sie nicht mit voller Absicht «gewollt» hat. Niemand, der recht bei Verstand ist, würde sie zwar so wollen. Man frage sich aber nicht: «Bin ich recht bei Verstand?» Man lasse es vielmehr dabei bewenden, daß man «seine Reinheit bewahrt» hat.

Wäre es zuviel verlangt, eine Revision des Begriffes Reinheit zu empfehlen, die es den Menschen ermöglichen würde, wirklich menschlich zu bleiben?

Man kann ohne weiteres feststellen, daß diese dekadente Auffassung von Reinheit, die jeden christlichen Charakter eingebüßt hat, auf einer bestimmten, schablonenhaften Ansicht vom Menschen und von der Welt beruht. Es wäre unfair, diese Ansicht dadurch auszuzeichnen, daß man sie neuplatonisch nennt, denn sie ist nur der ausgeblutete Überrest eines einstmals lebendigen und anspruchsvollen Weltbildes. Aber auf jeden Fall ist ihr typischer Stil ein Gebaren, bei dem die Materie in schlechtem Ruf steht. Sinne, Leidenschaft und Gefühl werden gefürchtet und verabscheut; Reinheit wird mit Geist oder vielleicht, etwas grober, mit dem «Mentalen», dem «Intentionalen» und dem «Willentlichen» assoziiert. Ein Schuß Pseudomystik macht das Ganze zu einer völlig voluntaristischen Übung. Man zerschmettert die Empfindung durch einen Willensakt. Fügt man noch eine Prise Jansenismus und Manichäismus hinzu, kann man ein wahrhaft schauerliches Gebräu von Selbsthaß und Verabscheuung des Fleisches zusammenrühren. Das verträgt sich auch gut damit, daß man sich fasziniert über alle Formen der «Unreinheit» ereifert und einen regelrechten Sündenkult betreibt, der natürlich die rechtschaffene Form der Jagd auf Sünden, der Tadelsucht, des Anbringens von Feigenblättern an Statuen und des Verbotes obszöner Filme annimmt – von denen es zweifellos mehr als genug gibt. Schließlich haben die Manien der Reinen noch zur Entwicklung einer ganz besonderen Form von Unreinheit beigetragen, zu einer Geilheit, die immer gerade so weit geht, wie der Kodex erlaubt, und gleichzeitig all das andeutet, was eine durchschnittlich ordinäre Phantasie ohne jede Mühe dazuerfinden kann.

Zu dieser perversen Auffassung von Reinheit ist in aller Offenheit zu sagen, daß sie überhaupt nichts dazu beiträgt, das sexuelle Verlangen unter die Kontrolle einer freien und reifen Intelligenz zu bringen, im Dienste des höchsten Gutes wahrhaft menschlicher Menschen. Ganz im Gegenteil erniedrigt und pervertiert eine morbide, unvernünftige und lüsterne Auffassung von der Sexualität lediglich den sexuellen Trieb und verleitet ihn zu Ausdrucksformen, die in ihrem Sado-Masochismus und ihrer scheinheiligen Selbstsucht viel gefährlicher, in einem viel radikaleren Sinne «unrein» sind als der normale Ausdruck erotischer Liebe. Dieses pessimistische und negative Konzept der Reinheit führt mit der Zeit zu einem Kult des Trübsinns, einem Haß gegen das Leben und, noch schlimmer, zu einem systematischen Bemühen, eines der kostbarsten Geschenke Gottes an den Menschen zu entwürdigen und zu zerstören. Das Ergebnis dieser Entwürdigung kann niemals das Aufblühen einer «spirituelleren» und opferbereiteren Liebe sein, sondern nur eine schändliche und zerstörerische Fälschung.

Es ist natürlich wahr, daß viele ehrliche und wohlmeinende Männer und Frauen durch die Gnade Gottes aufgrund des Leidens, dem sie durch ihre unmenschliche Auffassung von der Liebe unterworfen waren, der sie aber in gutem Glauben anhingen, Heilige geworden sind. Wir sollten jedoch nicht sagen, sie seien *wegen* dieser Auffassung heilig geworden. Sie wurden vielmehr *trotzdem* heilig.

Der Platonismus wird, nicht ganz zu Unrecht, für einige der Übertreibungen jener Sichtweise verantwortlich gemacht, die wir gerade geschildert haben. Aber vergessen wir nicht, daß der Platonismus in seinem eigenen gesellschaftlichen und kulturellen Kontext gesehen werden muß und daß dieser nicht mit dem heutigen übereinstimmt.

Die alte platonische Auffassung von Reinheit, die eine gewisse

Würde eigener Art besaß, war aristokratisch und kontemplativ. Sie assoziierte die Reinheit des «theoretischen» Geistes mit Muße, die nicht von den alltäglichen Sorgen befleckt wurde, und mit Spekulationen, die einen in die Lage versetzten, sich über die Begrenzungen der Materie zu erheben. In diesem Zusammenhang war der «reine» Geist einer, der nicht an Bilder und materielle Vorstellungen gebunden war, sondern der sich frei ins Reich der reinen Ideen und Wesenheiten hinaufschwang, bar jeglichen Hindernisses. Der reine Geist war gelöst, ruhig, nicht leicht aus der Fassung zu bringen. In manchen Kontexten war diese Reinheit mathematisch und wissenschaftlich, in anderen ästhetisch, in wieder anderen ethisch. Die frühchristliche Mönchstradition mit ihrer «Reinheit des Herzens» wandte dieses platonische Denkschema auf das christliche kontemplative Leben an und auf die Suche nach der «mystischen Theologie» oder der Vereinigung mit Gott jenseits aller Begriffe und geschaffenen Wesenheiten in der dunklen Nacht reiner Kontemplation.

Da man in dieser Tradition allgemein glaubte, die Verstrickung in körperliche Arbeit und in die Sexualität des ehelichen Lebens werde leicht zu einem Hindernis für die Kontemplation, nahm man an, daß Arbeit, eheliche Liebe und aktive Anteilnahme am staatsbürgerlichen Leben weniger «rein» seien als die Muße und die Abstraktion des theoretischen Lebens. Um diese «Reinheit» zu suchen, verließen daher die Asketen die Welt ganz und gar und flohen in die Kargheit der Wüste, wo es die allerwenigsten Hindernisse für einen direkten Aufstieg des Geistes zu Gott gab. Das war das reine Leben par excellence, *bios angelikos*, das engelgleiche Leben (und Engel sind natürlich «reine Geister»).

Es sei hier angemerkt, daß das Konzept der platonischen Liebe – einer rein geistigen Erotik – ebenfalls höchst anspruchsvoll und komplex war und im Zusammenhang mit einer aristokratischen Kultur gesehen werden muß, in der *eros* keineswegs durchgängig unkörperlich war! Unglückseligerweise neigte man in dieser Art von Idealismus dazu, scharf zwischen der Liebe zu einer idealen Frau (die spirituell war) und der Liebe zu einer Prostituierten oder Geliebten (die fleischlich und leidenschaftlich war) zu unterscheiden.

Wir haben jetzt zwei Auffassungen von Reinheit untersucht, von denen die eine moralisch dekadent und die andere zwar edel und respekteinflößend, aber antiquiert ist und ein vollkommen anderes Weltbild voraussetzt als das, mit dem wir leben. Ist der Begriff Reinheit für unsere Zeit überhaupt noch zu retten?

Zunächst muß man fragen: Ist er der Rettung überhaupt wert? Das hängt davon ab, was man zu retten und wiederherzustellen versucht. Klar ist, daß es keinen Sinn hat, ein verstaubtes und ziemlich unmögliches altes Möbelstück der Ethik neu aufzupolieren und es wieder ins Wohnzimmer zu stellen, etwa neben die Bilder von Mondrian und die Mobiles von Calder. Aber andererseits gibt es ein bestimmtes Ideal menschlicher Integrität in der Liebe und im Leben, dem einmal mit diesem Begriff gedient war und dem vielleicht wieder gedient werden könnte. Dazu müssen wir jedoch die ganze Verwirrung um die Begriffe «Reinheit» und bloße Ehrbarkeit oder sogar Schicklichkeit loswerden. Die Existentialisten haben eine recht nützliche Möglichkeit aufgezeigt, wie man an dieses Problem herangehen könnte, und wenn wir uns vergegenwärtigen, daß sie in ihrer Vorstellung vom *authentischen* Gebrauch menschlicher Freiheit einen Teil des zur Debatte stehenden Wertes gerettet haben, können wir ermessen, was «Reinheit» möglicherweise für uns bedeuten könnte. Methodisch gesehen werden wir nicht dadurch dorthin gelangen, daß wir *aufteilen,* wie es die Platoniker getan haben, sondern dadurch, daß wir verschmelzen, integrieren, zusammenbringen. Und das Gebiet, auf dem dies am nötigsten ist, ist natürlich die sexuelle Liebe.

Zum Beispiel werden wir nicht mehr sagen, ein Akt sei dann rein, wenn wir alles *ausschließen,* was daran sinnlich, fleischlich, gefühlvoll, leidenschaftlich usw. ist, sondern wir werden vielmehr sagen, daß ein Geschlechtsakt dann rein ist, wenn er dem Körper, den Sinnen, den Gefühlen (den bewußten und den unbewußten), den besonderen Bedürfnissen der Menschen und allem, was die einzigartige Beziehung zwischen den beiden Liebenden erfordert, sowie der Situation, in der sie sich befinden, einen angemessenen Platz einräumt. Das Ziel ist hier nicht, in der denkbar prüdesten Weise die volle Legalität ihres Liebesaktes nachzuweisen, sondern die ganze Liebesfähigkeit und alle Ausdrucksmöglichkeiten dieser

Liebe in ihnen freizusetzen, die in ihren ganz speziellen Umständen wahrhaft und wirklich authentisch wären. Und dies würde natürlich weniger von abstrakten, gesetzlichen Normen bestimmt (die trotzdem ihre objektive Funktion und ihren Platz als Führungshilfe des einzelnen haben) als vom persönlichen Gewissen und von der persönlichen Entscheidung im Licht der Gnade und den vorsehungsbedingten Erfordernissen der Liebe.

Hier muß ganz deutlich gesagt werden, daß eine von Hemmungen freie erotische Liebe zwischen Ehegatten nicht nur rein sein kann, sondern wahrscheinlich *reiner* ist als ein gequälter, verkrampfter und schmerzhafter Angriff eines beklommenen Ehemannes auf seine geduldige und passive Frau. Der sexuelle Liebesakt sollte seiner ganzen Natur nach freudig, ungezwungen, lebendig, entspannt, erfinderisch und von jener besonderen Wonne erfüllt sein, die die Liebenden durch Erfahrung einander zu bereiten gelernt haben. Es gibt kein schöneres Geschenk Gottes als die kleine, geheime Welt schöpferischer Liebe und schöpferischen Ausdrucks, in der zwei Menschen, die sich einander vollkommen hingegeben haben, ihre jeweiligen Gaben offenbaren und feiern. *Gerade in diesem Geist des Feierns, der Dankbarkeit und der Freude ist wahre Reinheit zu finden.* Das reine Herz ist nicht eines, das von der Erotik in Angst und Schrecken versetzt wird, sondern eines, das mit dem Vertrauen und der Selbstvergessenheit eines Kindes Gottes dieses Geschenk als heiliges, ihm anvertrautes Gut annimmt, denn auch die Sexualität ist eines der Talente, das Gott uns überlassen hat, um damit zu wirtschaften, bis Er wiederkommt. Richtig verstanden ist die sexuelle Vereinigung ein Ausdruck tiefer persönlicher Liebe und ein Mittel, diese Liebe zu vertiefen, zu vervollkommnen und zu heiligen. Sexuelle Befriedigung als Selbstzweck und ohne gebührende Achtung für die Bedürfnisse des Partners zu suchen würde diese wahre Reinheit der Liebe nahezu verunmöglichen. Daraus wird sogleich ersichtlich, daß die Vorstellung der Reinheit in der Liebe nur durch einen voll entwickelten Sinn für das persönliche Opfer verwirklicht werden kann, der um das Wohl des andern besorgt ist und zugleich versucht, den tiefsten und anspruchsvollsten Erfordernissen der Situation gerecht zu werden. Hier wird die Reinheit der Liebe nicht durch die mechanische Anwendung rein äußerlicher Normen zutage treten, sondern durch eine weise und sogar erleuchtete Integration von persönlichem freiem Willen und von den objektiven Erfordernissen, damit sich der Liebesakt zu einem fruchtbareren und kreativeren Ausdruck von Leben und Liebe entfalten kann. Diese Reinheit muß natürlich objektiv beurteilt werden und nicht einfach aufgrund der subjektiven Bedürfnisse der Liebenden, und der Maßstab des objektiven Urteils kann beispielsweise die *Ganzheit* des Liebesaktes sein. Rein wird derjenige Akt sein, von dem man sagen kann, daß er in allen seinen Aspekten die Wahrheit und Integrität, die echten Bedürfnisse und das höchste Wohl derjenigen respektiert, die ihn miteinander vollziehen, sowie die objektiven Forderungen anderer, etwa der Gesellschaft usw.

Nach diesem Maßstab werden gewisse kasuistische Interpretationen, die eine ungesunde und verstümmelte sexuelle Aktivität als immer noch gesetzlich «rein» erlauben würden, als eine Beleidigung der Ganzheit und Reinheit des Menschen betrachtet, während andere, dic von einem gewissen Standpunkt aus konventionelle Geister schockieren und empören würden, dessen ungeachtet einem zutiefst authentischen und spirituellen Verlangen nach innerer Reinheit und Ganzheit entsprechen. Aber wir können nicht sagen, daß der einzelne Mensch in jedem Fall gänzlich seiner eigenen Urteilsfähigkeit überlassen bleibt. Die letzte Urteilsinstanz ist nicht die subjektive Freiheit, die leicht willkürlich werden und zu ebensovielen erschreckenden Verstümmelungen führen kann wie der Legalismus. Kennzeichen der Liebe ist ihr Respekt für die Realität und für die Wahrheit und ihre Sorge um die Werte, die sie in der Welt pflegen, bewahren und stärken muß. Eine solche Sorge ist nicht mit Hirngespinsten, Halsstarrigkeit oder der Vernachlässigung der Rechte und Bedürfnisse anderer Menschen vereinbar.

Bei dieser neuen Auffassung von Reinheit wird die Betonung nicht so sehr auf dem Gesetz als auf der Liebe liegen, weniger darauf, was mit den Trieben oder den Körperteilen geschieht, als darauf, was sich in der Person entwickelt (obwohl in diesem Fall beides offenkundig untrennbar ist). Wir haben nicht so sehr darauf zu achten, was in einem bestimmten gesellschaftlichen Milieu akzeptabel ist, als darauf, was eine wahrhaft schöpferische und zuinnerst persönliche Lösung für die Fragen anbieten kann, die in jedem einzelnen Fall auftauchen.

Wenn Reinheit so aufgefaßt wird, werden zwei Menschen nicht versuchen, einander *trotz* ihrer Körper im Geist und in der Wahrheit zu lieben, sondern alle Möglichkeiten des Körpers ausschöpfen, Geist, Herz, Phantasie, Gefühl und Willen, um die Liebe zu feiern, die ihnen von Gott gegeben wurde, und Ihn dadurch preisen!

Welt

Christen stellen sich heute merkwürdige Fragen über etwas, das sie «die Welt» nennen. Sollen sie sie schmähen, wie ihre Väter es getan haben? Sollen sie ihr entsagen, wie es Mönche tun? Sollen sie sie lieben, wie sie sich selbst liebt? Sollen sie sich auf einen Dialog einlassen, so wie der Papst mit allen möglichen Leuten Dialoge führt, die Russen nicht ausgenommen? Oder sollen sie ganz einfach offen zugeben, daß sie Teil dieser Welt sind, und dann weitersehen? Was ist diese Welt? Gibt es sie überhaupt?

Wir müssen zunächst klar sagen, daß der erste Ort, an dem wir nach der Welt suchen müssen, nicht außerhalb unserer selbst liegt, sondern vielmehr in uns. Wir *sind* die Welt. Im tiefsten Grund unseres Wesens bleiben wir in metaphysischer Verbindung mit dem Ganzen jener Schöpfung, von der wir nur ein kleiner Teil sind. Durch unsere Sinne und durch unseren Verstand, unsere Liebe, Bedürfnisse und Wünsche sind wir – und es ist unmöglich, dem auszuweichen – mit dieser Welt der Materie und der Menschen, der Dinge und der Personen verflochten, die uns nicht nur beeinflussen und unser Leben verändern, sondern auch von uns beeinflußt und verändert werden. Von dem Augenblick an, in dem wir uns an einen Tisch setzen und ein Stück Brot in den Mund stecken, erkennen wir, daß wir in der Welt sind und gar nicht anders können, als darin sein, bis zu dem Tag, an dem wir sterben. Es geht daher nicht darum, darüber zu spekulieren, wie wir mit der Welt in Beziehung treten sollen – als befänden wir uns irgendwie draußen im Weltraum –, sondern darum, wie wir unserer Beziehung zu ihr Gültigkeit verleihen, ihr eine wirklich aufrichtige und menschliche Bedeutung geben und sie wahrhaft produktiv und wertvoll für unsere Welt machen können.

Aber gleichzeitig müssen wir auch anerkennen, daß wir alle in der Lage sind, zwischen uns selbst und der Welt zu unterscheiden, da wir alle fähig sind, das Geheimnis unserer eigenen, subjektiven Identität zu erkennen. Außerdem erfassen wir intuitiv die Tatsache, daß sich diese Identität in einer Art Dialektik der Liebe, des Verstehens, der Arbeit und der Gemeinschaft mit «dem Rest der Welt» bestätigt und herausbildet. Es ist in der Tat grundlegend für das menschliche Bewußtsein, mit der Unterscheidung zwischen «ich» und «der Rest der Welt» anzufangen. Und wie seit Martin Buber jedem klargeworden ist, muß diese Haltung in eine Ich-Du-Beziehung mit einem anderen hineinwachsen und sich dadurch verwandeln. Ohne diese Vollkommenheit des Dialogs und der Liebe wird das «Ich» in einer Welt, die entweder feindselig und unverständlich oder alles verschlingend ist, für immer benachteiligt, entfremdet und isoliert sein.

Es wäre interessant, die ganze Geschichte der Vorstellung von einer zeitlichen, materiellen Welt zurückzuverfolgen, von der der Mensch das Gefühl hatte, es stehe ihm frei, sich ihr zu widersetzen, ihr entgegenzutreten, sich von ihr zu trennen, sich von ihr frei zu erklären, gegen sie zu handeln, wenn er sich denn dazu entscheiden sollte, oder mit ihr zu verhandeln. Diese Vorstellung geht zweifellos zurück auf die große Entdeckung der persönlichen Identität und Freiheit im Zeitalter der griechischen Stadtstaaten, der jüdischen Propheten, von Buddha und Zoroaster, von Konfuzius und Lao-tse. Nicht, daß sie alle dieselbe Auffassung von «der Welt» gehabt hätten, aber sie alle betrachteten in der einen oder anderen Weise den Menschen als dazu befähigt, sich von dem zu unterscheiden, was «da» und «gegeben» war, damit er zu einer eigenen Entscheidung finden und seine eigene Einstellung dazu entwickeln konnte.

Um daher die alten, traditionellen Gedanken der «Weltverachtung» zu verstehen, müssen wir sie im Lichte ihrer Ergänzungen sehen. Der Mensch, der in der Lage war, die Welt zu verachten, das heißt, seine eigene Unabhängigkeit von der Knechtschaft gegenüber dem «Gegebenen» beteuern konnte, bekundete damit seinen Respekt für den freien Menschen. Das wiederum gereichte der Welt auf lange Sicht zum Vorteil, weil sich der freie Mensch, anstatt sich blind stereotypen Mustern unterzuordnen und in vertrauten Bahnen zu bleiben, dazu aufgerufen fühlte, neue Dinge zu erproben und neue Einstellungen zu entwickeln und schließlich auch neue Entdeckungen zu machen, die die Welt verändert haben. Verachtung für die Welt war in Wirklichkeit der erste Ansatz der Liebe zur Welt, und die großen Religionen, die die Weltflucht lehrten, legten auch den Grundstein zu Weltbildern, die den Menschen als Herren und Erneuerer der Welt betrachteten.

Was also ist die Welt? Nichts anderes als die menschliche und nicht-menschliche Umgebung, in der der Mensch sich vorfindet, zu der er eine bestimmte, eindeutige Beziehung herstellen soll. Es stimmt zwar, daß die meisten Menschen sich damit zufriedengeben, eine vorgefertigte Beziehung zur Welt anzunehmen, die die Welt selbst ihnen anbietet, aber theoretisch steht es uns allen frei, von der Welt zurückzutreten, sie zu beurteilen und sogar gewisse Entscheidungen zu treffen, wie sie umzugestalten wäre. Zumindest können wir das in der kleinen Welt tun, mit der wir uns in unseren eigenen Nestern umgeben – unseren Wohnungen.

Den gewöhnlichen Dialog des Menschen mit der Welt in diesem Sinne nennt man *Arbeit.* Sie ist ohne Zweifel der grundlegende Dialog, an dem alle teilnehmen sollten. Wenn sie das nicht können, gerät für die Nicht-Teilnehmer etwas radikal in Unordnung und für die Welt desgleichen. Eines der großen Probleme unseres Jahrhunderts ist es nicht allein, Arbeit für die Arbeitslosen zu schaffen, sondern ein neues Arbeitskonzept zu entwickeln, das praktisch jedermann davor schützt, für jegliche Arbeit unbrauchbar zu werden.

Es ist klar, daß im Dialog der Arbeit die Welt herkömmlicherweise auch als Gegner betrachtet wird, dem man mit Erfindungsgeist und Kraft beizukommen versuchen, der sogar «bezwungen» werden muß, doch dieses höchst aggressive Bild entspricht eher der westlichen Gesellschaft, in der es sich über jedes vernünftige Maß hinaus entwickelt hat.

Aber die Umgebung des Menschen besteht nicht nur aus natürlichen und physikalischen Kräften, aus Gemeinschaften, die von geordneten ökonomischen Gesetzen bewegt werden usw. Es gibt eine Welt innerhalb der Welt, und diese andere Welt ist etwas völlig anderes. Sie ist viel geheimnisvoller, und es ist viel schwieriger, ihr «entgegenzutreten», ihr Widerstand zu leisten und sie herauszufordern. Ganz im Gegenteil bietet diese andere Welt dem Menschen, der sich ohne allzuviel Aufwand und mit einem Minimum an persönlicher Verantwortung eine grobe Identität zimmern möchte, eine leichte Lösung an. Diese Welt sagt: «Arbeite mit mir, und ich werde mich um deine Identität kümmern.» Es ist eine Welt, von der wir, mit anderen Worten, zu einer radikaleren und viel beunruhigenderen Identifizierung aufgefordert werden. Sie verlangt unsere totale Unterwerfung – den Verzicht auf unsere Freiheit. Diese Welt besteht aus einer komplexen Dynamik von Macht, Bedürfnissen, Ehrgeiz und der Besessenheit von Gewinn und Wollust. Sie zeichnet sich vor allem durch Vergeßlichkeit bezüglich allem und Verachtung für alles aus, das nicht in ihre eigene, besondere Machtkonstellation hineinpaßt. Sie hat keine Geduld mit jemandem, der sich dieser Konstellation nicht vollkommen unterwirft und sich nicht völlig mit ihr identifiziert. In der Bibel wird diese Welt typologisch von Ägypten und Babylon vertreten, den Reichen großer und unmenschlicher Knechtschaft. Diese Welt ist das Reich Satans, und sie ist allein aufgrund dieser Tatsache der Freiheit des Reiches Gottes entgegengesetzt. Wenn das Neue Testament von der Welt als von einem Reich spricht, das man ablehnen muß, dem man widerstehen muß, aus dem man fliehen muß, dem man die Stirn bieten muß, dann spricht es von der Welt in dieser Konstellation von Macht, Wollust und Begierde. Für den heutigen Christen entsteht eine außerordentlich heikle Zwiespältigkeit dort, wo er in seinem ehrlichen und wohlmeinenden Wunsch, einen Dialog mit der Welt zu beginnen, einfach die alten Gebärden der Unterwerfung gegenüber dem Pharao ausführt, ohne die die Welt nicht bereit ist, auch nur ein Wort mit jemandem zu wechseln.

Schließlich gibt es noch die wahre Welt des Christen, die Welt, die von Christus erlöst und von innen her von einer Geschichte verklärt ist, die die Machtkonstellation nicht anerkennt, die aber dennoch die wahre Geschichte der Welt ist. In dieser erlösten Welt, die die einzig wahre Welt ist, kann der Christ seine Beziehung zur Welt der Macht verstehen. Er muß um keiner anderen Sache willen in einen Wettbewerb mit der Welt der Macht eintreten, außer um seine eigene Unabhängigkeit zu wahren. Ist er erst einmal frei, erkennt er, daß die ganze erlöste Welt sein ist in Christus und er sich mit niemandem darum zu streiten braucht.

Der Dialog des Christen mit der Welt kann dann folgendermaßen zusammengefaßt werden: Erstens ist der Christ in der Welt geschaffen. Die Welt seiner Zeit ist der Ort der Erlösung, an den er von Gott gerufen wurde, der Platz, an den Gott ihn gestellt hat, an dem Gott für ihn eine Aufgabe bereithält, die er erfüllen soll. Wenn er die Welt der Materie, in der er lebt, einfach ablehnt und geringschätzt, kann der Christ niemals auch nur anfangen, seine Aufgabe in ihr zu begreifen, und er wird nicht fähig sein, die Arbeit zu tun, die Gott von ihm verlangt.

Zweitens jedoch muß er sich von der Welt als einem Machtgefüge fernhalten, das absolute Unterwerfung und Knechtschaft fordert. An dieser Stelle muß der Christ die schlimme Tatsache zur Kenntnis nehmen, daß Kirchenmänner in manchen historischen Kompromissen mit der herrschenden Macht sogar die Kirche selbst mit dem weltlichen Machtgefüge identifiziert zu haben scheinen. Als Folge davon ist das christliche Gewissen von schrecklichen Zwiespältigkeiten belastet. So z.B. in der Frage des Krieges, der das Paradigma aller «weltlichen Aktivität» im Sinne einer Aktion innerhalb des Machtgefüges ist. Die symbolische Weigerung der Märtyrer, die Idole des römischen Weltreiches anzubeten, ruft vielleicht nach einer ebenso symbolischen und bedeutsamen Weigerung von seiten der heutigen Christen, ihre Unabhängigkeit von Strukturen klarzustellen, die der rohen Gewalt zuzuordnen sind. Aber diese Zwiespältigkeiten sind die schmerzhaftesten und komplexesten Probleme des christlichen Gewissens in unseren Tagen.

Drittens erhält der Christ dann, wenn er lernt, die Welt als erlöst zu erkennen und in eine Ich-Du-Beziehung mit allen anderen Menschen einzutreten, die er als von Christus geliebt und berufen betrachtet, spirituellen Einfluß, um die Welt von der Tyrannei ihrer eigenen Weltlichkeit zu befreien.

Es gibt keine einfache «ethische» Antwort auf die Probleme, die aus dieser Haltung erwachsen. Der Christ erlernt nicht etwa eine Reihe von unweltlichen Gesetzen, die er dem Treiben der Welt entgegenstellt, aber durch das Kreuz und die Liebe Christi und den ihm innewohnenden Geist der Freiheit lernt er, in der Welt zu leben, wie Christus in ihr gelebt hat, in vollkommener Freiheit, mit grenzenlosem Erbarmen und uneingeschränkter Bereitschaft zu dienen.

Ethik

Kann man die praktische Wissenschaft der Ethik ernst nehmen? Diese Frage ist zweifellos verwirrend. Während wir doch einerseits immer noch annehmen, daß Menschen ernsthaft versuchen, ihrem Verhalten bestimmte moralische Gebote zugrunde zu legen, die eine objektive Basis haben und die für das reife Gewissen erkennbar sind, dringt uns andererseits doch auch manchmal eine gewisse Pseudoernsthaftigkeit hinter ethischen Ermahnungen unangenehm ins Bewußtsein. Diese Pseudoernsthaftigkeit geht wohl zum Teil auf die geistige Unsicherheit zurück, die von der gewaltigen Konfusion im modernen Denken herrührt. Man will immer das tun, «was richtig ist», und man steht fortwährend völlig widersprüchlichen ethischen Imperativen gegenüber. Obwohl A mit B unvereinbar ist, können sowohl A als auch B Argumente vorbringen, die zeigen, daß gerade sie gewählt werden müssen. Die einzige «Ernsthaftigkeit», der ein reifes ethisches Wissen heute vertrauen kann, ist die Unernsthaftigkeit einer tiefen Demut und Offenheit, die bereit ist, das Risiko vorläufiger Entscheidungen einzugehen, wo moralische Normen in sich selbst nicht mehr absolut verbindlich erscheinen. Um es mit anderen Worten zu sagen: Eine ethische Ernsthaftigkeit, die dazu neigt, sich auf die absolute Gültigkeit ihres eigenen Systems zu stützen, wird schließlich pseudoernsthaft und verwirrend werden. Eine Ethik, die in persönlicher Integrität und Verantwortlichkeit gründet, ist praktikabler. Aber eine solche Ethik kann nicht rein subjektiv sein. Sie akzeptiert und respektiert objektive moralische Normen, unterscheidet aber gleichzeitig zwischen einer objektiven Norm und einem krankhaften Zwang. Ein reifes Gewissen ist eines, das bereit ist, sich auf das Risiko eines verantwortlichen Handelns einzulassen, das auf vernünftigen und gesunden Normen basiert, die jedoch nicht den Anspruch einer stets unfehlbaren und unveränderlichen Gültigkeit erheben. In diesem Fall übernimmt der Mensch selbst die Verantwortung für sein Handeln. Er schiebt nicht alle Verantwortung auf Gesetze und moralische Gebote, denen zu gehorchen er sich entschieden hat.

Aber was sind das für moralische Gebote? Sind sie nichts weiter als pragmatische Konventionen? Sind sie lediglich aus den Erfordernissen dieses oder jenes gesellschaftlichen Systems abgeleitet? Sind sie nicht mehr als Gesten der Konformität, die zugleich für nützlich und empfehlenswert gehalten werden, wie etwa die Verkehrsgesetze? Tatsächlich leben wir in einer Welt, in der ethischen Prinzipien die Tendenz anhaftet, außerordentlich verschwommen zu sein und sogar völlig in Vergessenheit zu geraten oder diskreditiert zu werden. In konkreten Situationen, in denen das moralische Gesetz gehört zu werden verlangt, hören wir häufig Proteste gegen die «Unerfüllbarkeit» seiner Forderungen, und wo diese Forderungen respektiert werden, geschieht es oft sehr widerwillig, so als wären sie nicht mehr als sentimentale Wunschvorstellungen für das innerliche Wohlbefinden von Leuten, die keine Nerven für die harten Tatsachen des Lebens haben.

So stößt beispielsweise der moralische Protest von Zivilisten, die gegen unmenschliche Methoden der Kriegführung Einspruch erheben, auf das empörte Unverständnis der Militärs, die davon ausgehen, daß der Zweck eines Krieges einfach die Vernichtung des Feindes und all dessen ist, wofür er steht. Machiavelli hat schon vor langer Zeit darauf hingewiesen, wie fatal die Ethik die Wirksamkeit militärischer Taktiken behindert. Er gab den Fürsten den Rat, die Ethik einfach zu vergessen und gar nicht erst den Anschein erwecken zu wollen, «moralisch» zu sein. Aber sogar das ist ist eine Art «Ethik», wenn auch auf eine recht eigenartige Weise.

Ethik ist die praktische Wissenschaft davon, wie man seine Ziele als menschliches Wesen erreicht. Die Ethik eines Menschen wird daher von seiner Anthropologie und seiner Metaphysik abhängen. Hat er weder von Anthropologie noch von Metaphysik je etwas gehört, dann wird seine Ethik nur aus einer Sammlung von Schlagwörtern bestehen, die dazu herangezogen werden, den reinen Eigennutz zu rechtfertigen.

Die Ziele, welche die Ethik als eine praktische Wissenschaft klären muß, sind die spezifischen Ziele des Menschen als Mensch in der Fülle seiner Menschlichkeit und in all seiner persönlichen Freiheit und Verantwortlichkeit. Die Wissenschaft der Ethik lehrt uns daher nicht allein, wie wir all das bekommen können, was wir wollen, ohne mit dem Zivil- und dem Strafrecht in Konflikt zu geraten, sondern so zu leben, daß unsere Handlungen uns menschlicher machen und uns ermöglichen, uns selbst in vollem Umfang als freie Menschen zu erfahren. Im Hinblick auf diesen Zweck untersucht die Ethik Verhaltensnormen, die uns in die Lage versetzen sollen, unsere grundlegende menschliche Aufgabe in realistischer Weise zu erfüllen. Moralische Normen müssen zuallererst konkret und objektiv sein. Sie lassen sich im Menschen selbst entdecken, und vor allem in seinen Beziehungen zu anderen Menschen. Es zeigt sich, daß sie beständig und universell sind, obwohl sie in vielen Fällen Ausnahmen und Einschränkungen erlauben. Eine Ausbildung in Ethik bedeutet daher nicht nur das Studium dieser Normen, sondern auch die Entwicklung eines persönlichen und reifen Gewissens, das bei der Anwendung moralischer Normen auf die problematischen Situationen des Lebens zu einer praktischen Urteilsbildung fähig ist. Obwohl das moralische Gesetz im Abstrakten vollkommen eindeutig sein kann, wird seine konkrete Anwendung in schwierigen Fällen immer voller Risiken sein, weil wir niemals ganz sichergehen können, daß wir den Gegenstand unserer Entscheidung, seinen wirklichen Zweck und alle Umstände, die damit verbunden sind, ganz verstehen. Daher verlangt ethisches Verhalten (besonnenes Verhalten) nach dem Rat anderer, die Kenntnisse und Erfahrungen bezüglich des Problems besitzen, mit dem wir zu tun haben. Und doch wird es auch dann noch immer Fälle geben, in denen ein Mensch sich letztlich in der Einsamkeit seines eigenen Gewissens entscheiden muß, wobei er niemals völlig sicher sein kann, daß er wirklich ganz versteht, was er tut. In einem solchen Fall impliziert ethisches Verhalten etwas, das jenseits der Ethik liegt – Gebet, Glauben und Gottvertrauen. Ethik ist also nicht einfach ein Satz Regeln, nach denen man gesellschaftliche Spiele zu spielen lernt, sondern sie zielt auf die vollständige Entwicklung der menschlichen Person. Man muß daher nicht nur die objektiven Verhaltensregeln kennen, sondern zusätzlich eine Art intuitives Gefühl dafür erwerben, wie sie unter den jeweils gegebenen Umständen in die Praxis umzusetzen sind. Hier vermischt sich die Ethik mit der Lebenskunst und wird im Grunde genommen zur Erziehung zur menschlichen Liebe.

Wir müssen natürlich darauf hinweisen, daß reine Ethik in Form von Moralphilosophie ihre Grenzen hat. Sie muß durch eine höhere Wissenschaft vervollständigt werden, die andere und geheimnisvollere Normen wahrnimmt. Diese sind dem Menschen von Gott offenbart worden und erwachsen aus der tiefen, persönlichen Beziehung des Menschen zu Gott in seligmachender Gnade, durch die der Mensch auf seine wahre und vollkommene Bestimmung ausgerichtet wird: auf seine letztendliche Erfüllung als Mensch in der Liebe zu Gott und seinen Mitmenschen in Gott. Das ist die Wissenschaft der Moraltheologie und der mystischen Theologie.

Die Ethik gerät zum Teil vielleicht deshalb so leicht in Mißkredit, weil Moralphilosophen in ihrem Menschenbild zu absolut und zu wenig realistisch waren. Ein zwanghafter Kult von abstrakten Normen und lebensfremder Pflicht kann die Wissenschaft der Ethik und das ethische Verhalten auf eine Willensübung beschränken, die von jeglicher anderer menschlicher Erwägung und allen sonstigen Werten getrennt wird. Der Mensch wird sich dann selbst entfremdet und ist gezwungen, wie Bonhoeffer sagte, «im grellen und ermüdenden Licht unaufhörlicher Bewußtheit» zu leben. Dies deutet in Wirklichkeit auf ein Versagen des wahren ethischen Gefühls hin, nämlich der intuitiven Wertschätzung der menschlichen Werte, die die Ethik bewahren soll.

Je abstrakter und idealistischer ein ethisches System ist, desto mehr wird es in seinen Regeln dazu neigen, das Leben zu entwerten und abzulehnen und an seine Stelle einen Kult moralischer Mythen und Abstraktionen zu setzen, die keine Beziehung zum wahren Ziel menschlicher Entwicklung haben. Solche ethischen Systeme können leicht derart pervers werden, daß sie, anstatt dem Menschen zu helfen, seine Freiheit in authentischer Liebe wirklich zu finden und zu entwickeln, ihn davon überzeugen, daß seine höchsten Werte in einer Ablehnung seiner selbst und der Liebe zu suchen sind. Dies führt zu einer Moral von Selbsthaß, von Groll, Frustration, Gemeinheit und Mißmut. Eine solche Moral ist nichts weiter als eine Verherrlichung des Todeswunsches und reiner Haß auf das Leben.

Die zwanghafte Ablehnung des konkreten Selbst mit seinen natürlichen Bedürfnissen und Forderungen wird gewöhnlich im Namen eines idealen Selbst ausgesprochen, das man sich unerreichbar tugendhaft und rein vorstellt und das in Wirklichkeit gar nie verwirklicht werden kann. Und doch hält man hartnäckig an dem Versuch fest und führt bei der Jagd nach diesem Ideal ein unerträgliches und selbstzerstörerisches Leben. Wenn ethische Systeme auf diese Weise ihren eigenen Zweck verraten, dann sind diejenigen, die sie vertreten, selbst für die Tatsache verantwortlich, daß die Moral abgewertet wird und für jüngere Generationen jegliche Bedeutung verliert. Sie müssen ihre Erfüllung dann außerhalb jenes verödeten Bereiches ertasten, der im Lichtkegel dieser grellen und unmenschlichen Moral liegt.

Krieg

Da wir in einer Welt leben, in der ständig Krieg herrscht, und in einer Zeit, in der jeder Krieg zum totalen Krieg geworden ist, brauchen wir kaum eine Erklärung, was Krieg ist. Und doch sind wir so an Krieg gewöhnt, daß wir vergessen, was er in Wahrheit ist. Wenn wir nicht so leicht vergessen würden, wären wir nicht so schnell bereit, uns auf neue Kriege einzulassen.

Die Tatsache über den Krieg, die heute am meisten ins Auge sticht, ist, daß zwar jedermann behauptet, ihn zu hassen, und daß alle einstimmig der Ansicht sind, Krieg sei das größte einzelne Übel, dem wir ausgeliefert sind, daß es aber trotzdem auffallend wenig Widerstand dagegen gibt, außer von seiten kleiner Minderheiten, die gerade aufgrund ihres Protestes als exzentrisch abgetan werden. Die schreckliche Wahrheit ist, daß die Menschheit zwar den Krieg fürchtet und ihn zu vermeiden sucht, daß diese Furcht aber irrational und wirkungslos ist. Sie kann nichts ausrichten gegen jenen tiefsitzenden *unbewußten Hang zur Gewalt*, der eines der geheimnisvollsten Merkmale des Menschen zu sein scheint, nicht nur in seinem individuellen, sondern auch in seinem kollektiven und gesellschaftlichen Leben. Der Krieg verkörpert ein Laster, das die Menschheit gern ablegen würde, ohne das sie aber nicht auskommen kann. Der Mensch ist wie ein Alkoholiker, der weiß, daß das Trinken ihn zerstören wird, der aber trotzdem stets einen Anlaß zum Trinken findet. So ist es auch mit dem Krieg. Und der beste, offenkundigste, unanfechtbarste Grund für den Krieg ist natürlich der «Frieden». Das Motiv, mit dem heute Männer zum Kämpfen bewogen werden, ist, daß Krieg notwendig sei, um diejenigen zu zerstören, die unseren Frieden bedrohen! Schon allein daraus sollte klar zu erkennen sein, daß Krieg in Wahrheit vollkommen irrational ist und daß er sein gewalttätiges Ritual unter dem Absingen von komplettem Unsinn vollzieht. Doch die Menschen akzeptieren das nicht nur, sondern sie gehen sogar so weit, daß sie ihr Leben und ihre menschliche Würde opfern und die schlimmsten Greueltaten begehen, erfüllt von der Überzeugung, sie seien dabei edel, aufopferungsvoll und gerecht.

Man kann daraus nur den einen Schluß ziehen: der Mensch ist so süchtig nach Krieg, daß er mit seiner Sucht nicht fertig werden kann. Doch wenn er nicht lernt, sie zu meistern, wird diese Sucht sein Untergang sein.

Anstatt uns mit Abstraktionen aufzuhalten, wollen wir zunächst eine typische und konkrete Kriegshandlung näher betrachten: die Zerstörung von Dresden durch die Engländer und Amerikaner im Zweiten Weltkrieg.

Zuallererst sollte man sich in Erinnerung rufen, daß bei diesem Bombenangriff beträchtlich mehr Menschen getötet wurden als beim Atombombenabwurf über Hiroshima und Nagasaki. Bomberstaffel nach Bomberstaffel legte die wehrlose Stadt Dresden systematisch in Schutt und Asche, mit sogenannten konventionellen Waffen also – denen Kasuisten heute keinerlei besonderes Interesse mehr entgegenbringen.

Zum zweiten war Dresden nicht das, was man ein militärisches Ziel nennen könnte. Jedenfalls beachteten die Bomberpiloten die Industrieanlagen in der Stadt und ihrer Umgebung nicht weiter. Sie konzentrierten sich auf die Stadt selbst und die Wohngebiete. Dadurch erzielten sie das, was jemand als «Bonus» von besonders zahlreichen Opfern bezeichnete, denn in der Stadt wimmelte es von Flüchtlingen, die auf der Flucht vor der russischen Armee im Osten waren.

Drittens war die Bombardierung von Dresden nicht notwendig, und sie war vom militärischen Standpunkt aus noch nicht einmal besonders nützlich. Dresden wurde aus rein politischen Gründen zerbombt, die durch Argumente militärischer Zweckdienlichkeit zugedeckt wurden.

Dieser furchtbare und massive Akt der Zerstörung war also, um es in einem Wort zu sagen, nichts anderes als eine kalkulierte Greueltat, die allein um der Wirkung willen begangen wurde, die sie auf den russischen Verbündeten haben würde. Aber wie stets in solchen Fällen wurde sie zur unvermeidlichen Notwendigkeit rationalisiert.

Es liegt auf der Hand, daß jeder, der freiwillig an einem modernen Krieg teilnimmt, sich früher oder später zum Mitmachen bei Aktionen wie dieser verpflichtet sehen wird.

Aus diesem Grund hat Papst Johannes XXIII. in *Pacem in Terris* erklärt, daß Krieg nicht länger als eine rationale Methode bezeichnet werden könne, internationale Konflikte zu lösen (denn er löst offensichtlich ganz und gar nichts), und das Zweite Vatikanische Konzil rief alle Menschen unserer Zeit zu einer vollständigen Neubewertung des Krieges auf. Es geschah aus der Erkenntnis heraus, daß wir alle aufgerufen sein werden, über unsere kriegerischen Handlungen Rechenschaft abzulegen, und daß die Zukunft davon abhängen wird, welche Entscheidungen wir heute treffen (*Die pastorale Konstitution über die Kirche in der Welt von heute,* Nr. 80). Das Konzil fügte hinzu:

«Jede Kriegshandlung, die auf die Vernichtung ganzer Städte oder weiter Gebiete und ihrer Bevölkerung unterschiedslos abstellt, ist ein Verbrechen gegen Gott und die Menschen, das fest und entschieden zu verwerfen ist» *(ebd).*

«Der Rüstungswettlauf ist eine der schrecklichsten Wunden der Menschheit, er schädigt unerträglich die Armen. Wenn hier nicht Hilfe geschaffen wird, ist zu befürchten, daß er eines Tages all das tödliche Unheil bringt, wozu er schon jetzt die Mittel bereitstellt ... Die göttliche Vorsehung fordert dringend von uns, daß wir uns von der alten Knechtschaft des Krieges befreien ... Es ist also deutlich, daß wir mit all unseren Kräften jene Zeit vorbereiten müssen, in der auf der Basis einer Übereinkunft zwischen allen Nationen jeglicher Krieg absolut geächtet werden kann» (*ebd.,* Nr. 81, 82).

Was das Konzil gesagt hat, liegt natürlich für die Vernunft klar auf der Hand. Aber wir wiederholen, daß das Problem gerade darin besteht, daß Krieg nicht von der Vernunft gemacht, seine Durchführung nicht von der Vernunft geleitet wird. Appelliert man an die Vernunft, um den Krieg abzuschaffen, dann heißt das, daß dieser Appell keine ernstliche Wirkung auf diejenigen haben kann, die Krieg machen.

Obwohl sich der Krieg durch eine massive Pseudologik ganz eigener Art am Leben hält, ist er in Wirklichkeit nichts anderes als die völlige Aufhebung der Vernunft. Dies ist gleichzeitig seine Gefahr und die Quelle seiner ungeheuren Anziehungskraft. Der Krieg wird seiner Natur nach als «letzter Ausweg» betrachtet, bei dem die Menschen, nachdem alles vernünftige Reden versagt hat, zur Gewalt schreiten, um ihre Streitigkeiten aus der Welt zu schaffen. Das moralische Problem des Krieges beginnt aber nicht dort, wo die Menschen schließlich zur Gewalt geschritten sind. Das Problem an der Wurzel des Krieges ist *die heimliche Entschlossenheit, auf jeden Fall zur Gewalt zu schreiten,* sowie die mehr oder weniger bewußte Selbstblockierung bei jeder Demonstration von «Vernunft» zur Beilegung des Problems, das am Ende durch die Zerreißprobe der Gewalt gelöst werden soll. Die schreckliche Gefahr des Krieges ist also weniger, daß Gewalt angewendet wird, wenn die Vernunft versagt hat, sondern daß sich die Vernunft von vornherein unbewußt zurückhält (bei all den Trivialitäten politischen und militärischen Tauziehens), *damit sie versagen kann und damit das Zur-Gewalt-Schreiten «unvermeidlich» werden kann.*

Dieser teuflische psychologische Mechanismus hinter dem Krieg ist zugleich die Schuld aller und die Schuld von niemand. Die Individuen, welche die Entscheidungen treffen, sind davon überzeugt, daß sie ernsthaft und verantwortlich handeln, und tatsächlich können sie die Qual, die sie in ihrer schrecklichen Lage empfinden, überzeugend zur Schau stellen. Die Öffentlichkeit zollt ihrem Opfer Beifall und ruft nach Waffen und Munition. Und doch: Wenn Kriege von Historikern leidenschaftslos untersucht werden, kann man oft sehen, wie «unvermeidliche» Kriege recht leicht zu vermeiden gewesen wären. Wenn nur nicht ganze Nationen zum Kämpfen bereit gewesen wären, wenn nur nicht Weltreiche nach Blut und Rache gedürstet hätten, wenn nur die Befehlshaber nicht allzu begierig gewesen wären, einen Vorwand zu finden, um wieder eine Schlacht zu schlagen!

Das wahre Problem des Krieges liegt daher nicht in dieser oder jener besonderen Weise, in der Gewalt grob mißbraucht wird, sondern im Trieb zur Gewalt und zur Zuflucht zur Gewalt, der bei der menschlichen Rasse unausrottbar geworden ist. Ist das etwas, was der Mensch zu ändern lernen kann? Und wenn ja, wie fängt er es an? Was sollte er tun? Wo sollte er mit dem Erforschen dieses schrecklichen Problems beginnen? Wer kann das sagen?

Vielleicht ist unser erstes Problem, die Illusion loszuwerden, zu glauben, daß wir die Antwort wissen.

III

CHRISTLICHER HUMANISMUS

Christlicher Humanismus

Das Thema des christlichen Humanismus stellt sich dem heutigen Christen als Problem und als Versuchung zugleich. Als Problem, weil schon die bloße Möglichkeit eines authentischen christlichen Humanismus von einer säkularen Kultur in Frage gestellt wird, einer Kultur der Revolution, die erklärt, Religion sei eine gesellschaftliche Mystifikation, die die menschliche Größe des Menschen beschneide, seine Kreativität hemme und seinen Reifungsprozeß verzögere. Und darin steckt auch die Versuchung: eine simple Antwort zu geben, die aus dem christlichen Humanismus und der christlichen Kultur der Vergangenheit abgeleitet werden kann.

Jeder, der die tausend Jahre christlicher Kultur zwischen der Epoche der Kirchenväter und der Renaissance ernsthaft studiert hat, weiß sehr wohl, daß sie vor Leben, geistiger Gesundheit, Freude und schöpferischer Kraft überschäumte. Nur diejenigen, die noch immer an den Klischees des neunzehnten Jahrhunderts festhalten, können das Mittelalter noch als eine Zeit ununterbrochener Finsternis betrachten.

Es kann keinen Zweifel daran geben, nicht einmal in den Köpfen derjenigen, die das Christentum attackieren, daß die Kultur der mittelalterlichen Christenheit und der Humanismus der christlichen und der europäischen Renaissance entscheidende Schritte in der Entwicklung des Menschen darstellen. Diese Kultur ist verantwortlich für die Prägung unserer gegenwärtigen Welt – mit all ihrem Glanz und all ihren Mängeln. Aber eine oberflächliche Zuflucht zur Vergangenheit kann sehr fragwürdig und unaufrichtig sein.

Wieso fragwürdig? Nicht aufgrund des Paradoxes, daß der «christliche Humanismus» die Welt gleichzeitig ablehnte und bejahte. Dies ist in der Tat ein merkwürdiges und sehr komplexes kulturelles Phänomen, das im übrigen aber alle großen spirituellen Religionen auf die eine oder andere Weise gemeinsam haben. Sogar im Buddhismus, dessen Weltverneinung viel radikaler ist als die des Christentums, findet man gleichzeitig eine subtile Bejahung des Lebens und der menschlichen Werte. Wer diese Religionen erforscht, weiß gut, daß die Gläubigen die Welt um so freier und reiner lieben konnten, sobald sie eine gewisse *Distanz* und *Freiheit* erworben und sich damit von der Welt befreit hatten. Dasselbe gilt auch für die christlichen Heiligen. Aber dies ist nicht die Fragwürdigkeit, die ich meine.

Aufgrund der historischen Komplexität und der Vielseitigkeit der christlichen Kultur ist es für den Apologeten des Christentums allzu einfach geworden, die Dinge beliebig für seine jeweiligen Ziele in Anspruch zu nehmen und auch eine eilfertige Erklärung für alles bereitzuhalten. Wissenschaft? Technik? Humanismus? Fortschritt? Evolution? Sogar Revolution? Man kann immer irgendeinen Christen vorweisen, der sich durch Hingabe an den einen oder anderen dieser Bereiche ausgezeichnet hat, und dann ohne weiteres Argumentieren daraus ableiten, daß *alle* Christen gerade im Begriff seien, ihm einstimmig beizupflichten.

Es genügt aber nicht, einen Heiligen für alles zu haben. Es reicht nicht, Thomas Morus als Beispiel für den christlichen Humanismus, den Laien, den Staatsmann, den Familienvater, den Gelehrten der Klassik und auch noch als Freund des Erasmus hervorzuheben (der selbst leider als weiterer humanistischer Heiliger nicht zur Verfügung steht, da er es aus mehreren unklaren Gründen nicht ganz geschafft hat). Und es genügt auch nicht, noch einmal die altbekannten Debatten über die Kultur der mittelalterlichen Mönche aufzuwärmen. Was hat es heute für einen Sinn, zu erklären, der heilige Gregor der Große habe zwar die *Grammatik* von Donatus nicht gemocht, sei auf seine Weise jedoch trotzdem ein begabter und kenntnisreicher Schriftsteller gewesen? Oder der heilige Hieronymus und der heilige Petrus Damiani hätten zwar heftig gegen die freien Künste gewettert, seien dessen ungeachtet jedoch auf dem Gebiet der Klassik hochgebildet gewesen? Es gibt bessere und eindeutigere Beispiele für christliche Offenheit gegenüber allen Arten profanen Wissens im Mittelalter – zum Beispiel die Schule von Chartres mit ihren dem Platonismus verpflichteten Gelehrten, die auch zutiefst von der Welt der Natur fasziniert waren. Oder die Schule von St. Viktor, die forderte: «Lerne alles; du wirst nichts überflüssig finden.» Und vor allen ist der heilige Thomas zu erwähnen mit seiner Offenheit gegenüber Aristoteles, der Kultur der Araber sowie den Forderungen der Vernunft, der Natur und des Menschen.

Allein, eine historische Verteidigung ist nicht schlüssig. Es ist bedauerlich, daß die Päpste der Renaissance und ihre Liebe zur Kunst keine völlig überzeugenden Argumente für einen christlichen Humanismus anzubieten hatten: Erinnern wir uns nur an die unglückselige Affäre um Galileo. Noch weiter zu gehen und zu erklären, der christliche Humanismus sei eine lebendige Kraft in der Welt von heute, und zwar einfach deshalb, weil diese Welt kulturell aus der Christenheit der Vergangenheit hervorgegangen ist, wäre tatsächlich äußerst fragwürdig. Vergessen wir nicht, daß gewisse Schriftsteller den boshaften Ausdruck «nachchristliche Welt» geprägt haben, um unser Zeitalter zu bezeichnen, in dem das moralische Klima von Rückständen ehemals christlicher Werte vergiftet wird, die längst pervertiert und abgelegt sind. Wir werden uns hier nicht damit aufhalten, über dieses provozierende Konzept zu diskutieren.

Unser Anliegen ist weniger, die angeblich erworbene und fest etablierte Herrlichkeit eines ewigen Humanismus zu feiern, der den Stempel klassischer Vernunft trägt und vom christlichen Glauben veredelt wird. Wir müssen uns vielmehr der viel beunruhigenderen Aufgabe stellen, zu erforschen, unter welchen Bedingungen Christen durch ihre Einstellung und ihr Handeln in der Welt von heute den Anspruch erheben können, wahrhaft am Aufbau eines neuen Humanismus mitzuwirken. Daher geht es nicht darum, eine

Antwort auf eine häufig wiederholte Frage zu geben, sondern darum, uns zu fragen, ob wir Christen überhaupt in der Lage sind, Fragen zu verstehen, die in ihrer Art vollkommen neu sind, und ob unser christlicher Glaube angemessene und originelle Lösungen anzubieten hat.

Die These des vorliegenden Artikels ist, daß das Christentum nicht nur ein Licht auf die typischsten und dringendsten Probleme der modernen Welt werfen kann, sondern daß es eine bestimmte Art von Licht gibt, das allein das Christentum darauf werfen kann. Aber dieses Licht leuchtet nicht ganz von selbst. Es wird für die Welt nicht immer in den offiziellen Verlautbarungen und Erklärungen der Kirche und ihrer Repräsentanten sichtbar. Aber es muß sich im schöpferischen Handeln der Christen selbst zeigen, wenn sie sich an der Lösung zeitgenössischer Probleme beteiligen, von der nicht weniger als die Zukunft des Menschen abhängt. Eines steht völlig außer Frage: In einer Zeit, in der der Fortschritt und vielleicht sogar das schiere Überleben der Menschheit von der Lösung bestimmter, schwerwiegender Probleme abhängt, die grundlegend ethischer sowie wirtschaftlicher und politischer Natur sind, kann und muß das Christentum einen Beitrag leisten, der auf dessen eigenen, einzigartigen und unersetzlichen Einsichten in den Wert des Menschen beruht, nicht nur in seine menschliche Natur, sondern in seine unveräußerliche Würde als freie Person. Der Weg zu diesen Einsichten aber ist nichts anderes als die erlösende Liebe.

Leider ist die wahre christliche Auffassung von der Liebe nicht selten in Mißkredit gebracht worden, indem sie ins Sentimentale verbogen oder auf die eine oder andere Weise formalisiert wurde. Eine aufrichtige, subjektive Bereitschaft, jeden Menschen zu lieben, befreit niemanden von tatkräftigem und opferbereitem sozialen Handeln, um den Unterdrückten die ihnen geraubten Rechte zurückzugeben und Arbeit für die Arbeitslosen zu schaffen, damit die Hungrigen zu essen haben und damit alle eine Chance erhalten, einen anständigen Lohn zu verdienen. Es war in der Vergangenheit bedauerlicherweise allzu leicht für den Menschen, der selbst gut ernährt war, zwar höchst lobenswerte Gefühle der Liebe für seinen Nachbarn zu hegen, gleichzeitig aber die Tatsache zu ignorieren, daß sein Bruder darum kämpfte, unlösbare und gewaltige Probleme zu bewältigen.

Reines Almosengeben ist nicht mehr ausreichend, besonders dann, wenn es nur eine Geste ist, die einen von allem weiteren und wirkungsvolleren sozialen Handeln zu entheben scheint. Nicht immer ist dabei wirkliche Unaufrichtigkeit im Spiel. Aber die «guten Werke», die den Bedürfnissen kleiner mittelalterlicher Gemeinden gerecht wurden, helfen in der enormen und weltweiten Krise, die heute die ganze Menschheit erfaßt hat, nicht mehr weiter, denn inzwischen wird die Weltbevölkerung nach Milliarden gezählt, und sie wird sich in vierzig, zwanzig und bald einmal fünfzehn Jahren verdoppeln. Angesichts dieser Lage müssen die Dimensionen christlicher Liebe ausgeweitet und auf ein universelles Niveau angehoben werden, damit sie der Größenordnung des menschlichen Problems entspricht, das gelöst werden muß. Die individuelle Geste, so löblich sie auch ist, wird nicht mehr genügen.

Das Zweite Vatikanische Konzil hat den evolutionären Charakter der modernen Welt klar erkannt. Es hat erkannt, daß man gar von einer «neuen Epoche der Menschheitsgeschichte sprechen darf. Somit öffnen sich neue Wege zur Entwicklung und weiteren Ausbreitung der Kultur durch das unerhörte Wachstum der Natur- und Geisteswissenschaften [und] die Ausweitung der Technik» (*Die pastorale Konstitution über die Kirche in der Welt von heute*, Nr. 54). Das Konzil fährt fort: «Immer größer wird die Zahl der Männer und Frauen jeder gesellschaftlichen Gruppe und Nation, die sich dessen bewußt sind, selbst Gestalter und Schöpfer der Kultur ihrer Gemeinschaft zu sein.» Und es kommt zu dem Schluß: «So sind wir Zeugen der Geburt eines neuen Humanismus, in dem der Mensch sich vor allem von der Verantwortung für seine Brüder und die Geschichte her versteht» (Nr. 55). Es ist offensichtlich, daß der christliche Humanismus jetzt eine neue Form annimmt, und ein Christ, der sich auf die mittelalterlichen Formen des christlichen Humanismus beruft, als stünden sie im Gegensatz zu den neuen, trägt unwillkürlich dazu bei, die Botschaft des Konzils verwirrend und doppeldeutig klingen zu lassen. Nichts darf die Verpflichtung des Christen verschleiern, *«zusam-*

men mit allen Menschen am Aufbau einer menschlicheren Welt mitzuarbeiten» (Nr. 57). Dies ist die ausdrückliche Lehre der katholischen Kirche von heute.

Es ist daher außerordentlich wichtig, die grundlegende Verwirrung zu beseitigen, die die christliche Kultur und das Weltbild der westlichen Gesellschaft vom Falle Roms bis zur Französischen Revolution einfach uneingeschränkt mit dem «Christentum» gleichsetzt. Dieses Weltbild war, wie wir gesehen haben, zwar auf seine Weise zutiefst humanistisch, aber es war dennoch gleichzeitig durch verschiedene Beschränkungen eingeengt. Seine Vertreter hatten die Neigung, den Menschen und das Universum als statische und ein für allemal gegebene Realitäten zu betrachten, die sich nicht wesentlich verändern: als Realitäten, die in ihrer unveränderlichen Natur verstanden und akzeptiert werden müssen. Die Dynamik der geschichtlichen Entwicklung wurde unterschätzt und jeder tiefgreifende soziale Wandel mit Argwohn und sogar mit unversöhnlicher Feindschaft betrachtet.

In diesem Milieu entwickelte sich eine bestimmte Theologie der Vorsehung, und diese Theologie müssen wir heute vielleicht überprüfen, um die Elemente daran, die lediglich die zeitgebundenen kulturellen und gesellschaftlichen Werte widerspiegeln, von denen zu unterscheiden, die wirklich von Gott geoffenbart sind. Muß man zum Beispiel wirklich annehmen, die ganze geschichtliche Entwicklung des Menschen folge einem starr vorherbestimmten Plan, der bereits in allen Einzelheiten festgelegt ist? Müssen wir annehmen, es sei die einzige Funktion der Freiheit des Menschen, zu entdecken und zu akzeptieren, was ihm von Gott von vornherein auferlegt wurde, ohne irgendeine Rücksicht auf seine eigenen schöpferischen Möglichkeiten? Erdrückt dieser vorherbestimmte Plan jegliche Initiative, so daß im Grunde genommen alle neuen und kreativen Ideen schon allein deswegen als rebellisch und irrig betrachtet werden müssen, weil sie neu sind?

Jeder, der die Propheten und das Neue Testament einigermaßen aufmerksam gelesen hat, erkennt als eines der grundlegendsten Merkmale des Christentums, daß es einerseits eine Religion der Liebe, andererseits aber gleichzeitig eine Religion dynamischer Veränderungen ist.

Wenn wir die wirkliche Bedeutung des ersten Wortes in der christlichen Erlösungsbotschaft, nämlich *metanoiete,* «kehret um», genau betrachten, sehen wir, daß es eine Aufforderung zu einer umfassenden Veränderung sowohl des Individuums als auch der Gesellschaft ist. Diese Veränderung hat nicht ein für allemal vor zweitausend Jahren stattgefunden. Die Aufforderung zur Verwandlung, zur kreativen Selbstverwirklichung des Menschen und zur Entwicklung im Geiste eines Kindes Gottes, das durch die Wahrheit frei werden soll, *ist eine Aufforderung zur permanenten Erneuerung des Lebens.* Die wahre Vorstellung einer christlichen Ordnung ist daher etwas viel Dynamischeres und Moderneres als die klassische hierarchische Pyramide mit Gott an der Spitze, dem Menschen auf halber Höhe und der Urmaterie unten – eine Ordnung, in der jeder seinen festgelegten Platz hat, der für ihn von Ewigkeit her vorbestimmt und festgelegt war, noch ehe er geboren wurde. In diesem Kontext ist der Aufruf zur Umkehr nichts anderes als eine Aufforderung, den einem zugemessenen Platz in der kosmischen Ordnung einzunehmen – mit einem Wort, eine eher geringfügige Anpassung vorzunehmen, die in vielen Fällen darauf hinausläuft, lediglich das zu akzeptieren, was man schon hat, und sich nicht dagegen aufzulehnen oder mehr zu verlangen. Eines der historischen Paradoxe, das von dieser Fixierung des christlichen Weltbildes an ein statisches Konzept herrührt, ist, daß die Wiederentdeckung und Betonung des dynamischen Aspektes des Christentums Denkern überlassen blieb, die außerhalb der christlichen Institutionen standen und diese scharf kritisierten.

Tatsächlich kann man feststellen, daß die Kritik, die Feuerbach und Marx am Christentum übten, verborgene christliche Elemente enthält, die ernst zu nehmen sind. Religion war für Marx in erster Linie ein Prozeß der Mystifikation und Entfremdung, in der der Mensch die Entfremdung von sich selbst akzeptiert, seine eigene Wirklichkeit aus sich heraus projiziert, sich arm macht und sich entmenschlicht, um ein Leben zu führen, das sich im wesentlichen in der Phantasie abspielt und dessen Mittelpunkt die abstrakte Idee von Gott ist. Gott befindet sich in einem fernen Himmel, in dem er eines Tages den Menschen belohnen wird. Dieses Phantasieleben der Religion mit seinen komplexen Überzeugungen und Vorschriften wird dann an die Stelle des wirklichen, produktiven, kreativen Lebens gesetzt, in dem der Mensch seine Welt selbst in die Hand nehmen müßte und in dem er, anstatt nur darüber nachzudenken und davon zu träumen, tatsächlich darangehen müßte, sie zu verändern und dabei auch sich selbst zu verändern. Nicht in der Konstruktion eines religiösen Systems von Ideologie und Verehrung, das sich zwischen ihn und die wirkliche Welt schiebt, kann der Mensch Wahrheit und Glück finden. Nein, sagt Marx, er müsse in eine direkte und konkrete Beziehung zu dieser Welt der Materie, mit seinem Bruder und mit sich selbst eintreten. Der Mensch mache sowohl sich selbst als auch seine Welt menschlicher, wenn er sich dafür einsetze, die Lebensbedingungen für alle Menschen auf der Welt zu verbessern. Daher hindern nach Marx religiöse Ideologien und Formen der Gottesverehrung den Menschen daran, er selbst zu werden, und folglich kann es so etwas wie religiösen Humanismus nicht geben. Der erste Schritt auf einen authentischen Humanismus zu müßte folglich in der Ablehnung der Religion bestehen.

Dies ist eine ungeheuer deutliche historische Kritik, und wenn die Christen nicht bereit sind, sich ihr zu stellen, hat es keinen Sinn mehr, heute noch weiter über christlichen Humanismus zu reden. Tatsächlich ist dieser Kritik jedoch unschwer entgegenzutreten. Zunächst einmal beruht sie auf einem tiefen, aber völlig einsehbaren Mißverständnis der wahren Essenz des Christentums. Marx folgte nicht allein Feuerbachs Kritik an Hegels im wesentlichen unchristlicher Theologie, sondern betrachtete auch die oberflächliche und dekadente Ausdrucksform des Christentums, die er im Deutschland des frühen neunzehnten Jahrhunderts um sich herum sah und die gründlicher zu studieren er sich keine Mühe gab, als «christlich». Ohne Frage kann, wer Pseudochristentum für wahres Christentum hält, mit der größten Leichtigkeit alle seine Ansprüche, humanistisch zu sein, verwerfen.

Man braucht jedoch nichts anderes zu tun, als an beliebiger Stelle das Neue Testament aufzuschlagen, und man wird fast augenblicklich auf eindeutige Beweise dafür stoßen, daß die Predigten Jesu und die Lehren der Apostel genau gegen das gerichtet waren, was wir als religiöse Entfremdung erkannt haben. Es ist überflüssig, hier zahlreiche Zitate anzuführen. Ein typisches Beispiel möge genügen: «Der Sabbat ist für den Menschen da, nicht der Mensch für den Sabbat» (Mk 2,27). Es evoziert den Kampf Jesu mit den Pharisäern um die Frage der Sabbateinhaltung. In jedem einzelnen Fall ist die Tatsache von allergrößter Bedeutung, daß Jesus, wenn er zum Beispiel am Sabbat Wunder wirkte, den Vorrang menschlicher Werte vor konventionell «religiösen» betont. In jedem Fall, bei dem es zwischen dem Wohl eines leidenden Menschen und den Forderungen des formalen und etablierten Legalismus zu wählen gilt, entscheidet Jesus zugunsten des Menschen und gegen die Forderungen der legalistischen Religion.

Es ist außerordentlich wichtig, zu sehen, daß dieses Thema in so klaren und eindeutigen Begriffen dargestellt werden kann. «Ein reiner und makelloser Dienst vor Gott, dem Vater, besteht darin: für Waisen und Witwen zu sorgen ...» (Jak 1,27). Durch das ganze Neue Testament hindurch finden wir den ausdrücklichen Gegensatz zwischen einer nur innerlichen Religiosität, die abstrakt, mental und intentional oder sogar eine reine Angelegenheit der Phantasie ist, und jener Liebe, die den Menschen mit seinem Bruder im Fleische und dadurch auch mit der Wahrheit in Gott vereint (Joh 13,34-35; 1Joh 4,7-11).

Wie erreicht der Mensch eine wirkliche Einheit der Liebe mit seinem Nächsten? Nicht allein durch die abstrakte Einigkeit über Wahrheiten, die das Ende aller Dinge und das Leben nach dem Tode betreffen, sondern durch eine realistische Zusammenarbeit bei der Mühsal des täglichen Lebens in der Welt der harten Tatsache, daß der Mensch arbeiten muß, um zu essen. Dies zeigt sich deutlich in den Briefen des heiligen Paulus an die Thessalonicher, bei denen ein bestimmter Typ von apokalyptischen Denkern dazu neigte, die Spekulationen der Pseudomystik an die Stelle der Alltagsaufgaben des Christen in seiner Welt zu setzen (1Thess 4,11; 2Thess 3,6-15). Wir sehen, daß Paulus hier gegen eine religiöse Entfremdung protestiert, die ein vergeistigtes Leben religiöser Gedanken an die Stelle eines praktischen christlichen Lebens der Liebe inmitten alltäglicher Realitäten setzt.

Die Tatsache, daß das Neue Testament eine theologische Grundlage für das praktische Leben der Liebe zwischen den Menschen schafft, trägt nicht dazu bei, diese Liebe zu schwächen, und macht sie ganz gewiß nicht abstrakt. Der Christ liebt, weil *Gott Liebe ist* und weil sich Gott in tätiger Liebe manifestiert, nicht nur in frommen Gedanken und Übungen. Tatsächlich will Gott nicht isoliert in einem fernen Himmel bleiben. Es war sein Wille, herabzusteigen und «seine Wohnstätte unter den Menschen aufzuschlagen», *um sich im Menschen zu zeigen.* Außerdem will er dies nur tun, wenn *der Mensch in Freiheit mit ihm zusammenarbeitet.* Es ist einer der grundlegendsten Gedanken des Christentums, daß die freie Entscheidung der Menschen, einander in Christus zu lieben, sie dazu befähigt, positiv und kreativ an der endgültigen Offenbarung Gottes auf Erden mitzuwirken (Joh 17,3-23).

Und eben dies ist das «neue Gebot», das den Kern des «Neuen Bundes» oder «Neuen Testamentes» bildet, nämlich die neue Beziehung zwischen Mensch und Gott, die den wesentlichen Grundgehalt der christlichen Lehre ausmacht. Die Botschaft des Evangeliums ist, daß die Menschen nicht länger die Knechte Gottes, nicht länger nur an komplexe rituelle Vorschriften und undurchschaubare Rechtsordnungen gebunden sind, die nur Experten in ihrem ganzen Ausmaß kennen. Die Menschen sind vielmehr frei von der Herrschaft abstrakter religiöser Systeme, die nur von Spezialisten verstanden werden können. Sie sind Kinder Gottes und untereinander Brüder und Schwestern, vereint in einer Gemeinschaft der Freiheit und Liebe, in dem ihr Gesetz Liebe ist und in dem sie geleitet werden vom Geist Gottes, der der Kirche und jedem ihrer Mitglieder einwohnt – dem Geist der Kindschaft, der Freiheit und der Liebe.

Die Briefe des heiligen Paulus, insbesondere diejenigen an die Römer und an die Galater, können und sollten als Abhandlungen gegen das gelesen werden, was wir religiöse Entfremdung nennen. Diese Schriften sind eindeutig Bestätigung der Menschen in ihrer vollen Freiheit als Kinder Gottes. Die ganze Bedeutung des Kreuzes liegt für Paulus darin, daß in Christus der Mensch für das Gesetz gestorben und zu einem neuen Leben der Freiheit von Sünde (d.h. Selbstsucht) auferstanden ist. In Christus erhielt der Mensch eine neue Identität als Kind Gottes im Geiste göttlicher Liebe. Er ist jetzt nicht mehr der elende, entfremdete Sklave, der in einer Welt von Aberglauben und angstvollen Gedanken eingesperrt ist. Er ist ein freier Mensch. Er ist jetzt wie Christus, der Sohn Gottes, geworden (Gal 2,19-20). Die Glaubensbotschaft, die Paulus verkündet, ist nicht einfach ein Katalog unverständlicher Antworten auf Fragen über die jenseitige Welt und das Leben nach dem Tod: Was von den Christen vor allem gefordert wird, ist der Glaube, daß es für sie möglich ist, Kinder Gottes in Christus zu sein. Sie müssen klar verstehen, daß sie nicht ein altes Ritualgesetz befolgen müssen, um Gott zu gefallen (Gal 3,1-3). Das Herz des wahren christlichen Humanismus in seiner vollen theologischen Dimension ist in der offenbarten Lehre der Inkarnation zu suchen, in der Gotteskindschaft des Menschen in Christus und der Gabe des Heiligen Geistes als dem Prinzip göttlichen Lebens und göttlicher Liebe im Menschen. Die Kirche ist Mitte und Brennpunkt dieses von der Inkarnation getragenen und erlösenden Humanismus, denn sie ist der Ort, an dem Christus wohnt, und die verwandelnde Kraft des Heiligen Geistes macht die Menschen zu Kindern Gottes.

Wir müssen vor allem die zentrale Bedeutung der *Vergebung* als Herzstück des christlichen Humanismus begreifen. Das Christentum ist nicht einfach ein religiöses System, mit dem versucht wird, das Böse zu *erklären;* es ist vielmehr ein Leben dynamischer Liebe, das Böses *vergibt* und durch die Vergebung der Liebe ermöglicht, Böses in Gutes zu verwandeln. *Die Dynamik christlicher Liebe ist eine Dynamik der Vergebung,* und das wirkliche Geheimnis des christlichen Humanismus besteht darin, daß er die göttliche Macht hat, den Menschen im tiefsten Grund seines Wesens von einem elenden, versklavten und verwirrten Geschöpf in ein freies Kind Gottes zu verwandeln. Diese göttliche Verwandlungskraft ist die Vergebung, ist christliches Erbarmen. Wo diese erbarmende Liebe fehlt, kann es keinen Anspruch mehr auf authentisches Christentum geben (1Kor 13,1-3).

«WENN ICH IN DEN SPRACHEN DER MENSCHEN UND ENGEL REDETE, HÄTTE ABER DIE LIEBE NICHT, WÄRE ICH DRÖHNENDES ERZ ODER EINE LÄRMENDE PAUKE. UND WENN ICH PROPHETISCH REDEN KÖNNTE UND ALLE GEHEIMNISSE WÜSSTE UND ALLE ERKENNTNIS HÄTTE; WENN ICH ALLE GLAUBENSKRAFT

BESÄSSE UND BERGE DAMIT VERSETZEN KÖNNTE, HÄTTE ABER DIE LIEBE NICHT, WÄRE ICH NICHTS. UND WENN ICH MEINE GANZE HABE VERSCHENKTE, UND WENN ICH MEINEN LEIB DEM FEUER ÜBERGÄBE, HÄTTE ABER DIE LIEBE NICHT, NÜTZTE ES MIR NICHTS.»

Die ganze Bedeutung der christlichen Lehre liegt gerade darin, daß der Mensch durch seine neue Beziehung zu Gott *nicht* von sich selbst entfremdet wird, sondern daß im Gegenteil alles, was Gott gehört, in Christus unser wird. Wir entdecken unser wahres Selbst in der Liebe. Noch konkreter ausgedrückt: Alles, was Gottes ist, ist auch unser, *vorausgesetzt, wir lieben.* An dieser Stelle kommen wir zum zentralen Punkt, der Frage nach der *Liebe.*

Das Schlüsselproblem des Humanismus ist die Frage nach jener echten Liebe, die den Menschen mit dem Menschen verbindet, nicht einfach in einer symbiotischen und halbbewußten Beziehung, sondern von Person zu Person, in der authentischen Freiheit eines gegenseitigen Geschenkes. Und damit kommen wir zur Frage des Narzißmus, die eng verwandt, ja sogar untrennbar verbunden ist mit der Entfremdung. Auch der entfremdete Mensch ist narzißtisch, weil seine Liebe regressiv, unentwickelt, infantil ist. Es wäre interessant, an dieser Stelle die möglichen Analogien zwischen diesem modernen psychologischen Begriff und der traditionellen christlichen Vorstellung von Sünde, besonders von der Erbsünde, zu erforschen. Beide haben vieles gemeinsam. Die narzißtische Persönlichkeit konzentriert sich auf die Bestätigung ihrer selbst und ihrer eigenen, begrenzten Bedürfnisse und Wünsche. Sie betrachtet andere Dinge und Personen nur insoweit als real, als sie mit ihren eigenen selbstsüchtigen Wünschen in Verbindung gebracht werden können.

Psychologie und Anthropologie lehren uns heute, daß primitive Formen von Religion, insbesondere diejenigen, die reichlich Gebrauch von magischen Ritualen machen, tendenziell mit narzißtischem Denken in Verbindung zu bringen seien. Aber wir dürfen nun nicht die ganze Schuld den primitiven Völkern zuschieben. Der Narzißmus bleibt ein Problem enormer Tragweite auch heute, sogar besonders heute in unserer hochentwickelten, modernen, technischen Kultur, die von eigenen, verborgenen Formen des magischen Denkens, des Aberglaubens und des Ritualismus dicht durchsetzt ist. Unsere hochgezüchtete moderne Kultur hat Tabus und Zwänge, und sie führen zur Bildung von individuellen wie kollektiven Neurosen, die in den Köpfen der Menschen so oft an die Stelle der formalen Religion treten. Erich Fromm geht sogar so weit, zu behaupten, ein Großteil der modernen Gesellschaft und ihrer Attitüden könne zusammenfassend als hochgradig organisierter Narzißmus bezeichnet werden.

Das Fasziniertsein vom Selbst als einer zentralen und einzigartigen Realität, die in jeder Hinsicht befriedigt und versorgt werden muß, bildet die Wurzel aller götzendienerischen Formen von Religion. Der Narzißt projiziert sich spontan auf ein Idol, von dem er eine Befriedigung seiner Wünsche auf dem Wege der Magie, des Schmeichelns, der Manipulation oder der List erreichen zu können hofft. Das charakteristische Syndrom des narzißtischen Denkens endet im Eintauchen in magische und quasi-allmächtige Kontemplation des Idols, das die Projektion eines selbstsüchtigen und infantilen Bedürfnisses nach Liebe oder Macht ist.

Obwohl man den Narzißmus beim Aufbau der immensen Machtstrukturen industrieller und militärischer Staaten nutzbringend verwenden kann, ist er im wesentlichen antihumanistisch. Der Narzißmus steht der wahren Entwicklung der Liebesfähigkeit des Menschen feindlich gegenüber. Der Narzißmus entfremdet den Menschen und seine Gesellschaft und versklavt ihn an *Dinge* wie Geld, Maschinen, Konsumgüter, Luxusartikel, Mode und Pseudokultur. Die götzendienerische Mentalität des Narzißmus bringt einen geheuchelten Humanismus hervor, der den Menschen in zynischer Weise vergöttert, um ihn um seine menschliche Erfüllung zu bringen und ihn zum Sklaven der «Hetzjagd» nach Reichtümern, Vergnügen und Macht zu machen. Erich Fromm hat auf die tödliche Allianz zwischen der narzißtischen Mentalität der Massenmenschen und den destruktiven Tendenzen einer Gesellschaft hingewiesen, die sich durch die Aussicht auf einen Atomkrieg bereichert.

Man muß daran erinnern, daß kollektiver Narzißmus viel mächtiger und gefährlicher ist als der Narzißmus eines Individuums. Am Beispiel Deutschlands zur Zeit Hitlers können wir sehen, wie weit Menschen gehen, um die Erfüllung von Ritualen einer kollektiven Selbstverherrlichung bis an die äußerste Grenze zu treiben, wobei sie diese Selbstverherrlichung mitten in den himmelschreiendsten Ungerechtigkeiten und Verbrechen mit einem Gefühl der Rechtschaffenheit und einer selbstgefälligen Zufriedenheit erfüllt. Wir finden denselben Narzißmus in allen komplexen militärischen und technischen Machtstrukturen, mit denen sich Millionen von Menschen willig identifizieren und denen sie ohne Murren die gesamte moralische Verantwortung für die Zukunft des Menschen oder auch seine Zerstörung übergeben. Der faustische Narzißmus und die Selbstvergötzung des «nachchristlichen Menschen» (wenn mir der Ausdruck denn trotz ernsthafter Vorbehalte gestattet ist) ist daher die größte Bedrohung für jeden echten Humanismus in unserer modernen Welt. Er ist nicht nur eine Bedrohung für den Humanismus als theoretische Doktrin, sondern für den Menschen selbst, und zwar ganz konkret.

Wenn wir den narzißtischen und götzendienerischen Kult kollektiver Macht betrachten, fällt uns unter anderem unmittelbar ins Auge, daß er eine der stärksten Triebkräfte für die Entfremdung des Menschen von heute ist. Und wir stellen paradoxerweise auch fest, daß sich diese Kraft gelegentlich auf dieselben philosophischen Quellen berufen kann, aus denen einstmals gegen die Religion als Opium für das Volk protestiert wurde. Wir haben erlebt, daß die Mythologien der totalitären Gesellschaft (ob diktatorisch oder plutokratisch) tatsächlich ein viel stärkeres «Opium» sind als irgendeine der traditionellen Religionen. Man kann zum Beispiel mit gutem Recht ernsthafte Vorbehalte gegenüber dem «Humanismus» im sowjetischen Rußland der Stalin-Ära geltend machen.

Der Grund dafür ist unschwer zu finden. Ungeachtet der genialen gesellschaftlichen Diagnose, die Männer wie Marx und Feuerbach gestellt haben, und trotz des theoretischen Optimismus der Marxschen Eschatologie mit ihrer Hoffnung, daß sich der Mensch am Ende aus der Entfremdung befreien und sich selbst schaffen wird, indem er diese Welt humanisiert, müssen wir zugeben, daß diese Theorie schwerwiegende Mängel hat.

Wie die Hegelsche Eschatologie, von der sie abstammen, sind die meisten modernen säkularen Theorien des Humanismus mit dem Menschen als Abstraktum befaßt, mit der *Menschheit*. Es ist ein abstrakter Mensch, der eines Tages der Welt das Absolute offenbaren wird, das sich seiner selbst bewußt geworden ist (Hegel). Es ist nicht die freie und konkrete menschliche Person, ein Mensch aus Fleisch und Blut, sondern eben die Menschheit im allgemeinen, eine kollektive Ganzheit, in der sich die latente Göttlichkeit manifestieren wird, die die Hegelianer ihr zuschreiben. Und auch nach Marx ist es wiederum ein abstrakter Mensch, der wissenschaftliche und objektive Mensch, der eines Tages sich und die Welt humanisieren wird. Marx hatte wenig Geduld mit den Ansprüchen der fehlbaren menschlichen Person, und er hatte nicht das allergeringste Interesse an Werten wie Liebe, Mitgefühl, Erbarmen und Glück. Daher werden die abstrakten und wissenschaftlichen Doktrinen des modernen Humanismus leicht zu einem Mittel reduziert, das die individuelle Person einem Abstraktum Mensch unterordnet. Und wie Gabriel Marcel aufgezeigt hat, schwebt diese grenzenlose, schreckliche Abstraktheit über dem Abgrund Massengesellschaft und bringt daraus die antihumanistische und unverantwortliche Monstrosität, den Massenmenschen, hervor.

Dies erklärt teilweise, warum moderne, säkulare Theorien des Humanismus so schön und optimistisch und in der Praxis so ungeheuer gnadenlos und unmenschlich sind. Sie sind so abstrakt, daß sie leicht zu narzißtischen und götzendienerischen Interpretationen mißbraucht werden können. Es ist tatsächlich nur zu leicht, den Menschen abstrakt als narzißtisches Idol für eine konkrete Selbstverherrlichung zu behandeln. Und es ist daher auch leicht, selbstgefällig eine abstrakte Menschheit als götzendienerische Projektion des Selbst zu lieben, während man gleichzeitig seinen konkreten Mitmenschen haßt und gnadenlos verfolgt. Tatsächlich verlangt der unversöhnliche Charakter des Narzißmus einen Sündenbock als «Erklärung» allen Übels, der die Last des Übels auf seinen Rücken nehmen kann. Der Sündenbock muß per definitionem mit *absoluter Gnadenlosigkeit* behandelt werden, denn er trägt das gesamte Übel der Welt – er ist die Quelle allen Übels. Gnadenlosigkeit ist dann nicht nur erlaubt, sie wird geradezu zu einer heiligen Pflicht. Wir können diese Gnadenlosigkeit in jeder Form des

Totalitarismus, jeder Form von extremem Fanatismus am Werk sehen. Ganz gleich, wie weit die theoretischen Lehren auseinanderliegen mögen, die Praxis aller fällt in diesem Punkt zusammen: die Liebe zu einem abstrakten Gut und Ideal wird dazu benützt, den gnadenlosen Haß auf eine bestimmte Gruppe von Menschen im Konkreten zu rechtfertigen.

Daraus können wir schließen, daß die Hoffnungen der modernen säkularen und revolutionären Eschatologie in Wirklichkeit nichts zum Aufbau eines neuen Humanismus beitragen können, solange die Behauptung aufrechterhalten wird, ihre Ziele könnten durch die rein objektive Anwendung von Wissenschaft erreicht werden, ohne jede Rücksicht auf menschliche Werte, wie sie in den Menschen aus Fleisch und Blut verkörpert sind. Keine andere Theorie des Humanismus hat den Respekt für den Menschen in seiner persönlichen und existentiellen Wirklichkeit im selben Ausmaß bewahrt wie der christliche Humanismus. Den Kern des christlichen Humanismus bildet der Gedanke, daß Gott Liebe ist, nicht unendliche Macht. Da er Liebe ist, hat sich Gott rückhaltlos dem Menschen gegeben, so daß Er Mensch geworden ist. Von da an wird aufgrund der Inkarnation die Liebe, die auch das unendlich kreative Geheimnis Gottes in seinem verborgenen Mysterium ist, durch den Menschen in der Welt des Menschen erkennbar und wirksam.

Es ist der Mensch in Christus, der die Sendung hat, sich nicht allein menschlich zu machen, sondern durch das Geschenk des Geistes der Liebe göttlich zu werden. Dies ist nicht nur ein abstraktes oder kontemplatives Verfahren. Die Liebe wird an ihrer Tatkraft und ihrer Verwandlungskraft gemessen. Das Christentum lehrt den Menschen nicht, ein inneres Ideal göttlicher Gelassenheit und stoischer Ruhe zu erreichen, indem er sich von materiellen Dingen distanziert. Es lehrt ihn, sich seinem Bruder und seiner Welt in einem Dienst der Liebe hinzugeben, durch den Gott seine Schöpferkraft mittels der Menschen auf Erden manifestieren kann. Diese ewige Sprache des Christentums ist nicht an irgendein begrenztes historisches Weltbild gebunden. Sie ist zeitlos und weist über die Geschichte hinaus. Daher hat sie unerschöpfliche Reserven kreativer und verwandelnder Energie, die moderne Philosophien beleben und in eine neue Richtung lenken kann, wie sie einst die Philosophien von Plato und Aristoteles verwandelt und erhöht hat. Wir können uns in unseren Tagen eine Vorstellung davon machen, wenn wir zum Beispiel das geniale Denken von Teilhard de Chardin betrachten.

Der Mensch steckt mitten in der größten Revolution, die die Welt je gesehen hat. Diese Revolution ist nicht allein politischer, sondern auch wissenschaftlicher, technischer, wirtschaftlicher, demographischer, kultureller und spiritueller Art. Sie betrifft alle Aspekte des menschlichen Lebens. Diese Revolution in allen ihren Aspekten ist etwas, das nicht aufgehalten werden kann. Die große Frage ist, ob sie auch Zwecken zugeführt werden kann, die mit der authentischen Würde und Bestimmung des Menschen vereinbar sind. Die Wissenschaft allein, die Politik allein, die Wirtschaft allein können dies nicht vollbringen. Noch weniger kann das Ziel durch die Macht von Nuklearwaffen oder Guerillaverbänden von Sozialrevolutionären erreicht werden. Es muß ein volles und bewußtes Zusammenwirken aller Hilfsmittel des Menschen, nämlich des Wissens, der Technik und der Macht erreicht werden. Aber die einzige Hoffnung auf ihre erfolgreiche Koordinierung bleibt die tiefste und am stärksten vereinigende Einsicht, die dem Menschen geschenkt wurde: die christliche Offenbarung der Einheit aller Menschen in der Liebe Gottes und Seines Einzigen Sohnes, Jesus Christus.

Christlicher Humanismus im nuklearen Zeitalter

Der vom Zweiten Vatikanischen Konzil vertretene Humanismus war so personalistisch, daß «Die pastorale Konstitution über die Kirche in der Welt von heute ‹gaudium et spes›» mit gutem Recht den Titel «Die menschliche Person in der Welt von heute» hätte tragen können. Die Lehre der Konstitution konzentriert sich auf zwei Dinge: Wert und Würde der menschlichen Person in ihrer Beziehung zu anderen Menschen und zu Gott sowie die Einheit der Menschheitsfamilie, die aus der Gesamtheit dieser menschlichen Personen besteht. Die Bedeutung sowohl der menschlichen Person als auch der ganzen Menschheitsfamilie wird im Lichte der Inkarnation betrachtet. «Tatsächlich klärt sich nur im Geheimnis des fleischgewordenen Wortes das Geheimnis des Menschen wahrhaft auf» (Nr. 22). Es ist Christus, der der menschlichen Person ihre Gottähnlichkeit und ihre göttliche Freiheit zurückgibt, und in Christus allein kann die Menschheitsfamilie den Frieden und die Einheit erreichen, zu denen sie von Gott aufgerufen ist. Das Konzil fügt hinzu: «Das gilt nicht nur für die Christgläubigen, sondern für alle Menschen guten Willens, in deren Herzen die Gnade unsichtbar wirkt» (Nr. 22).

Die Kirche identifiziert sich nicht mit irgendeinem politischen oder wirtschaftlichen System, sie ist jedoch dem gemeinsamen Wohl aller Menschen sowie den Rechten und der Würde der menschlichen Person verpflichtet. Daher wird sie in ihren Beziehungen zu anderen Institutionen und bei ihrem Umgang mit den Menschen selbst vor allem danach streben, jede Initiative in der Politik, der Kultur, der Wirtschaft und den internationalen Beziehungen zu fördern, die das größere Wohl der lebendigen menschlichen Person gewährleisten und gleichzeitig der Menschheitsfamilie dazu verhelfen wird, vereint und in Frieden zu leben. «Die Kirche, die in keiner Weise ... mit der politischen Gemeinschaft verwechselt werden darf, noch auch an irgendein politisches System gebunden ist, ist zugleich Zeichen und Schutz der Transzendenz der menschlichen Person» (Nr. 76). Mit anderen Worten: Es liegt geradezu in der Natur der Kirche, eine freie Gesellschaft von Menschen zu sein, die nicht nur durch bloße Bande von Interessen und Bedürfnissen, sondern durch Liebe und Gnade vereint sind, und dadurch ist sie ein Zeichen der transzendenten Freiheit der menschlichen Person in Christus und gleichzeitig eine Garantie dieser Freiheit. Denn die Kirche ist der Ort der Begegnung des Menschen mit Christus und mit seinem Mitmenschen im Geist und in der *agape*, der Ort der göttlichen Versöhnung.

Wenn wir die Konstitution durchgehen, finden wir fast auf jeder Seite eine neue Bestätigung der geistigen Würde der Person sowie die damit einhergehende Bestätigung, daß die Person ihren vollen Ausdruck nur im gemeinschaftlichen und mitmenschlichen Leben mit anderen erhält.

Die Person ist in Begriffen der Freiheit und daher auch in Begriffen der Verantwortung definiert: Verantwortung *gegenüber* anderen Personen, Verantwortung *für* andere Personen. Um es konkret auszudrücken: Der Christ ist nicht nur jemand, der die Ausweitung und Entwicklung seiner eigenen Individualität und die Befriedigung seiner höchst legitimen natürlichen Bedürfnisse sucht, sondern jemand, der sich als für das Wohl der anderen, für die Erfüllung ihrer weltlichen Wünsche und letztlich für ihre Rettung in der Ewigkeit verantwortlich betrachtet. Daher bedeutet Reife für die christliche Person das Erlangen der Erkenntnis, daß jeder einzelne von uns tatsächlich «Hüter seines Bruders» ist und daß, wenn Menschen in Asien oder Afrika leiden und sterben, die Menschen in Europa und Amerika aufgerufen sind, sich selbst vor ihrem Gewissen zu prüfen und zu überlegen, ob etwa irgendeine

Entscheidung oder eine Nachlässigkeit ihrerseits an diesem Leiden und diesem Sterben mitschuldig war, das ansonsten so fremd und so fern erscheinen mag. Denn heute ist die ganze Welt so eng durch wirtschaftliche, kulturelle und gesellschaftliche Bande verknüpft, daß wir alle ein Stück weit für das verantwortlich sind, was mit den Menschen am anderen Ende der Welt geschieht. Der Mensch ist nicht mehr nur ein soziales Wesen im engeren Sinne. Seine soziale Natur überschreitet nationale und regionale Grenzen, und ob es uns gefällt oder nicht, so müssen wir doch in Begriffen einer Menschheitsfamilie, einer einzigen Welt denken.

«Zu den charakteristischen Aspekten der heutigen Welt gehört die Zunahme der gegenseitigen Verflechtung unter den Menschen, zu deren Entwicklung der heutige technische Fortschritt ungemein viel beiträgt. Doch das brüderliche Gespräch der Menschen findet seine Vollendung nicht in diesen Fortschritten, sondern grundlegender in jener Gemeinschaft von Personen, die eine gegenseitige Achtung der allseits erfaßten geistigen Würde verlangt. Zur Förderung dieser Gemeinschaft der Personen bietet die christliche Offenbarung eine große Hilfe; gleichzeitig führt sie uns zu einem tieferen Verständnis der Gesetze des gesellschaftlichen Lebens, die der Schöpfer in die geistliche und sittliche Natur des Menschen eingeschrieben hat» (Nr. 23).

«Aus der immer engeren und allmählich die ganze Welt erfassenden gegenseitigen Abhängigkeit ergibt sich als Folge, daß das Gemeinwohl, d.h. die Gesamtheit jener Bedingungen des gesellschaftlichen Lebens, die sowohl den Gruppen als auch deren einzelnen Gliedern ein volleres und leichteres Erreichen der eigenen Vollendung ermöglichen, heute mehr und mehr einen weltweiten Umfang annimmt und deshalb auch Rechte und Pflichten in sich begreift, die die ganze Menschheit betreffen. Jede Gruppe muß den Bedürfnissen und berechtigten Ansprüchen anderer Gruppen, ja dem Gemeinwohl der ganzen Menschheitsfamilie Rechnung tragen» (Nr. 26).

Die Verantwortung der christlichen Person, wie wir sie hier skizziert sehen, ist nicht lediglich auf ein Reich der Innerlichkeit und der reinen Absichten beschränkt. Sie ist nicht einfach eine Angelegenheit stiller Nächstenliebe und des guten Willens. Sie muß auch im Kontext des sozialen Handelns, des politischen Lebens, der Arbeit und all der praktischen Entscheidungen zur Geltung kommen, die unsere Beziehungen mit anderen in der Familie, der Stadt, der Nation und der Welt betreffen. Die volle Entwicklung der christlichen Person ist also mehr als eine Frage individueller psychologischer und spiritueller Anpassung oder sogar asketischer Vervollkommnung. Weil der Mensch ein Kind Gottes ist, geschaffen als Bild und Gleichnis Gottes, kann er seine wahre Reife und Erfüllung nicht außerhalb einer Beziehung der Liebe zu seinen Mitmenschen finden. Die Versöhnung mit seinem Nächsten in Gnade und *agape* ist der Beziehung der Liebe zwischen den göttlichen Personen innerhalb der Dreifaltigkeit analog. Hier liegt der Schlüssel zum Verständnis christlichen sozialen Handelns.

«Ja, wenn der Herr Jesus zum Vater betet, ‹daß alle eins seien . . . wie auch wir eins sind› (Joh 17, 20-22), und damit Horizonte aufreißt, die der menschlichen Vernunft unerreichbar sind, legt er eine gewisse Ähnlichkeit nahe zwischen der Einheit der göttlichen Personen und der Einheit der Kinder Gottes in der Wahrheit und der Liebe. Dieser Vergleich macht offenbar, daß der Mensch, der auf Erden die einzige von Gott um ihrer selbst willen gewollte Kreatur ist, sich selbst nur durch die aufrichtige Hingabe seiner selbst vollkommen finden kann» (Nr. 24).

«Aus der gesellschaftlichen Natur des Menschen geht hervor, daß der Fortschritt der menschlichen Person und das Wachsen der Gesellschaft als solcher sich gegenseitig bedingen. Wurzelgrund nämlich, Träger und Ziel aller gesellschaftlichen Institutionen ist und muß auch sein die menschliche Person, die ja von ihrem Wesen selbst her des gesellschaftlichen Lebens durchaus bedarf. Da also das gesellschaftliche Leben für den Menschen nicht etwas äußerlich Hinzukommendes ist, wächst der Mensch nach allen seinen Anlagen und kann seiner Berufung entsprechen durch Begegnung mit anderen, durch gegenseitige Dienstbarkeit und durch den Dialog mit den Brüdern» (Nr. 25).

Der Fortschritt der Person und der Fortschritt der Gesellschaft gehen somit Hand in Hand. Unsere moderne Welt kann Frieden und wirklich gerechte gesellschaftliche Ordnung nicht einfach dadurch erreichen, daß wir Gesetze anwenden, die sozusagen von außerhalb auf den Menschen einwirken. Die Verwandlung der Gesellschaft beginnt innerhalb der Person. Sie beginnt mit der Reifung und der Erweiterung der persönlichen Freiheit in Beziehung zu anderen Freiheiten – in Beziehung zur übrigen Gesellschaft. Das christliche «Geben», das von uns gefordert ist, ist eine volle und einsichtige Teilnahme am Leben unserer Welt, nicht nur im Einklang mit den Naturgesetzen, sondern auch in der Gemeinschaft und Versöhnung der zwischenmenschlichen Liebe. Dies schließt die Fähigkeit ein, für andere als Person offen zu sein, für andere all das zu wünschen, von dem wir wissen, daß es für uns selbst notwendig ist, all das, was für die volle Entfaltung und auch für das weltliche Glück einer umfassenden persönlichen Existenz erforderlich ist.

«Gleichzeitig wächst auch das Bewußtsein der erhabenen Würde, die der menschlichen Person zukommt, da sie die ganze Dingwelt überragt und Träger allgemeingültiger sowie unverletzlicher Rechte und Pflichten ist. Es muß also alles dem Menschen zugänglich gemacht werden, was er für ein wirklich menschliches Leben braucht, wie Nahrung, Kleidung und Wohnung, sodann das Recht auf eine freie Wahl des Lebensstandes und auf Familiengründung, auf Erziehung, Arbeit, guten Ruf, Ehre und auf geziemende Information; ferner das Recht zum Handeln nach der rechten Norm seines Gewissens, das Recht auf Schutz seiner privaten Sphäre und auf die rechte Freiheit auch in religiösen Dingen.

Die gesellschaftliche Ordnung und ihre Entwicklung müssen sich dauernd am Wohl der Person orientieren; denn die Ordnung der Dinge muß der Ordnung der Personen dienstbar werden und nicht umgekehrt. So deutete der Herr selbst es an, als er sagte, der Sabbat sei um des Menschen willen da, nicht der Mensch um des Sabbats willen» (Nr. 26).

Mit dieser Begründung besteht das Konzil darauf, Christen müßten für eine genuine Reform und Verbesserung gesellschaftlicher Institutionen und der Gesellschaft selbst arbeiten. Christliche Nächstenliebe kann sich nicht mit einem Stand der Dinge zufriedengeben, in dem der Mensch fortwährend bedroht, eingeengt und seiner wahren Fähigkeit beraubt wird, sich als ganze Person zu entwickeln.

Eine solche gesellschaftliche Ordnung verlangt nach ständiger Verbesserung. Sie muß auf der Wahrheit gegründet, auf Gerechtigkeit gebaut und von der Liebe beseelt werden. In Freiheit sollte sie jeden Tag auf einen menschlicheren Ausgleich hinwachsen. Eine Verbesserung in der Einstellung und zahlreiche Veränderungen in der Gesellschaft werden stattfinden müssen, wenn diese Ziele erreicht werden sollen.

Das Konzil läßt keinen Zweifel darüber offen, daß die Pflicht der christlichen Teilnahme am Leben der modernen Welt weiter geht als einfach dahin, politische Ereignisse zu diskutieren und zur rechten Zeit zu wählen (was natürlich auch wichtig ist). Der Christ kann nicht umfassend der sein, der er in der modernen Welt sein sollte, solange er nicht in irgendeiner Weise daran interessiert ist, *eine bessere Gesellschaft aufzubauen,* die frei von Krieg, rassischer und sozialer Ungerechtigkeit, Armut und Diskriminierung ist. Es ist nicht länger möglich, dieser Verpflichtung dadurch auszuweichen, daß man sich auf jenseitsgerichtete Bestrebungen und fromme Innerlichkeit zurückzieht, unbekümmert um menschliche und geschichtliche Probleme. Ganz im Gegenteil ist die eschatologische christliche Hoffnung untrennbar mit einer der Inkarnation gemäßen Anteilnahme am Lebenskampf der Menschen von heute verbunden.

«Die Christen müssen auf der Pilgerschaft zur himmlischen Vaterstadt suchen und sinnen, was oben ist: dadurch wird jedoch die Bedeutung ihrer Aufgabe, zusammen mit allen Menschen am Aufbau einer menschlicheren Welt mitzuarbeiten, nicht vermindert, sondern gemehrt. In der Tat bietet ihnen das Mysterium des christlichen Glaubens wirksame Antriebe und Hilfen, jene Aufgabe mit größerer Hingabe zu erfüllen und vor allem den vollen Sinn solchen Tuns zu entdecken, so daß die menschliche Kulturbemühung innerhalb der ganzen und einen Berufung des Menschen einen hervorragenden Platz erhält.

Wenn nämlich der Mensch mit seiner Handarbeit oder mit Hilfe der Technik die Erde bebaut, damit sie Frucht bringe und eine würdige Wohnstätte für die gesamte menschliche Familie werde, und bewußt seinen Anteil nimmt an der Gestaltung des Lebens der gesellschaftlichen Gruppen, dann führt er den schon am Anfang der Zeiten kundgemachten Auftrag Gottes aus, sich die Erde untertan zu machen und die Schöpfung zu vollenden, und entfaltet er sich selbst; zugleich befolgt er das große Gebot Christi, sich in den Dienst seiner Brüder zu stellen» (Nr. 57).

Der richtige Gebrauch von wissenschaftlichen Mitteln für die Verbesserung des gesellschaftlichen Lebens der Menschen wird vom Konzil als untrennbar erachtet von der christlichen Aufgabe, dem Evangelium den Weg zu bereiten. Deshalb wird die Wissenschaft nicht etwa mit Argwohn betrachtet, sondern insoweit willkommen geheißen, als sie entsprechende Mittel, christlicher Liebe Ausdruck zu verleihen, zur Verfügung stellen und den Weg zur Einheit der Menschheitsfamilie in Frieden und Versöhnung ebnen kann. Daher erkennt die Kirche die Werte der zeitgenössischen Kultur an.

«Unter diesen [positiven Werten] sind zu nennen: Die Pflege der Naturwissenschaften, unbedingte Sachlichkeit gegenüber der Wahrheit bei der wissenschaftlichen Forschung, die heute gegebene Unerläßlichkeit der Zusammenarbeit mehrerer in dafür organisierten Teams, der Geist der internationalen Solidarität, das immer wacher werdende Bewußtsein von der Verantwortung der Fachleute für den Dienst am Menschen und dessen Schutz, der Wille zur Verbesserung der menschlichen Lebensbedingungen aller, besonders jener, die die Verantwortung für sich selbst nicht übernehmen können oder kulturell zurückgeblieben sind. Das alles kann für die Aufnahme der Botschaft des Evangeliums in gewissem Sinne eine Vorbereitung bedeuten, die durch die göttliche Liebe von dem beseelt wird, der gekommen ist, die Welt zu retten» (Nr. 57).

In Anerkennung der Tatsache, daß die Kultur selbst das Werk des Menschen und das Instrument ist, durch das sich die Gesellschaft entwickelt sowie eine günstigere Atmosphäre für die Entwicklung jeder einzelnen Person schafft, erinnert das Konzil den Christen an seine Pflicht, für die Verbreitung der Bildung zu arbeiten, so daß kulturelle Vorteile allen ohne Unterschied zugänglich werden. Dann werden alle, die dazu bereit sind, auch fähig sein, sich an der Arbeit zu beteiligen und eine bessere Welt aufzubauen.

«Aus den genannten Gründen erinnert die Kirche alle daran, daß die Kultur auf die Gesamtentfaltung der menschlichen Person und auf das Wohl der Gemeinschaft sowie auf das der ganzen menschlichen Gesellschaft auszurichten ist. Darum muß der menschliche Geist so gebildet werden, daß die Fähigkeit des Staunens, der eigentlichen Wesenserkenntnis, der Kontemplation, der persönlichen Urteilsbildung und das religiöse, sittliche und gesellschaftliche Bewußtsein gefördert werden» (Nr. 59).

«Da jetzt die Möglichkeit gegeben ist, die meisten Menschen aus dem Elend der Unwissenheit zu befreien, ist es heute eine höchst zeitgemäße Pflicht, vor allem für die Christen, tatkräftig darauf hinzuarbeiten, daß in der Wirtschaft wie in der Politik, auf nationaler wie auf internationaler Ebene Grundentscheidungen getroffen werden, durch die das Recht aller auf menschliche und mitmenschliche Kultur auf der ganzen Welt anerkannt wird und zur Verwirklichung kommt, ein Recht, das entsprechend der Würde der menschlichen Person allen ohne Unterschied der Rasse, des Geschlechts, der Nation, der Religion oder der sozialen Stellung zukommt. Daher ist dafür Sorge zu tragen, daß die Kulturgüter in ausreichendem Maße allen zugänglich sind, vor allem jene, die die sogenannte Grundkultur ausmachen, damit nicht weiterhin ein großer Teil der Menschheit durch Analphabetismus und Mangel an verantwortlicher Eigeninitiative von einer wahrhaft menschlichen Mitarbeit am Gemeinwohl ausgeschlossen wird» (Nr. 60).

Überall in der Konstitution stoßen wir auf dieselbe nachdrückliche Betonung. Im wirtschaftlichen Bereich wird nicht die Produktion um des Profits und der Macht willen als wichtig erachtet, sondern das Wohl der Menschen und der ganzen Menschheitsfamilie. Dies verlangt Verwandlung und Reform des wirtschaftlichen Lebens, denn das Konzil stellt unverblümt fest, daß nicht daran zu glauben ist, irgendeines der großen wirtschaftlichen Systeme, die derzeit an der Macht sind, könne die Probleme der Menschheit lösen.

«Wie die andern Bereiche des gesellschaftlichen Lebens, so ist auch die heutige Wirtschaft geprägt durch die wachsende Herrschaft des Menschen über die Natur, durch die steigende Dichte und Gewichtigkeit der Beziehungen und wechselseitigen Abhängigkeit der Einzelnen, der Gruppen und der Völker sowie durch das immer häufigere Eingreifen der öffentlichen Gewalt. Zugleich haben die Fortschritte in der Produktionstechnik wie auch im Austausch von Gütern und Dienstleistungen die Wirtschaft in den Stand gesetzt, die gestiegenen Bedürfnisse der Menschheitsfamilie besser zu befriedigen.

Es fehlt aber auch nicht an Gründen zur Beunruhigung. Nicht wenige Menschen, namentlich in den wirtschaftlich fortgeschrittenen Ländern, sind von der Wirtschaft geradezu versklavt, so daß fast ihr ganzes persönliches und gesellschaftliches Leben von ausschließlich wirtschaftlichem Denken bestimmt ist, und dies ebenso in Ländern, die einer kollektivistischen Wirtschaftsweise zugetan sind, wie in anderen. Gerade zu der Zeit, da das Wachstum der Wirtschaft, vernünftig und human gelenkt und koordiniert, die sozialen Ungleichheiten mildern könnte, führt es allzuoft zu deren Verschärfung, hie und da sogar zur Verschlechterung der Lage der sozial Schwachen und zur Verachtung der Notleidenden. Während einer ungeheuren Masse immer noch das absolut Notwendige fehlt, leben einige – auch in zurückgebliebenen Ländern – in Üppigkeit und treiben Verschwendung. Nebeneinander bestehen Luxus und Elend. Einige wenige erfreuen sich weitestgehender Entscheidungsfreiheit, während viele fast jeder Möglichkeit ermangeln, initiativ und eigenverantwortlich zu handeln, und sich oft in Lebens- und Arbeitsbedingungen befinden, die des Menschen unwürdig sind.

Diese Gleichgewichtsstörungen werden von unseren Zeitgenossen mit um so wacherem Bewußtsein erlebt, als sie fest überzeugt sind, die gewaltigen technischen und ökonomischen Mittel, über die wir heute verfügen, machten es nicht nur möglich, sondern zur Pflicht, diesen unseligen Zustand zu überwinden. *Daher werden vielfältige institutionelle Reformen in der Wirtschaft wie auch eine allgemeine Umstellung der Gesinnung und Verhaltensweise gefordert*» (Nr. 63, Hervorhebung vom Autor).

Warum pocht die Kirche so sehr darauf? Weil für die Kirche

das Leben und das Glück der Menschen wichtiger sind als wirtschaftliche Produktion und Macht, von denen nur wenige etwas haben.

«Die fundamentale Zweckbestimmung dieses Produktionsprozesses besteht aber weder in der vermehrten Produktion als solcher noch in Erzielung von Gewinn oder Ausübung von Macht, sondern im Dienst am Menschen, und zwar am ganzen Menschen im Hinblick auf seine materiellen Bedürfnisse, aber ebenso auch auf das, was er für sein geistiges, sittliches, spirituelles und religiöses Leben benötigt. Das gilt ausdrücklich für alle Menschen und für jeden einzelnen, für jede Gruppe, für Menschen jeder Rasse und jedes Erdteils. Daraus folgt: Alle wirtschaftliche Tätigkeit ist – nach den ihr arteigenen Verfahrensweisen und Gesetzmäßigkeiten – immer im Rahmen der sittlichen Ordnung so auszuüben, daß das verwirklicht wird, was Gott mit den Menschen vorhat» (Nr. 64).

Darüber hinaus wird festgestellt, daß die wirtschaftliche Entwicklung nicht dem wohltätigen Wirken der wirtschaftlichen Gesetze überlassen bleiben kann und Verbesserungen nur durch menschliche Entscheidungen herbeigeführt werden können.

«Das Wachstum ist weder ausschließlich dem Automatismus des Tuns und Lassens der einzelnen Wirtschaftssubjekte noch ausschließlich dem Machtgebot der öffentlichen Gewalt zu überantworten. Sowohl die Lehren, die unter Berufung auf eine mißverstandene Freiheit notwendigen Reformen den Weg verlegen, als auch solche, die um einer kollektivistischen Organisation des Produktionsprozesses willen grundlegende Rechte der Einzelpersonen und der Gruppen hintansetzen, sind daher gleicherweise als irrig abzulehnen» (Nr. 65).

In diesen Erklärungen wird deutlich, wie offen das Konzil die Meinung vertritt, daß der Fortschritt auf eine friedliche Welt hin in Wahrheit oft von trügerischen Ideologien behindert wird, die Anspruch erheben, die Garantie menschlicher Werte und menschlichen Fortschritts zu verkörpern. Das Konzil ist weniger darum besorgt, die Ideologien zu verbessern, als vielmehr darum, die Lebensbedingungen der Menschen zu verbessern. Aber jenen Ideologien, die den Menschen in Wirklichkeit in einem Zustand der Knechtschaft halten, während sie gleichzeitig den Anspruch erheben, ihm die beste aller möglichen Welten zur Verfügung zu stellen, muß man nachweisen, daß sie von absurden inneren Widersprüchen erfüllt sind, deren größter in der Behauptung besteht, daß die Völker, um der Welt Frieden zu bringen, jederzeit zu einem Vernichtungskrieg ungeheuren Ausmaßes gerüstet sein müßten.

Wenden wir uns wieder konkreten sozialen Problemen zu. Es ist unbestritten, daß die Arbeitsbedingungen so beschaffen sein müssen, daß der arbeitende Mensch nicht menschenunwürdig behandelt oder auf ein Niveau reduziert wird, auf dem er nicht mehr als Person betrachtet wird.

«Da der Wirtschaftsprozeß im allgemeinen auf Arbeitsvereinigung beruht, ist es unbillig und menschenunwürdig, ihn so zu gestalten und zu lenken, daß irgendwelche Arbeitenden zu Schaden kommen. Nicht selten geschieht es aber auch heute noch, daß die Werktätigen geradezu Sklaven ihres eigenen Werkes werden. Das aber läßt sich auf keinen Fall durch sogenannte Gesetzmäßigkeiten des wirtschaftlichen Lebens rechtfertigen. Der ganze Vollzug werteschaffender Arbeit ist daher auf die Bedürfnisse der menschlichen Person und ihrer Lebensverhältnisse auszurichten, insbesondere auf die Bedürfnisse des häuslichen Lebens, dies namentlich bei den Familienmüttern, unter ständiger Rücksichtnahme auf Geschlecht und Alter. Überdies sollte der arbeitende Mensch in seiner Arbeit selbst Gelegenheit haben zur Entwicklung seiner Anlagen und Entfaltung seiner Personwerte. Alle aber, die ihre Zeit und Kraft mit gebührendem Verantwortungsbewußtsein der Arbeit widmen, sollten auch über ausreichende Ruhezeiten und Muße verfügen für das Leben mit ihren Familien, für ihr kulturelles, gesellschaftliches und religiöses Leben. Ja, sie sollten auch die Möglichkeit haben, gerade diejenigen Anlagen und Fähigkeiten frei zu entwickeln, zu deren Entfaltung ihre berufliche Tätigkeit vielleicht nur wenig Gelegenheit bietet» (Nr. 67).

Wenn das Recht auf Privateigentum in der Konstitution noch einmal von der Kirche bestätigt wird, so geschieht dies eindeutig im Kontext des Personalismus, wobei hinzugefügt werden muß, daß diese Bestätigung eine gewisse notwendige Überführung ins

Gemeineigentum in einigen Wirtschaftsbereichen nicht ausschließt (vgl. Nr. 71).

«Eigentum und andere Formen privater Verfügung über äußere Güter tragen bei zur Selbstdarstellung der Person; überdies geben sie dem Menschen die Möglichkeit, seine Aufgabe in Gesellschaft und Wirtschaft zu erfüllen; darum liegt viel daran, den Zugang sowohl der Einzelnen als auch der Vergemeinschaftungen zu einem gewissen Maß von Verfügungsmacht über äußere Güter zu begünstigen.

Privateigentum oder ein gewisses Maß an Verfügungsmacht über äußere Güter vermitteln den unbedingt nötigen Raum für eigenverantwortliche Gestaltung des persönlichen Lebens jedes Einzelnen und seiner Familie; sie müssen als eine Art Verlängerung der menschlichen Freiheit betrachtet werden; auch spornen sie an zur Übernahme von Aufgaben und Verantwortung; damit zählen sie zu den Voraussetzungen staatsbürgerlicher Freiheit» (Nr. 71).

Dieses grundlegende Recht des Menschen auf Eigentum kann jedoch nicht dazu herangezogen werden, um den enormen Reichtum von Grundbesitzern in manchen unterentwickelten Ländern zu rechtfertigen:

«In manchen wirtschaftlich wenig entwickelten Ländern besteht großer, ja riesengroßer Landbesitz, der nur schwach genutzt oder gar in spekulativer Absicht völlig ungenützt liegengelassen wird, während die Mehrheit der Bevölkerung entweder überhaupt keinen Boden besitzt oder nur äußerst geringe landwirtschaftliche Nutzflächen in Bestellung hat, während auf der anderen Seite die Steigerung der landwirtschaftlichen Erträge unverkennbar dringlich ist. Nicht selten beziehen diejenigen, die von den Eigentümern als Arbeitskräfte gedungen werden oder Teile von deren Besitz als Pächter bewirtschaften, nur einen menschenunwürdigen Lohn oder Ertragsanteil, ermangeln angemessener Unterkunft und werden von Mittelspersonen ausgebeutet. Ohne jede Daseinssicherung leben sie in einer Dienstbarkeit, die ihnen nahezu jede Möglichkeit raubt, aus eigenem Antrieb und in eigener Verantwortung etwas zu unternehmen, ihnen jeden kulturellen Fortschritt und jede Beteiligung am gesellschaftlichen und politischen Leben versagt.

Hier sind Reformen geboten mit dem Ziel, je nach Lage des Falles die Bezüge zu erhöhen, die Arbeitsbedingungen zu verbessern, das Beschäftigungsverhältnis zu sichern, Anreiz zu eigener Unternehmungslust zu bieten, schließlich auch die nicht hinreichend genutzten Besitzungen aufzuteilen unter diejenigen, die imstande sind, diese Flächen ertragbringend zu machen. In letzterem Falle müssen die nötigen Sachmittel und Hilfseinrichtungen beigestellt werden, insbesondere Ausbildungsbeihilfe und organisatorischer Verbund echt genossenschaftlicher Art. Wo das Gemeinwohl die Entziehung des Eigentums erfordert, ist die Entschädigung nach Billigkeit zu bemessen unter Abwägung aller einschlägigen Gesichtspunkte» (Nr. 71).

Wir könnten damit fortfahren, ausgiebig aus der Konstitution zu zitieren, aber inzwischen ist klar, daß das Konzil auf jeder Seite die Rechte, die Würde, die Pflichten und die Probleme der menschlichen Person in der modernen, technisierten Gesellschaft bekräftigt. Wir sollten aber noch die wenigen Zeilen über das politische Leben hinzufügen, jene Stelle, in der zum Beispiel die Diktatur als unmenschlich verurteilt (Nr. 74) und das Recht, abweichender Meinung zu sein, allen zugestanden wird, einschließlich all derer, die mit den christlichen Prinzipien nicht einverstanden sind.

«Die Christen sollen in der politischen Gemeinschaft jene Berufung beachten, die ihnen ganz besonders eigen ist. Sie sollen beispielgebend dafür sein, insofern sie pflichtbewußt handeln und sich für das Gemeinwohl einsetzen. Sie sollen durch ihre Tat zeigen, wie sich Autorität mit Freiheit, persönliche Initiative mit solidarischer Verbundenheit zum gemeinsamen Ganzen, gebotene Einheit mit fruchtbarer Vielfalt verbinden lassen. Berechtigte Meinungsverschiedenheiten in Fragen der Ordnung irdischer Dinge sollen sie anerkennen, und die anderen, die als Einzelne oder kollektiv solche Meinungen anständig vertreten, sollen sie achten» (Nr. 75).

Vaterlandsliebe wird gebilligt, Chauvinismus nicht. Der Christ wird daran erinnert, daß seine Bindung in erster Linie der ganzen Menschheitsfamilie gilt und daß er sich nicht auf christliche Prinzipien berufen darf, um einen Patriotismus zu rechtfertigen, der in der Tat gefährlich und schädlich für das allgemeine Wohl der Menschheit ist.

«Die Staatsbürger sollen eine hochherzige und treue Vaterlandsliebe pflegen, freilich ohne geistige Enge, vielmehr so, daß sie dabei das Wohl der ganzen Menschheitsfamilie im Auge behalten, die ja durch die mannigfachen Bande zwischen den Rassen, Völkern und Nationen miteinander verbunden ist» (Nr. 75).

Diese Erklärung bringt uns zum entscheidend wichtigen Abschnitt der Konstitution über den modernen Krieg. Hier erklärt das Konzil eindeutig, daß ein verbohrter und engstirniger Chauvinismus in den internationalen Beziehungen für die ganze Menschheit katastrophal sein kann, da «die gesamte Menschheitsfamilie in einer entscheidenden Stunde ihrer Entwicklung zur Reife angelangt» ist (Nr. 77). Wir werden an unsere Verpflichtung erinnert, dem natürlichen Recht zu gehorchen, sowie daran, daß blinder Gehorsam gegenüber ziviler oder militärischer Autorität den Menschen niemals entschuldigt, der Verbrechen gegen die Natur begeht, um die Befehle und Programme eines Staates oder einer Partei auszuführen. Wer diese Art von Gehorsam verweigert, dem wird die höchste Anerkennung des Konzils zuteil.

«Diesen beklagenswerten Zustand der Menschheit vor Augen, möchte das Konzil vor allem an die bleibende Geltung des natürlichen Völkerrechts und seiner allgemeinen Prinzipien erinnern. Das Gewissen der gesamten Menschheit bekennt sich zu diesen Prinzipien mit wachsendem Nachdruck. Handlungen, die in bewußtem Widerspruch zu ihnen stehen, sind Verbrechen; ebenso Befehle, die solche Handlungen anordnen; auch die Berufung auf blinden Gehorsam kann den nicht entschuldigen, der sie ausführt. Zu diesen Handlungen muß man an erster Stelle rechnen: ein ganzes Volk, eine Nation oder eine völkische Minderheit aus welchem Grunde und mit welchen Mitteln auch immer auszurotten. Das sind furchtbare Verbrechen, die aufs schärfste zu verurteilen sind. Höchste Anerkennung verdient dagegen die Haltung derer, die sich solchen Befehlen furchtlos und offen widersetzen» (Nr. 79).

Alle Christen werden beschworen, sich für den Frieden einzusetzen und mit Instanzen und Regierungsvertretern zusammenzuarbeiten, die versuchen, eine friedliche Beilegung internationaler Streitigkeiten zu erzielen, den Rüstungswettlauf zu beenden und sich auf eine zukünftige internationale Ordnung vorzubereiten, in der der Krieg unter Acht und Bann sein wird. Natürlich wird es auch dann noch Konflikte geben, aber sie sollten begrenzt bleiben, und wenn möglich sollten internationale Autoritäten wirksam dafür sorgen, daß sie nicht in unkontrollierte Gewaltausbrüche umschlagen.

«Für den Kriegsfall bestehen verschiedene internationale Konventionen, von einer recht großen Anzahl von Ländern mit dem Ziel unterzeichnet, die Unmenschlichkeit von Kriegshandlungen und -folgen zu mindern, etwa die Konventionen zum Schutz der Verwundeten und Kriegsgefangenen und verschiedene ähnliche Abmachungen. Diese Verträge müssen gehalten werden. Außerdem müssen alle, insbesondere die Regierungen und die Sachverständigen, alles tun, um diese Abmachungen nach Möglichkeit zu verbessern und dadurch die Unmenschlichkeiten des Krieges besser und wirksamer einzudämmen» (Nr. 79).

Das Konzil leugnet nicht das legitime Recht einer Nation auf Selbstverteidigung, besonders in Fällen, in denen keine starke internationale Ordnungsmacht existiert, um den Krieg zu verhindern. Aber das Konzil verweigerte es, dem Wunsch einiger Bischöfe stattzugeben und das Horten von Atomwaffen als Abschreckungsmittel zu *billigen.* Wenn diese Frage auch nicht im Sinne einer klaren Verurteilung der nuklearen Abschreckung entschieden wurde, hält das Konzil (das massive und wahllose Zerstörung allerdings durchaus verurteilt) immerhin fest, daß Abschreckung niemals einen «sicheren und authentischen Frieden» gewährleisten könne.

Das Konzil hält klar daran fest, daß Macht und Gewalt niemals eine feste Basis für den Frieden sein können, aber es findet darüber hinaus noch ein Wort besonderer Anerkennung für diejenigen, die nach gewaltlosen Wegen der Konfliktlösung suchen.

«Vom gleichen Geist bewegt, können wir denen unsere Anerkennung nicht versagen, die bei der Wahrung ihrer Rechte darauf verzichten, Gewalt anzuwenden, sich vielmehr auf Verteidigungsmittel beschränken, so wie sie auch den Schwächeren zur Verfügung stehen, vorausgesetzt, daß dies ohne Verletzung der Rechte und Pflichten anderer oder der Gemeinschaft möglich ist.

Insofern die Menschen Sünder sind, droht ihnen die Gefahr des Krieges, und sie wird ihnen drohen bis zur Ankunft Christi. Soweit aber die Menschen sich in Liebe vereinen und so die Sünde überwinden, überwinden sie auch die Gewaltsamkeit, bis sich einmal die Worte erfüllen: ‹Zu Pflügen schmieden sie ihre Schwerter um, zu Winzermessern ihre Lanzen. Kein Volk zückt mehr gegen das andere das Schwert. Das Kriegshandwerk gibt es nicht mehr.› (Jes 2,4)»(Nr. 78).

Es versteht sich von selbst, daß sich die Gewaltlosigkeit, die die Konstitution empfiehlt, auf echte Gewaltlosigkeit als einer höchst ernsthaften Form spiritueller und politischer Disziplin bezieht: auf die Gewaltlosigkeit, die Gandhi praktizierte und zur Vollendung brachte und die auch von Martin Luther King und den schwarzen Bürgerrechtskämpfern im Süden der Vereinigten Staaten diszipliniert und wirkungsvoll eingesetzt wurde. Nicht alles, was in den Massenmedien als «Gewaltlosigkeit» propagiert wird, entspricht dem Standard, den die Lehre Gandhis verlangt. Die Billigung des Konzils erstreckt sich nicht auf Formen des Protestes, die reiner *Ersatz für Gewalt* sind und die häufig Elemente psychischer und emotionaler Gewalt enthalten, die mit wahrer Gewaltlosigkeit unvereinbar sind. Solche Proteste werden von Gandhi als «die Gewaltlosigkeit der Schwachen» abgetan, das heißt, als einfache Notbehelfe, zu denen Leute greifen, die wissen, daß Gewalt sinnlos wäre, und die ihren Haß, ihren Zorn und ihre Verachtung auf irgendeine andere Weise ausdrücken wollen. Wahre Gewaltlosigkeit verlangt nicht nur Selbstbeherrschung, ehrliche Hingabe an das allgemeine Wohl, einschließlich das des Gegners, sondern, nach Gandhi, auch den Glauben an Gott.

Aber in jedem Fall hat der Christ, ob er sich der Disziplin des gewaltlosen Widerstandes gegen die Gewalt unterzieht oder nicht, eine klare Verpflichtung, entsprechend dem Maß seiner Fähigkeiten für den Weltfrieden zu arbeiten. Dadurch arbeitet er mit Christus, dem Friedensfürsten, zusammen und erfüllt die Forderungen des Evangeliums.

«Darum möchte das Konzil den wahren und hohen Begriff des

Friedens klarlegen, die Unmenschlichkeit des Krieges verurteilen und mit allem Ernst einen Aufruf an alle Christen richten, mit Hilfe Christi, in dem der Friede gründet, mit allen Menschen zusammenzuarbeiten, um untereinander in Gerechtigkeit und Liebe den Frieden zu festigen und all das bereitzustellen, was dem Frieden dient. Der Friede besteht nicht darin, daß kein Krieg ist; er läßt sich auch nicht bloß durch das Gleichgewicht entgegengesetzter Kräfte sichern; er entspringt ferner nicht dem Machtgebot eines Starken ... Er ist die Frucht der Ordnung, die ihr göttlicher Gründer selbst in die menschliche Gesellschaft eingestiftet hat und die von den Menschen durch stetes Streben nach immer vollkommenerer Gerechtigkeit verwirklicht werden muß. Zwar wird das Gemeinwohl des Menschengeschlechts grundlegend vom ewigen Gesetz Gottes bestimmt, aber in seinen konkreten Anforderungen unterliegt es dem ständigen Wandel der Zeiten; darum ist der Friede niemals endgültiger Besitz, sondern immer wieder neu zu erfüllende Aufgabe. Da zudem der menschliche Wille schwankend und von der Sünde verwundet ist, verlangt die Sorge um den Frieden, daß jeder dauernd seine Leidenschaft beherrscht und daß die rechtmäßige Obrigkeit wachsam ist.

Dies alles genügt noch nicht. Dieser Friede kann auf Erden nicht erreicht werden ohne Sicherheit für das Wohl der Person und ohne daß die Menschen frei und vertrauensvoll die Reichtümer ihres Geistes und Herzens miteinander teilen. Der feste Wille, andere Menschen und Völker und ihre Würde zu achten, gepaart mit einsatzbereiter und tätiger Brüderlichkeit – das sind unerläßliche Voraussetzungen für den Aufbau des Friedens. So ist der Friede auch die Frucht der Liebe, die über das hinausgeht, was die Gerechtigkeit zu leisten vermag» (Nr. 77-78).

Auch die Frage der Kriegsdienstverweigerung aus Gewissensgründen wurde im Konzil diskutiert, und für das Schema (Entwurf für ein Konzilsdokument, A.d.Ü.) wurde eine sehr nachdrückliche Bestätigung des religiösen und evangelientreuen Charakters der Kriegsdienstverweigerung vorgelegt. Es ist in der abschließenden Version zwar nicht enthalten, aber die Konstitution billigt die Kriegsdienstverweigerung immerhin, indem sie ausdrücklich Gesetze empfiehlt, die den Problemen von Kriegsdienstverweigerern Rechnung tragen sollten. Das Konzil unterscheidet zwischen Kriegsdienstverweigerung aus Gewissensgründen und negativem, anarchistischem Protest durch den Vorschlag, Kriegsdienstverweigerer sollten der Gesellschaft einen alternativen, friedlichen Dienst anbieten.

«Ferner scheint es angebracht, daß Gesetze für die in humaner Weise Vorsorge treffen, die aus Gewissensgründen den Wehrdienst verweigern, vorausgesetzt, daß sie zu einer anderen Form des Dienstes an der menschlichen Gemeinschaft bereit sind» (Nr. 79).

All dies ist vor dem Hintergrund zu sehen, daß der totale Krieg vom Konzil in der deutlichsten und unmißverständlichsten Sprache verurteilt wird.

«Mit der Fortentwicklung wissenschaftlicher Waffen wachsen der Schrecken und die Verwerflichkeit des Krieges ins Unermeßliche. Die Anwendung solcher Waffen im Krieg vermag ungeheure und unkontrollierbare Zerstörungen auszulösen, die die Grenzen einer gerechten Verteidigung weit überschreiten. Ja wenn man alle Mittel, die sich schon in den Waffenlagern der Großmächte befinden, voll einsetzen würde, würde sich daraus eine fast totale gegenseitige Vernichtung des einen Gegners durch den anderen ergeben, abgesehen von den zahllosen Verwüstungen in der Welt, die dem Gebrauch solcher Waffen als verhängnisvolle Nachwirkungen folgen.

Deshalb macht sich diese Heilige Synode die Verurteilung des totalen Krieges, wie sie schon von den letzten Päpsten ausgesprochen wurde, zu eigen und erklärt:

Jede Kriegshandlung, die auf die Vernichtung ganzer Städte oder weiter Gebiete und ihrer Bevölkerung unterschiedslos abstellt, ist ein Verbrechen gegen Gott und gegen den Menschen, das fest und entschieden zu verwerfen ist.

Die besondere Gefahr des modernen Krieges besteht darin, daß er sozusagen denen, die im Besitz neuerer wissenschaftlicher Waffen sind, die Gelegenheit schafft, solche Verbrechen zu begehen, und in einer Art unerbittlicher Verstrickung den Willen des Menschen zu den fürchterlichsten Entschlüssen treiben kann. Damit in Zukunft so etwas nie geschieht, beschwören die versammelten

Bischöfe des ganzen Erdkreises alle, insbesondere die Regierenden und die militärischen Befehlshaber, sich jederzeit der großen Verantwortung bewußt zu sein, die sie vor Gott und der ganzen Menschheit tragen» (Nr. 80).

Damit wird vor allem eine ganz neue Einstellung zum Krieg gefordert. Das Konzil bekräftigt nachdrücklich, daß alle Menschen die Verpflichtung zur Abschaffung des Krieges, die der ganzen Menschheit obliegt, ernst und persönlich nehmen müssen.

«All dies zwingt uns, die Frage des Krieges mit einer ganz neuen inneren Einstellung zu prüfen. Die Menschen unseres Zeitalters sollen wissen, daß sie über ihre kriegerischen Handlungen einmal schwere Rechenschaft abzulegen haben. Von ihren heutigen Entscheidungen hängt nämlich weitgehend der Lauf der Zukunft ab» (Nr. 80). Das Konzil weigerte sich zum Kummer einiger weniger Bischöfe, die gegenwärtige gefährliche und absurde Situation gutzuheißen, die in höchst bedenklicher Weise von der Abschreckung abhängt. Diese könne nicht als normal hingenommen werden. Sobald wie möglich müßten andere und sicherere Mittel gefunden werden, um den Krieg zu verhindern.

«Wie immer man auch zu dieser Methode der Abschreckung stehen mag – die Menschen sollten überzeugt sein, daß der Rüstungswettlauf, zu dem nicht wenige Nationen ihre Zuflucht nehmen, kein sicherer Weg ist, den Frieden zu sichern, und daß das daraus sich ergebende sogenannte Gleichgewicht kein sicherer und wirklicher Friede ist. Statt daß dieser die Ursachen des Krieges beseitigt, drohen diese dadurch sogar eher weiter zuzunehmen. Während man riesige Summen für die Herstellung immer neuer Waffen ausgibt, kann man nicht genügend Hilfsmittel bereitstellen zur Bekämpfung all des Elends in der heutigen Welt. Anstatt die Spannungen zwischen den Völkern wirklich und gründlich zu lösen, überträgt man sie noch auf andere Erdteile. Neue Wege, von einer inneren Wandlung aus beginnend, müssen gewählt werden, um dieses Ärgernis zu beseitigen, die Welt von der drückenden Angst zu befreien und ihr den wahren Frieden zu schenken.

Darum muß noch einmal erklärt werden: der Rüstungswettlauf ist eine der schrecklichsten Wunden der Menschheit, er schädigt unerträglich die Armen. Wenn hier nicht Hilfe geschaffen wird, ist zu befürchten, daß er eines Tages all das tödliche Unheil bringt, wozu er schon jetzt die Mittel bereitstellt» (Nr. 81).

Dieser kurze Blick auf «Die pastorale Konstitution über die Kirche in der Welt von heute» zeigt uns eine deutlich optimistische, positive und offene Einstellung zum modernen Menschen. Hier finden wir einen zutiefst traditionellen christlichen Humanismus, der willens und imstande ist, mit der modernen Wissenschaft und Technik zusammenzuarbeiten, um eine neue Welt für den Menschen aufzubauen. Eine neue Welt, in der die moderne Technik (wenn sie in den Dienst der wahren Interessen der Menschen gestellt wird) die Menschen befähigen wird, endlich in relativem Frieden zu leben, ein hohes Maß an irdischem Wohlergehen zu genießen und reichlich Muße zu haben, die sie zu großem Nutzen verwenden können, vorausgesetzt, sie wissen, wie. Aber die Kirche vertritt nicht die Ansicht, all dies werde automatisch zustande kommen, und die Konstitution sagt nicht, die Wissenschaft allein werde dieses neue Utopia wie durch Zauberei herbeiführen.

Und der Optimismus, dem die Konstitution Ausdruck gibt, impliziert auch nirgendwo eine naive Zufriedenheit mit unseren gegenwärtigen sozialen Verhältnissen. Weit davon entfernt, irgendeinem bestimmten gesellschaftlichen oder wirtschaftlichen System seinen Segen zu erteilen, gibt das Konzil deutlich zu verstehen, daß unsere gegenwärtigen gesellschaftlichen Institutionen machtlos sind, wenn es darum geht, unsere Krise beizulegen, sondern vielmehr sogar ein Stück weit dafür verantwortlich sind. Daher heißt es in der Konstitution ganz klar, wir könnten, wenn wir unsere gegenwärtige Richtung nicht ändern und wenn die Struktur unserer technischen Gesellschaft nicht radikal weiterentwickelt und verbessert wird, nicht damit rechnen, daß sich die Hoffnungen des Humanismus, ob christlich oder nicht, erfüllen. Ganz im Gegenteil haben die Verfasser der Konstitution, wenn auch ohne in Pessimismus zu verfallen, erkannt, daß wir uns derzeit in einer schweren Krise befinden, und sie sehen auch die Möglichkeit der Katastrophe voraus – eine Möglichkeit, die niemand, der bei klarem Verstand ist, ignorieren kann.

Das Universum als Epiphanie

VORBEMERKUNG DES AUTORS: Der folgende Aufsatz ist ein Versuch, in bejahender und verständnisvoller Weise einen vieldiskutierten Autor zu würdigen, dessen Werk sicherlich auch unklare Gedankengänge und Grenzen erkennen läßt. Dieser Essay beschäftigt sich mit den spirituellen Implikationen seiner wissenschaftlich-religiösen Mystik. Auf diesem Gebiet der praktischen Folgerungen ist das Denken Teilhard de Chardins weniger umstritten als in seinen wohlbekannten Thesen über die Evolution.

Der französische Jesuit und Naturwissenschaftler Pater Pierre Teilhard de Chardin ist seit seinem Tod im Jahre 1955 als Autor des bemerkenswerten und vieldiskutierten Buches *Der Mensch im Kosmos* (Le Phénomène humain) berühmt geworden. Der Jesuit und Paläontologe, der gleichzeitig mit der Objektivität eines Wissenschaftlers und der Glut eines Kontemplativen sprach, war vielleicht der erste katholische Denker, der erfolgreich das moderne, wissenschaftliche Weltbild in eine authentisch christliche und sogar mystische Lebensphilosophie eingliederte. Um das tun zu können, scheute er sich nicht, einen gemäßigten Evolutionismus anzunehmen, der nicht nur mit der Religion vereinbar ist, sondern der ohne sie sogar unverständlich bleibt. Es ist klar, daß Teilhard de Chardin ein zu großer und tiefgründiger Denker war, als daß er sich mit jener oberflächlichen Rationalisierung zufriedengegeben hätte, mit der so oft versucht wurde, «Wissenschaft und Religion zu versöhnen», und die jeweils lediglich zu lächerlichen Kompromissen führte. Gewiß hat Teilhard diesen Konflikt, wenn er für ihn überhaupt existierte, in seinem eigenen Denken vollkommen in einer höheren und kontemplativen Weisheit aufgelöst. Aber diese Weisheit, die Teilhard de Chardin in neuen und recht ungewöhnlichen Begriffen vortrug und die mit einer Einleitung von Sir Julian Huxley versehen war, mußte zwangsläufig einigen Mitgliedern der katholischen Hierarchie mißfallen, und sie wird bis heute nicht uneingeschränkt akzeptiert.

Der Mensch im Kosmos war Teilhard de Chardins letztes und reifstes Werk. Die Kontroverse, die sein Erscheinen auslöste, hatte möglicherweise mit der Veröffentlichung des viel früher erschienenen Buches *Das göttliche Milieu* (Le Milieu Divin) zu tun, das die, die sich damit beschäftigen, in die Lage versetzen wird, die zutiefst christlichen Grundlagen der wissenschaftlich-religiösen Synthese Teilhards zu würdigen. Mein Anliegen hier ist, das Werk *Das göttliche Milieu* als eigenständiges Buch, ganz für sich allein genommen, zu erörtern, während ich die detaillierte Untersuchung der Relationen zur tieferen und naturwissenschaftlicheren Vision der späten Jahre des Autors anderen überlassen möchte.

Dieses frühere Werk ist eine leidenschaftliche und erleuchtete Meditation über den Platz der geschaffenen Welt im spirituellen Leben. Es wurde 1926 geschrieben, als sich Teilhard de Chardin als Teilnehmer an einer wissenschaftlichen Expedition in China aufhielt. Es ist gewiß nicht im selben Maße strittig wie *Der Mensch im Kosmos*, doch ist es in seinen Gedankengängen hinreichend lebendig und unabhängig, um jene Gemüter zu beunruhigen, die schon den leisesten Anflug von Originalität als irgendwie «gefährlich» fürchten. Aber ich glaube, daß kein verantwortlicher Theologe, der sich die Mühe macht, die wahre Absicht des Autors herauszukristallisieren, irgend etwas darin finden wird, das er verurteilen könnte. Auf jeden Fall haben wir hier ein Werk, das einem ganz anderen Bereich angehört, nicht dem spekulativen also, sondern dem praktischen. Es wird sicherlich einen heilsamen Einfluß auf das Leben derer haben, die es mit Verstand lesen.

DAS PROBLEM DES CHRISTLICHEN HUMANISMUS

Niemand kann in Zweifel ziehen, daß bei den heftigen Angriffen, denen das Christentum in unserer Zeit ausgesetzt war und ist, nicht jeder, der Kritik übte, dies aus Bosheit oder Heimtücke tat, wie Christen manchmal zu glauben scheinen. Man hat mit allem Ernst in Frage gestellt, ob das christliche Bild vom Kosmos Einstein und die Erforschung des Weltraums überleben könne oder nicht – als ob ein «grenzenloser» und sich ausdehnender Komplex von Universen zu «groß» wäre, um einen Gott zuzulassen! Eine sonderbare Befürchtung, die den metaphysischen Begriff der Transzendenz gar nicht begreift! Gleichzeitig hat man in der qualvollen Verwirrung des modernen Lebens, in dem die Menschen ohne viel Erfolg in neuer Einsamkeit darum ringen, «zu sich selbst zu finden» und eine Gesellschaft aufzubauen, die ihren neugewonnenen Möglichkeiten entspricht, immer wieder gefragt, ob christliche moralische und spirituelle Anschauungen nicht in Wirklichkeit die wahre Entwicklung des Menschen behindern und sogar vereiteln. Sperrt das Christentum den Menschen nicht in ein enges Gefüge von Mythen ein, die ihm verbieten, eine kreative Anpassung an die Realität um ihn herum zu vollziehen? Kurz, Teilhard de Chardin tritt zunächst dem Vorwurf entgegen, daß wir, solange wir Christen bleiben, zu Obskurantismus, Rückschrittlichkeit, Reaktion und Flucht vor der Realität verurteilt seien, daß wir, solange wir Christen sind, durch die Art unserer Spiritualität geradezu gezwungen seien, uns *gegen* jedes ehrliche Bemühen zu *wehren,* vollen Gebrauch von natürlichen Kräften zu machen und eine «bessere Welt» zu schaffen.

Was liegt diesen Vorwürfen zugrunde? Teilhard de Chardin glaubt, daß ihnen eine gewisse Stichhaltigkeit nicht abgesprochen werden kann und sie im tatsächlichen Verhalten vieler Christen begründet liegt, die durch den Mangel einer wahrhaft christlichen moralischen Anschauung ein Stück weit spirituell verkrüppelt sind. Für allzu viele Christen ist das Christentum in Wirklichkeit eine vollkommen negative Religion, die eine völlige Entfremdung vom Leben, von menschlichen Werten und von der Welt vorzuschreiben scheint, wenn man auf eine Vereinigung mit Gott hoffen will. Die Lehre vom Kreuz, die beschränkt und verzerrt wird, weil sie vom Geheimnis der Auferstehung getrennt wird, wird zu einer Lehre des Todes und nicht des Lebens. Daraus folgernd wird angenommen, der Christ müsse passiv, träge und gleichgültig durch das Leben gehen. Er sei nicht aufgerufen, aktiv auf die Herausforderungen, die Hindernisse und die Möglichkeiten des Lebens zu reagieren, sondern sich nur blind, ohne zu verstehen, einer blinden Macht *zu unterwerfen*, die er den «Willen Gottes» nennt. Dieser Wille tritt aber nicht als schöpferische oder liebende Kraft in sein Leben, sondern lediglich als unerbittlicher und sinnloser autoritärer Druck, als Notwendigkeit, die stoisch ertragen werden muß. Für einen solchen Christen sind alle materiellen Dinge entweder böse oder gefährlich, und selbst wenn man zugesteht, die Welt sei «gut», muß sie trotzdem abgelehnt und mißachtet werden, denn ihre Güte ist nur eine Falle, in der wir gefangen sind und durch die wir daran gehindert werden, Gott zu schauen. Die einzig wahre spirituelle Entwicklung, die dem Menschen dann noch möglich ist, ist ein einseitiger, asketischer Rückzug von materiellen Dingen, hin zu einem rein immateriellen Reich der Ideen und der engelhaften Wesen. Die Welt ist dann ein einziges Hindernis. Jegliches Verlangen, den Status quo zu verändern, ist satanischer Stolz. Die Dinge sind genau so, wie Gott sie gewollt hat, und sein Wille ist statisch, konservativ, denn «Er kann sich nicht ändern». Jeder Versuch, die Welt und die Geschichte als dynamische Entwicklungsprozesse zu betrachten, in denen die Freiheit des Menschen eine konstruktive und sogar wesentliche Rolle spielt, wäre nach dieser Auffassung eine gefährlich radikale Versuchung.

Es ist die Vorstellung von einem «un-inkarnierten» oder körperlosen Christentum, das in Wahrheit aber überhaupt nicht christlich ist, denn wer «Christentum» sagt, meint zugleich «Inkarnation». Diese Art zu denken verstehen aber viele Christen in der Praxis als «Spiritualität».

Daher kapselt sich die moderne Welt vom Christentum ab, denn sie hegt den tiefsitzenden Verdacht, das Christentum wolle die Menschen *unmenschlich* machen, christliche Askese sei nichts anderes als die Verneinung und Unterdrückung all dessen, was am Menschen lebendig und menschlich ist, und zwar gerade weil es lebendig ist. Kurz, das Christentum spreche dem menschlichen Leben jeglichen Sinn ab, um die Christen von den normalen Aktivitäten des Lebens wegzuholen und sie zur Konzentration auf eine andere, «rein spirituelle» Welt zu bewegen, die mit der gegenwärtigen und ihren vielfältigen Verantwortungen nichts zu tun hat. Das Christentum sei also nichts anderes als eine Flucht, und daher sei christlicher Humanismus nichts als ein Wort, das auf keinen Fall für eine echte Realität stehen könne.

DER GÖTTLICHE MITTELPUNKT

Solche Einwände gegen das Christentum fallen nur denjenigen ein, die kein wirkliches Verständnis für die Bedeutung der christlichen Offenbarung haben, weil sie diese nur als eine Reihe abstrakter, doktrineller Lehrsätze betrachten, anstatt sie als ein «in Christus» vereintes Leben zu erfahren. Die wahre christliche Sicht des Universums postuliert ganz klar nicht die Existenz eines anthropomorphen «Uhrmachers», der räumlich «außerhalb» und «oberhalb» eines von rigide festgelegten Grenzen umschlossenen Universums existiert. Dies wäre eine kindische Vorstellung von der göttlichen Transzendenz, die ein metaphysisches Merkmal des Gottes ist, der gleichzeitig unendlich «anders als» alles ist, das wir als Seiendes kennen, und doch immanent in allem, das existiert, so daß Er tatsächlich der «Mittelpunkt» allen Seins und aller Wirklichkeit ist, einschließlich der materiellen Wirklichkeit. Der göttliche Mittelpunkt, auf den alle Dinge hinzeigen, zu dem sie alle hinstreben, ist gleichzeitig ein «göttliches Milieu», der sie alle in Harmonie und Einheit umgibt, erhält und umfängt. Alle Wesen werden von innen her «gehalten» durch die Anziehungskraft des göttlichen Mittelpunktes (im metaphysischen Herzen ihres eigenen Wesens) und von außen her bewegt durch die göttliche Macht des Bereiches, womit Gott sie alle umgeben hat. Die Bestimmung aller Wesen wird von der Weisheit Gottes auf einen einzigen Brennpunkt vereinigt und in dieselbe Richtung gelenkt, und die Berufung des Menschen ist unbegreiflich, wenn man sie nicht in Beziehung zur Welt der Materie sieht, in die er hineingeboren wurde und in der er «seine Erlösung» erwirken muß. Denn der Mensch ist nicht, wie Plato glaubte, «in der Welt» als ein Geist, der vom Immateriellen in das Gefängnis der Materie «gefallen» ist, sondern als Kind Gottes, das dazu aufgerufen ist, seinem Vater bei der Aufgabe der Lenkung und der Erlösung des materiellen Universums zu helfen.

Die Sichtweise Teilhard de Chardins ist die des heiligen Paulus, *die Wiederholung aller Dinge in Christus.* Der leuchtende Brennpunkt aller Wirklichkeit ist nicht allein das Göttliche Sein, sondern der Fleischgewordene Gott, Jesus Christus. Der Geist des Menschen existiert für Christus. Materielle Dinge aber existieren für den Menschen in Christus. Sie sollten nicht nur keine Hindernisse für unsere Vereinigung mit Christus sein, sondern sie sind darüber hinaus unverzichtbar für unseren Dienst an Christus und unser Erkennen Christi. Der Herr zeigt Sich uns nicht nur in der materiellen Schöpfung, Er schenkt Sich uns sogar in der Materie, die geheiligt und zum Sakrament erhoben wurde durch die Macht, die Er Seiner Priesterschaft und Seiner Kirche übergeben hat. Es ist wichtig, den sublim eucharistischen Kern der Spiritualität Teilhard de Chardins zu sehen. Christus kommt in die Welt und schenkt Sich dem Menschen. Und der Mensch seinerseits, der Christus in und mit der Welt empfängt, erlöst die materielle Schöpfung dadurch, daß er sie im Dienste Christi gebraucht. Nun ist aber Christus für Teilhard de Chardin nicht einfach der Auferstandene Herr, der im Himmel wohnt; er ist auch und vor allem der Mystische Christus, der in der Menschheit lebt und wirkt. Die Berufung des Menschen im Leben ist daher keine Flucht vor der Welt; sie lautet, «in der Welt», aber nicht «von der Welt» zu sein, weil die Menschen «Christus in der Welt sind» und dadurch die ganze Welt dem Vater in Einheit mit Christus anbieten. Und dieses «Anbieten» ist auch kein rein priesterlicher und ritueller Akt. Unser Alltagsleben soll unsere tägliche Teilnahme an der Eucharistie fortsetzen und die Früchte dieser Teilnahme in Form einer erneuerten und verstärkten Gemeinschaft mit Christus in Seiner

Schöpfung tragen. Diese Gemeinschaft ist keine Sache der *Arbeit.* Der Kern der Spiritualität von Teilhard de Chardin ist die Idee, daß der Mensch seine Welt durch kreative Aktivität in Vereinigung mit Christus erlöst. Der Christ ist aufgerufen, bei der Vereinigung aller Dinge in Christus mitzuhelfen, nicht nur durch Gebet, Liturgie und Meditation, sondern vor allem durch Handeln. Nicht, daß Teilhard de Chardin ein «Aktivist» wäre, der das Handeln dem Gebet vorzieht und das «innere Leben» verachtet. Er sieht vielmehr weit über diesen angeblichen Widerspruch zwischen Aktion und Kontemplation hinaus, weil er klar erkennt, daß das eine nicht ohne das andere existieren kann, daß Aktion ohne diese mystische und kontemplative Dimension steril und absurd ist, während Kontemplation, die keine Auswirkung auf die Welt des Menschen und sein tägliches Leben hat, eine infantile Flucht ist.

Er schreibt: «Lassen wir uns im Göttlichen Bereich nieder. Wir werden uns dort im Innersten der Seelen und im Beständigsten der Materie befinden. Wir werden dort mit dem Zusammenfließen aller Schönheiten den ultra-lebendigen, den ultra-empfindlichen, den ultra-wirksamen Punkt des Weltalls entdecken. Und gleichzeitig werden wir spüren, wie sich in unserem Innern mühelos die *Fülle* unserer Kräfte zu handeln und anzubeten ordnet.»

TÄTIGSEIN

Jedes christliche Leben soll gleichzeitig zutiefst kontemplativ und reich an tätigem Schaffen sein. Dies darf nicht mit einer Art semipelagianischem Produktivismus verwechselt werden, der zwanghaft an sichtbare Ergebnisse fixiert und in technische Tüchtigkeit verliebt ist. Es ist richtig, daß wir aufgerufen sind, eine bessere Welt zu schaffen. Aber zuallererst sind wir zu einer näherliegenden und höheren Aufgabe gerufen: unser eigenes Leben zu gestalten. Dabei handeln wir als Mitwirkende Gottes. Wir nehmen unseren Platz im großen Werk der Menschheit ein, denn tatsächlich ist die Erschaffung unseres eigenen Schicksals in Gott in reiner Isolation unmöglich. Jeder von uns entfaltet sein persönliches Schicksal in untrennbarer Einheit mit all den anderen, von denen Gott gewollt hat, daß sie mit uns zusammenleben. Wir teilen miteinander die schöpferische Aufgabe, in der Welt zu leben. Und gerade in unserem Kampf mit der materiellen Wirklichkeit, mit der Natur, helfen wir einander, gleichzeitig unser eigenes Schicksal und eine neue Welt für unsere Nachkommen zu gestalten. Diese Arbeit des Menschen, die seine besondere und unausweichliche Berufung ist, ist eine Verlängerung des schöpferischen Tätigseins Gottes selbst. Zu versagen, dieser Herausforderung gerecht zu werden und diese schöpferische Verantwortung auf uns zu nehmen, heißt, in der Antwort auf das Leben zu versagen, die durch den Willen unseres Vaters und Schöpfers von uns verlangt ist.

Diese aktive Antwort, diese Treue zum Leben selbst und zu Gott, der Sich uns durch unsere täglichen Berührungen mit der materiellen Welt schenkt, ist die erste und wesentlichste Pflicht des Menschen. Denn nur auf diese Weise erfüllt er wirklich in seinen Taten (und nicht nur in seinen Worten) das Gebot, Gott, seinen Schöpfer, anzubeten. Ohne diese aktive Antwort gibt es keine wahre Liebe zu Gott, keine wahre Erfüllung Seines Willens. Teilhard de Chardin lenkt sehr zu Recht die Aufmerksamkeit auf die Falschheit jener pseudoasketischen Ideale, die den christlichen Geist und damit zugleich die ausschließlich menschliche Vitalität des Menschen aushöhlen, indem sie ihn der Versuchung aussetzen, seiner grundlegenden Verantwortung auszuweichen. Er äußert sich ganz besonders kritisch über die falsche Resignation, die Passivität, die vorgibt, durch «Annehmen» zu gehorchen, während sie in Wahrheit einfach die Realitäten des Lebens ausklammert und den Aufgaben aus dem Weg geht, die das Leben stellt. Es ist eine der wesentlichsten Verpflichtungen der Christen, gegen das Übel zu kämpfen, sei es moralisch oder körperlich. Der Christ darf sich nur dann passiv der Hinnahme von Übel überlassen, wenn er ganz eindeutig machtlos ist, irgend etwas dagegen zu unternehmen. Daher ist es grundverkehrtes Christentum, die untätige Hinnahme von sozialer Ungerechtigkeit, von Unwissenheit, unmöglichen Arbeitsbedingungen und von Krieg zu predigen, als wäre es tugendhaft, alle Dinge «anzunehmen» und sie «aufzuopfern», ohne auch nur den Versuch zu machen, irgend etwas daran zu ändern. Seine Ansicht über die christliche Tugend ist weit von der stoischen Resignation entfernt, die «Schicksalsfügungen» mit einer sorgsam kultivierten Unempfindlichkeit hinnimmt. Er hat keine Geduld mit einem Konzept, das die «Reinheit der Absicht» postuliert, eine Reinheit, die vollständig vom notwendigen Handeln getrennt bleibt. Wie können wir eine wirklich «reine» Absicht haben, den Willen Gottes zu erfüllen, wenn wir in Wahrheit völlig indifferent sind gegenüber der Qualität der Arbeit, die in Antwort auf die Forderungen des Lebens – die in Wirklichkeit die Forderungen Gottes sind – geleistet wird? Die echte «Reinheit» christlichen Handelns wird den Menschen zwar lehren, ohne übertriebene Sorge um die Ergebnisse seines Handelns zu arbeiten, wird ihn jedoch der Arbeit selbst gegenüber nicht vollkommen gleichgültig machen, weil er deutlich sehen wird, daß seine Arbeit eine Gemeinschaft mit Gott, seinem Schöpfer, ist, in der er sich nicht allein mit Gott vereint, sondern auch die materielle Welt «in Christus erlöst» und verwandelt.

Daher sagt Teilhard: «Was immer also unsere menschliche Aufgabe ist, ob wir Künstler, Arbeiter oder Gelehrter sind, als Christen können wir uns auf den Gegenstand unserer Arbeit stürzen wie auf ein offenes Tor zur höchsten Erfüllung unseres Seins. Wirklich, wir brauchen nicht zu schwärmen und weder in Gedanken noch in Worten zu übertreiben – wir müssen die grundlegendsten Wahrheiten unseres Glaubens und der Erfahrung miteinander vergleichen, dann werden wir zur Feststellung gedrängt: Gott ist in der *Ganzheit* unseres Handelns unbegrenzt ertastbar. Dieses Wunder der Vergöttlichung kann man nur mit der Behutsamkeit vergleichen, mit der sich eine Metamorphose vollzieht; sie trübt auf keine Weise die Vollkommenheit und Einheit der menschlichen Anstrengung.»

«DIE VERGÖTTLICHUNG DES ERLEIDENS»

Wäre Teilhard de Chardin ein Aktivist und ein Pelagianer gewesen (und ohne Zweifel wird man beides von ihm behaupten), hätte er niemals das bedeutsame und aufregende Kapitel über das schreiben können, was er das «Erleiden» des Menschen genannt hat. Ein Aktivist hat keinen Respekt für irgend etwas, das nicht der direkten Kontrolle der Vernunft und des Willens unterliegt. Er beutet seine Kräfte um der Aktion selbst willen aus, die für ihn zugleich Zuflucht und Ziel ist. Der Aktivismus erlaubt ihm, zu vergessen, daß der größere Teil seines Wesens und seines Lebens dunkel, verborgen und seiner Kontrolle entzogen ist.

Teilhard de Chardin läßt sich tief auf den passiven Bereich im Menschen ein – zuerst auf das Erleiden des Wachstums, dann vor allem auf das der Minderung, die alle erdenklichen Hindernisse, Frustrationen, Übel und sogar den Tod selbst einschließt. Aus alledem können wir nicht nur, sondern müssen wir sogar reife spirituelle Früchte ernten. Das Leben darf nicht einfach nur hingenommen und erlitten werden: es muß *gelebt* werden. Das Übel selbst darf nicht einfach «erduldet» werden, sondern man muß ihm widerstehen, es nützen, Kapital daraus schlagen. In all unserem Erleiden, sei es im Wachsen oder in der Minderung und sogar im letzten Erleiden des Todes, in dem unser ganzes Sein sich auflöst, kann und muß der Mensch in die Gemeinschaft mit Christus eintreten.

Wenn er vom Erleiden des Wachstums spricht, läßt Teilhard de Chardin seiner großartigen dichterischen Begabung in einem seiner vielen Monologe freien Lauf, die an den heiligen Augustinus und den heiligen Anselm erinnern und die ihn in die große Tradition christlicher Kontemplation eingliedern. «Dein Anruf geht allen unseren Bewegungen voran. So erwecke Du, Herr, in mir die Sehnsucht nach dem Sein, damit durch den göttlichen Durst, den Du mir gegeben, der Zugang zu den großen Wassern sich in mir weit öffne. Entziehe mir nie die heilige Freude am Sein, diese Urkraft, diesen allerersten Halt: *Spiritu principali confirma me.*» Wir sollten nicht nur «sein», sondern wir sollten unser Sein in der Tiefe dadurch erfahren, daß wir aus freien Stücken sein wollen, daß wir auf das Geschenk des Seins, das uns von dem uns innewohnenden Gott gewährt wird, antworten und eine Vereinigung mit Ihm «an den Lebensquellen», im Ursprung und Mittelpunkt unseres Lebens zu erlangen suchen. Dies ist eine der schönsten und kontemplativsten Passagen, die in unserem Jahrhundert überhaupt geschrieben wurden. Und sie liefert uns den Schlüssel zur Mystik von Teilhard de Chardin und zeigt uns, daß er vor allem in seiner Mystik ein echter Zeuge der christlichen Tradition ist.

Das Erleiden der Verminderung ist schwieriger zu handhaben. Wir brauchen einen viel größeren Glauben, um Gott in Krankheit, im Tod und sogar in den Irrtümern und Fehlern unseres Lebens zu uns kommen zu sehen. Auch hier darf die recht ungewöhnliche Begrifflichkeit Teilhard de Chardins den katholischen Leser nicht für die Tatsache blind machen, daß wir hier einen Ausdruck der tiefsten und traditionellsten christlichen Wahrheiten vor uns haben, unberührt und unbefleckt von jeglichem falschem Stoizismus oder jeglicher manichäischer Passivität gegenüber dem Übel. Ganz im Gegenteil: Wenn der Christ das Übel in seinem Leben mit stoischer Gelassenheit «annimmt» oder wenn ihn, noch schlimmer, die Krise der Gesellschaft und der Menschheit kalt lassen, kann er nicht in die Gemeinschaft mit Christus eintreten. «Nein, der Christ muß, wenn er sein Christentum echt und vollkommen leben will, vor der Pflicht, sich dem Übel zu widersetzen, nicht fliehen.» Warum? Weil das Übel nicht etwas ist, von dem Gott will, daß er es mit Geduld und negativer Resignation «erduldet». Gott verlangt vom Menschen nicht einfach, daß er leidet. Das Leiden ist ein Übel. Wenn das Übel in unser Leben eintritt, dann zu dem Zweck, daß wir wachsen mögen und Gott dadurch die Ehre erweisen, daß wir im Widerstand gegen das Übel mit ihm zusammenarbeiten.

Das Gebot Christi «Widerstehet nicht dem Bösen» ist kein Widerspruch dazu. Was Christus verbietet, ist im Gegenteil lediglich jener Widerstand, der nichts anderes ist als der simple, selbstsüchtige Instinkt, das Leiden abzuwehren und ihm auszuweichen. Der Christ ist aber gehalten, «das Böse mit dem Guten zu überwinden» und dem Bösen daher in einem höheren und vollkommeneren Sinne zu widerstehen: indem er bewußt und frei danach strebt, aus dem Übel das Gute hervorzubringen, das von Gott gewollt ist. Dies ist eindeutig ein viel gesünderes und fruchtbareres Konzept christlicher Geduld als das negative, das von uns verlangt, jede dumme Ungerechtigkeit zu ertragen, zu gehorchen und unseren Mund zu halten, weil Gott aus irgendeinem uns unbekannten Grund, der uns nichts angeht, beschlossen hat, wir müßten unter einer Last des Leidens zerschmettert werden.

«JENEN GEWIDMET, DIE DIE WELT LIEBEN»

Es gibt keine bessere Beschreibung für Teilhard de Chardin als den folgenden Satz, der seine gesamte Haltung und seine tief christliche Liebe für Gottes Schöpfung ausdrückt: «Wer vom Göttlichen Bereich leidenschaftlich gepackt ist, *kann um sich keine Dunkelheit, keine Lauheit und keine Leere in dem ertragen, was von Gott erfüllt sein und von Gott schwingen sollte.»* Aus diesem Grund erklärt er rundweg, daß er die Welt liebe, anstatt sie zu hassen. Ist das falsch? Im Gegenteil, auf dem Deckblatt des Buches stehen vier lateinische Wörter aus dem Evangelium des heiligen Johannes: *Sic Deus dilexit mundum,* «Gott hat die Welt so sehr geliebt . . .», und das Buch ist jenen gewidmet, «die die Welt lieben».

Wie bei so vielen anderen Schlüsselbegriffen im Neuen Testament ist auch von der «Welt» im doppelten Sinne die Rede: von einer Welt, die man «hassen», und einer, die man «lieben» muß. Nun ist es natürlich die «Welt», die «leer, dunkel und gottlos» ist, die man hassen soll. Aber der Unterschied zwischen den beiden Welten *hängt von uns ab.* Wir sind es, die die Welt ebenso leer lassen, wie wir sie vorfinden, und wir sind es, die im Gegensatz dazu die Welt mit göttlichem Sinn erfüllen können. Ganz gewiß ist Gott «in der Welt», aber er ist in ihr verborgen, und wenn wir nicht durch unser eigenes, freies Handeln und die Treue gegenüber Seinen geheimnisvollen Absichten mit Ihm zusammenarbeiten, kann Seine Epiphanie in der Welt, Seine Manifestation Seiner selbst nicht vollkommen verwirklicht werden. Gewiß wird Er Sich in der Welt erblicken, aber das Entscheidende ist, daß Er auf eine andere Weise gesehen und empfangen werden will: Er will Sich dem Menschen in einer «neuen Schöpfung» offenbaren. Er möchte nicht nur von individuellen Menschen mit prophetischen Gaben oder dichterischer Weisheit, sondern von *allen Menschen* empfangen werden. Wenn die Menschheit als Ganzes und alle einzelnen Menschen ihre Arme für Gott ausbreiten, dann wird Er ihnen in ihrer Welt und in ihnen selbst erscheinen. Es wird eine «neue Welt» sein, und sie werden «neue Menschen» sein. Aber diese «Parusie» (die, wie Teilhard erklärt, die meisten Menschen «zu erwarten aufgehört haben»), ist nicht ohne die Mitarbeit der Heiligen möglich. Daher ist es die Pflicht der Christen, die Welt zu lieben und alles in ihrer Macht Stehende zu tun, um mit Hilfe von Gottes Gnade und in Treue gegenüber den Forderungen des göttlichen Willens in ihrem Alltagsleben die ganze Welt zu «erlösen», zu verwandeln und sie der vergöttlichenden Kraft des Geistes Christi zu weihen.

Am meisten beklagt Teilhard de Chardin, daß die Christen offenbar diese gewaltige Erwartung aufgegeben haben, die die eigentliche Essenz des Evangeliums ist. Sie haben sich weggedreht und sich kleinlichen, dunklen und muffigen individuellen Wegen der Rettung zugewendet, die keine letztgültige Bedeutung haben, außer daß sie jedem einzelnen die Teilhabe an der ewigen Seligkeit ermöglichen und vor allem jedem einzelnen helfen, den ewigen Höllenqualen zu entgehen. Aber allzuviele Christen haben es verweigert, die echten, aufrichtigen, wenn auch manchmal irregeleiteten Hoffnungen der Menschen ihrer Zeit mitzuempfinden. Teilhard erklärt eindeutig: «Wir müssen an den Bestrebungen wahrhaft religiöser Art teilnehmen, in denen die heutigen Menschen die Unermeßlichkeit der Welt, die Größe des Geistes und den geheiligten Wert jeder neuen Wahrheit so machtvoll spüren.» Nicht um der Neuheit des menschlichen Fortschritts willen, sondern weil solche dynamische Entwicklungen Hinweise auf das Geheimnis von Gottes Willen und Sein Wirken in der Geschichte sind und weil wir, um den Eigenschaften und Anforderungen unserer eigenen Zeit zu entsprechen, unsere «tätige Erwartung der

Parusie» manifestieren können und müssen. Anders zu handeln, selbst aus den löblichsten Motiven heraus, ist ein implizites Eingeständnis des Unglaubens oder Mißtrauens gegenüber Gott und sogar der Verzweiflung.

Die Risiken, die Teilhard de Chardin von uns verlangt, sind daher in keiner Weise die Gefahren des Modernismus, des Naturalismus, des Szientismus. Ganz im Gegenteil spricht dieser Wissenschaftler und Priester vor allem als Mystiker. Das heißt, er spricht die Sprache der patristischen Weisheit, die wesentlich kontemplativ und mystisch ist und nicht technisch und exakt. Er ist ein Wissenschaftler, der als Dichter schreibt und der für zukünftige Heilige schreibt, und nicht in erster Linie für seine Mitwissenschaftler. Vor allem aber ist er Priester, und das tiefste Anliegen seines Buches ist das Anliegen eines Priesters, eines Dieners Gottes, eines *von Christus Gesandten,* der den Auftrag hat, «die Welt zu lieben», wie Christus sie geliebt hat, und daher in ihr all das Gute zu suchen und zu finden, das in ihr verborgen ist und um dessen Wiedergewinnung willen Christus am Kreuz gestorben ist. Nur von dieser priesterlichen und eucharistischen Perspektive her können wir das große Werk Teilhard de Chardins wirklich verstehen sowie sein tiefes Mitgefühl für alles Menschliche und für jedes legitime Streben des modernen Menschen, das er selbst dann aufbringt, wenn dieser Mensch manchmal ein irregeleiteter und fehlbarer Denker, ein Ketzer, ein Atheist sein mag.

«Je größer der Mensch ist, je mehr die Menschheit einig, ihrer Kraft bewußt und ihrer Kraft Herr ist, um so schöner ist auch die Schöpfung, um so vollkommener die Anbetung, und um so mehr wird Christus, um sich mystisch auszudehnen, einen der Auferstehung würdigen Leib finden.»

Teilhards Wagnis

Es ist weder schwierig noch ungewöhnlich, dem Optimismus Teilhard de Chardins den Pessimismus Pascals gegenüberzustellen, und doch haben die beiden vieles gemeinsam. Nicht allein kamen beide aus dem zentralen Bergmassiv Frankreichs, der Auvergne, nicht allein waren beide Wissenschaftler, die als Christen auf die wissenschaftlichen Revolutionen ihrer Zeit reagierten. Sie erarbeiteten auch apologetische Synthesen, von denen sie das Gefühl hatten, sie würden den Glauben neu beleben und das christliche Leben ihrer Zeitgenossen wieder stärken. Beide waren schöpferische Geister, die ebenso kühn wie begabt waren. Beide reagierten heftig auf die stumpfe Trägheit des rein konventionellen Christentums. Beide waren umstrittene Figuren, von einigen als Propheten und Mystiker verehrt, von anderen als Ketzer oder religiöse Spinner verabscheut. Beide erkannten die dringliche Notwendigkeit einer Neuformulierung vertrauter Wahrheiten in einer Sprache, die dazu geeignet war, ein neues religiöses Bewußtsein auszudrükken. Natürlich schuf Pascal nicht wie Teilhard eine völlig neue Begrifflichkeit. Er sprach die Sprache seiner Zeit. Angesichts der «unendlichen Räume», die die Entdeckungen von Kopernikus und Galilei eröffneten, der unermeßlichen Weite eines Alls, in dem der winzige Mensch verloren schien, drängte er die Christen, das Wagnis des Glaubens unter Einsatz ihrer existentiellen Freiheit in der Einsamkeit ihres eigenen Herzens einzugehen. Teilhard, der mit dem gerade in Entwicklung begriffenen und noch offenen Prozeß der Evolution konfrontiert war – den manche als den endgültigen Beweis für die Bedeutungslosigkeit des Menschen nahmen –, machte sich daran, den Menschen wieder in den Mittelpunkt des Bildes zurückzuversetzen. In beiden Fällen war die christliche Antwort auf eine rein quantitative Auffassung vom Menschen in der Welt ein erneutes Pochen auf Wert und Qualität. Im Mittelpunkt stand dabei für Pascal die persönliche Freiheit des einzelnen Gläubigen, für Teilhard die kollektive Freiheit von Personen, die zusammen der gemeinsamen Aufgabe der «Planetisation» verpflichtet sind.

Obwohl Teilhard seinen kosmischen und «christischen» Humanismus auf wissenschaftliche Beweise zu stützen sucht, läßt er sich letztlich ebenso auf ein Wagnis ein wie Pascal. Teilhard gelangt nicht auf dem Weg reiner Induktion zu seinen grandiosen Schlüssen. Ganz im Gegenteil fängt bei ihm alles mit einer intuitiven und umfassenden Erleuchtung an, die zu einer wissenschaftlich gestützten Mystik ausgearbeitet wird. Pascal setzt auf die Beziehung des einzelnen Menschen zu Christus im Glauben. Mit anderen Worten: er setzt darauf, daß der Mensch, weil er einen Erlöser braucht, auch wirklich einen haben müsse. Teilhard setzt darauf, daß Gott des Menschen bedürfe, weil ohne den Menschen Gottes Schöpfungsplan nicht erfüllt werden kann. Ohne den Menschen kann sich das Antlitz Gottes in seiner sich entfaltenden Schöpfung nicht vollständig enthüllen. Der Mensch hat ein zwingendes inneres Bedürfnis, der Ort der göttlichen Epiphanie zu sein, denn in ihm ist das Universum endlich seiner selbst bewußt geworden. Und «das Universum kann [aufgrund struktureller Notwendigkeit] das Bewußtsein, welches es hervorbringt, nicht enttäuschen».

Die ganze Struktur des «religiösen Denkens» von Teilhard de Chardin, das Gegenstand des Buches von Henri De Lubac über Teilhard ist *(Teilhard de Chardins religiöse Welt,* Originaltitel: *La Penseé religieuse du Père Pierre Teilhard de Chardin),* beruht auf der Behauptung, die Evolution habe den Menschen wieder zum Mittelpunkt des Universums gemacht, und zwar nicht räumlich, nicht metaphysisch, sondern, mit den Worten Teilhards, «strukturell». «Der Mensch ist der Mittelpunkt des Universums», der «Strukturschlüssel des Universums». Daher erklärt für Teilhard nicht nur die Religion, sondern die Naturwissenschaft selbst, daß «der Mensch der Schlüssel und keine Anomalie» in der Welt der Evolution sei. Denn «der Mensch ist das größte tellurische und biologische Ereignis auf unserem Planeten» und «das höchste Werk der strukturierenden Kraft des Kosmos». Folglich sei der Mensch «der Schlüssel der ganzen Naturwissenschaft» und «die Lösung alles dessen, was wir erkennen können». Das ist die wesentlichste Herausforderung Teilhards an das Denken seiner Zeit, und es ist eine Herausforderung, die, in Gestalt einer kosmischen und inkarnatorischen Mystik, mehr gegen den wissenschaftlichen Positivismus gerichtet ist als gegen die traditionelle Theologie der Kirche. Tatsächlich wäre es nicht verwunderlich gewesen, wenn die Wissenschaftler Teilhards These noch viel nachdrücklicher als reaktionär abgelehnt hätten, als die Theologen sie als revolutionär bekämpften. Aber Wissenschaftler waren Teilhard im großen und ganzen freundlicher gesinnt als Theologen.

Es ist sicherlich richtig, daß die ungeheure Popularität Teilhards teilweise der Zensur zu verdanken ist, die sich bemühte, seine Schriften außer Reichweite zu halten. Die Zensoren selbst haben mehr als irgend jemand sonst dazu beigetragen, Teilhard die Aura charismatischer Autorität zu verleihen, deren er sich bei denen erfreut, die Indexe und Inquisitionen gründlich satt haben. Und darüber hinaus hat Teilhard jetzt doppelt Glück, weil einer der besten Theologen seines Ordens, Pater Henri De Lubac – der selbst noch ein paar Narben aus den Tagen von *Humani Generis* hat –, sich für die makellose Orthodoxie seiner Lehre verbürgt, zumindest was ihre grundlegende Ausrichtung betrifft.

Der Titel der englischen Übersetzung, *The Religion of Teilhard de Chardin,* ist vielleicht unglücklich gewählt. Das englische Wort «religion» gibt den Sinn von «pensée religieuse» nicht angemessen wieder. Warum kündigt De Lubac seine Absicht an, er wolle das «religiöse Denken» und nicht vielmehr «die Theologie» Teilhards untersuchen? De Lubac hält vor allem deshalb ausdrücklich fest, Teilhard sei «weder ein Theologe noch ein Philosoph», weil er dies in mancher Hinsicht als Vorteil erachtet. Teilhard war wie Pascal von der Art religiöser Genies, die aus den gewöhnlichen

Kategorien herausfallen, und er wäre in seiner schöpferischen Originalität behindert gewesen, hätte er sein Denken in strikt formale Grenzen einfügen müssen. Natürlich hatte auch das seine Nachteile. Teilhards Denken ist in mancher Hinsicht undiszipliniert und verwirrend für den Theologen und verleitet Laien vielleicht zu Fehlinterpretationen. Seine neue Sprache ist nicht immer glücklich und manchmal «ermüdend», manchmal sogar «drollig», wie De Lubac freimütig eingesteht. Trotzdem ist Teilhard ein Genie, eine einzigartige und sogar providentielle Mischung aus Wissenschaftler und Mystiker.

De Lubac akzeptiert ohne Frage, daß Teilhard ein echter Mystiker ist, daß seine wesentlichen Intuitionen gänzlich und zutiefst katholisch sind und daß die Mängel in seiner Lehre rein beiläufige Fragen des Ausdrucks sind.

De Lubac hat die ganze Kraft seiner Gelehrsamkeit auf die Aufgabe gerichtet, zu zeigen, daß Teilhards Aussagen in einem vollkommen traditionellen Sinn verstanden werden können oder zumindest in einer Weise, die der katholischen Tradition nicht widerspricht. Als Experte für Origenes und die Griechischen Väter weist De Lubac auf die Ähnlichkeiten zwischen Teilhard und der Alexandrinischen Schule hin. Man bedauert, daß er das nur so nebenbei tut; es wäre durchaus lohnend, dieses Thema weiterzuverfolgen. Aber De Lubac ist mit der dringlicheren Aufgabe beschäftigt, zu zeigen, daß es an Teilhard nichts Verdächtiges gibt. Dies gelingt ihm mit einigem Erfolg, insoweit er sich auf das «religiöse Denken» Teilhards konzentriert, besonders was die praktischen Folgen für das christliche Leben betrifft. Sein Buch ist in Wahrheit eine Summa von Teilhards spiritueller Doktrin: seiner Lehre vom asketischen und mystischen Leben im Kontext seiner evolutionären und inkarnatorischen Kosmogonie. Diese Lehre findet sich hauptsächlich in einem Buch Teilhards, das unstreitig zu den Klassikern unter seinen Werken zählt, in seiner Schrift *Das göttliche Milieu.* Aber De Lubac stützt sich auch auf zahlreiche andere Dokumente, einschließlich vieler Materialien, die nicht gedruckt erschienen sind. Die einzigen Quellen, die er nicht zitiert, sind die «allerpersönlichsten Briefe», die Teilhards Schwierigkeiten mit seinen Vorgesetzten widerspiegeln und die unter

Verschluß bleiben. (De Lubac deutet an, daß sie Teilhards Treue zur traditionellen Auffassung vom religiösen Gehorsam nur noch stichhaltiger beweisen.)

Das religiöse Denken und die spirituelle Lehre Teilhards haben ihren Mittelpunkt in seiner Theorie von der gegenwärtigen Aufgabe des Menschen auf Erden. Nach seiner Einschätzung des evolutionären Prozesses ist der Mensch jetzt an einem Punkt entscheidender und revolutionärer Veränderung angekommen: an einem Punkt, der ebenso entscheidend ist wie der, an dem sich vor über einer Million Jahren das menschliche Bewußtsein Bahn brach, so daß der Mensch sich fortan vom Affen unterschied. Aber der Punkt, an dem wir jetzt stehen – der Punkt, an dem wir im Begriff sind, in ein «kollektives christisches Überbewußtsein» und eine höhere Zivilisation einzutreten –, hat nicht allein menschlichen, sondern auch entschieden spirituellen Charakter. Man könnte beinahe sagen, es handle sich dabei um ein mystisches und eschatologisches Ereignis, nur entspricht das nicht genau Teilhards Ausdrucksweise. «Die Geschichte ist im Begriff, mit dem Transzendenten zu fusionieren», würde Teilhard sagen. Die kosmische Evolution erreiche den Punkt der «Konvergenz» in einem «persönlichen Mittelpunkt». Tatsächlich sind wir bereits im elften Jahr der Noosphäre! (Ich weiß nicht recht, wie ernst wir Teilhards Behauptung nehmen sollen, daß die Noosphäre im geophysikalischen Jahr 1957 beginne.) Wir treten demnach in die «Planetisation der Menschheit» ein. Der Mensch ist bereit für die «Totalisation» in einer kollektiven Aufgabe. Er muß Wissenschaft und Technik dazu benützen, die Materie zu humanisieren und zu spiritualisieren, und sie dadurch auf die Ankunft Christi vorbereiten. «Die ganze Hominisation dient nur der Vorbereitung der am Ende stehenden Parusie.» Wir sind jetzt zu «fundamentaler Einheit» aufgerufen, zu einer gemeinsamen Aufgabe, «zur Beherrschung des Universums, zur Erforschung aller seiner Geheimnisse, zur Vereinigung aller Menschen in einer höheren Gemeinschaft, in der die Bewußtseinseinheiten sich durch ihre Konvergenz erhellen würden, in der das Bewußtsein alle Materie befreit oder durchdrungen hätte.» Der Mensch Teilhards ist also nicht in einem bedrohlichen Kosmos verloren und allein, sondern in einer glücklichen Welt beheimatet, die ganz ihm gehört und die Christus verwandeln wird. «Christus wartet mit dem Wiedererscheinen, bis das Menschheitskollektiv ... fähig geworden ist, von ihm seine übernatürliche Vollendung zu empfangen.» Der Mensch Teilhards ist einer, der gänzlich auf die Zukunft setzt. Er ist ein «Pilger der Zukunft», und er läßt sich von seinem Pilgerweg selbst von der Atombombe nicht abbringen, die Teilhard im Gegenteil sehr inspirierend fand: Sie sei nur eine Manifestation der «Dämmerung einer christischen Neo-Energie».

Teilhards Wagnis ist ebenso groß wie das Pascals. Vielleicht ist es sogar noch größer. Pascals existentielles Denken beschränkt sich auf das Gebiet der individuellen Freiheit, und das Individuum kann sein spirituelles Schicksal selbst bestimmen! Teilhard hat alles riskiert und auf die ganze Menschheit gesetzt. Er hat dies zu einem Zeitpunkt getan, in dem die Chancen für die Art von Riesengewinn, den er vorwegnimmt, relativ schlecht standen. Teilhard scheint die Wunden der Verlogenheit und des Hasses nicht zu bemerken, die die Menschen sich durch die technische Kriegführung, den Totalitarismus und den Völkermord zugefügt haben und die unerbittlich tiefer geworden sind. Gewiß können wir Sympathie für die bewundernswerte Unschuld seiner Hoffnung aufbringen. Aber ist sie, wie er glaubt und worin De Lubac ihm beipflichtet, wirklich eine völlig gültige Extrapolation der biblischen Eschatologie? Ist Teilhard so überzeugt, daß er richtig gesetzt hat, daß er sich deshalb dickköpfig weigert, auch nur die Möglichkeit ins Auge zu fassen, er könne verlieren? Manchmal scheint die Teilhardsche Synthese den blinden Glauben an den vorherbestimmten evolutionären Prozeß zu fordern: Die Noosphäre ist da, das Überbewußtsein dämmert herauf, und – das ließ De Lubac aus – die Armeen Maos, die 1951 durch Peking marschierten, wurden von Teilhard als Vorhut einer neuen Menschheit betrachtet. Es ist bereits alles in Butter. Man kann nicht mehr verlieren: «Es wäre leichter, die Erde daran zu hindern, daß sie sich dreht, als die Menschheit daran, daß sie sich totalisiert.» Man ist versucht, sich zu fragen: Ist diese «Totalisation», dieses «Überbewußtsein», «diese vollständige Ko-Reflexion» nun der Mystische Christus oder die Diktatur des Proletariats?

Es gibt Augenblicke, in denen Teilhard den erfolgreichen Ausgang der Evolution nicht als in jeder Einzelheit vollständig vorherbestimmt betrachtet. Es gibt eine Wahl, und es ist «die Große Wahl». Der Ausgang hängt teilweise von der Entscheidung des Menschen ab. Die asketische und mystische Lehre Teilhards ist daher vollständig auf diese Wahl hin orientiert: «die Welt der Wissenschaft für Christus zu gewinnen», die «gequälte Unermeßlichkeit der Welt in ein Zentrum liebender Energie zu transfigurieren» und «den Organismus des totalen Christus hervorzubringen». Die falsche Wahl wird als eine «Verweigerung des Fortschritts» und als ein Rückzug beschrieben, als Regression in die Trägheit, als feige Auslöschung des Bewußtseins in einem pantheistischen Mystizismus oder auch als «faustischer Individualismus», als hartnäckige Fixierung auf das Eigeninteresse, sei es privat oder national, und eine daraus folgende Weigerung, zu «konvergieren». Aber mit seiner evolutionistischen Perspektive scheint Teilhard selbstverständlich davon auszugehen, daß auf lange Sicht diese Weigerung von Individuen und Gruppen nur zum Erfolg des ganzen Prozesses beitragen werde. Die Menschheit als Ganzes wird sich seiner Ansicht nach gegen die Entropie entscheiden und in das überbewußte Leben eintreten.

Die große Frage ist nicht, ob diese Hoffnung löblich ist, sondern ob sie rein und unverfälscht die theologische Hoffnung der Evangelien und der Kirche ist. Bei all seiner Bewunderung für Teilhard geht De Lubac nicht so weit, dies zu sagen. Er hat viele Vorbehalte gegenüber Teilhards religiösem Lehrstil und seinen Perspektiven. Aber er akzeptiert das, worauf Teilhard zentral setzt, als eine *legitime Extrapolation* christlicher Offenbarung in einem modernen Kontext. Seiner Einschätzung nach hat Teilhard eine erleuchtete Vermutung angestellt und darauf eine Mystik der Hoffnung aufgebaut, die für unsere Zeit sehr wohl von grundlegender Bedeutung sein kann. Aber De Lubac gibt auch zu, daß der Enthusiasmus der Teilhardianer – und ihr Übereifer, supermodern zu sein – sie für zwei Tatsachen blind gemacht hat. Teilhard ist in Wirklichkeit nicht so revolutionär, wie er selbst dachte, und einer der Mängel seiner Lehre ist die Neigung zu einer Schwarz-Weiß-Schematisierung, einer naiven Polarisierung von «gestern» und «morgen». Das einzige harte Urteil jedoch, das De Lubac über Teilhard fällt, ist die Feststellung, er sei hinsichtlich seiner eigenen Originalität zu selbstgefällig gewesen und habe vernachlässigt, von Vorgängern zu lernen, denen er beigepflichtet hätte, hätte er nur von ihnen gewußt: «Seine Kenntnis des christlichen Denkens durch die Jahrhunderte war nie mehr als elementar.»

Wiedergeburt und der Neue Mensch im Christentum

Eines der wichtigsten und kennzeichnendsten Themen des Christentums ist die Erneuerung des Selbst, die «Neuerschaffung» des Christen «in Christus». Die nur allzu bekannte, grobe Vereinfachung, die den christlichen Glauben als eine formalistische Methode dafür darstellt, wie man sich als Belohnung für gute Werke und erduldete Leiden in dieser Welt einen Platz im «Jenseits» verdient, verfälscht die wahre Bedeutung der Metanoia des Christen, seine Teilhabe am Tod und an der Auferstehung Christi durch die Taufe und das eucharistische Leben der Selbstlosigkeit und der brüderlichen Liebe. Der Tod des «alten Selbst» und das neue Leben im Geist, der durch Christus «vom Vater» gesandt wird, bedeutet nicht einfach eine juridische Erlösung «im Himmel» und «im jenseitigen Leben», sondern in viel höherem Maße eine neue Dimension im irdischen Leben des Menschen, eine Verwandlung und Erneuerung nicht allein des Christen als Person, sondern der Gemeinschaft der Gläubigen, der Geschwisterlichkeit derjenigen, die «den Geist Christi» empfangen haben» und «in der Gnade Christi» leben.

Diese Erneuerung des Lebens kann man nicht verstehen, wenn man sie lediglich als eine rituelle Angelegenheit, als Ergebnis des Vollzugs bestimmter formaler Äußerlichkeiten betrachtet (obwohl sie für viele Christen kaum mehr als das bedeutet). Sie ist auch keine emotionale Verwandlung, in deren Gefolge man eine Reihe von neuartigen Einstellungen und Überzeugungen gewinnt, die auf dem Gefühl innerer Befreiung beruhen (obwohl auch hier wiederum einige Christen relativ oberflächlichen psychischen Erfahrungen eine übertriebene Bedeutung beimessen und versuchen, solche Erfahrungen herbeizuführen).

In der Theologie des Neuen Testaments, besonders bei Paulus und Johannes, ist das «neue Sein» des Christen, seine «Neuerschaffung», das Ergebnis einer inneren Revolution, die in ihrer letzten und radikalsten Bedeutung umfassende Selbstüberschreitung sowie Überschreitung der Normen und Einstellungen jeder vorgefundenen Kultur, jeder menschlichen Gesellschaft mit sich bringt. Dies schließt sogar die Überschreitung religiöser Praktiken mit ein. Der ganze Sinn der Auseinandersetzung von Paulus mit dem Judentum, in der er eine Theologie der Gnade vertritt, die (durch Augustinus und Luther) entscheidende Auswirkungen auf die Gestaltung der westlichen Kultur hatte, liegt in seiner Behauptung, der Christ, der eine radikale Erfahrung der Freiheit «im Geist» erreicht habe, sei nicht länger «dem Gesetz unterworfen». Er steht demnach über den Gesetzen und Normen jeder religiösen Gesellschaft, weil er vom höheren Gesetz der Liebe gebunden ist, in dem seine Freiheit liegt, die nicht einfach auf die Erfüllung seines eigenen Willens ausgerichtet ist, sondern vielmehr auf die transzendenten und geheimnisvollen Ziele des Geistes, das heißt, auf das Wohl aller Menschen. Denn jetzt werden alle Menschen als von Gott geschaffen, erlöst und geliebt betrachtet, und alle sind «eins in Christus» in dem Sinne, daß sie alle Gott als Ein Mensch bekannt sind, als der universelle Mensch, als Christus, der Sohn Gottes. Die theologischen Implikationen, die sich daraus ergeben, sind natürlich in höchstem Maße subtil und komplex. Wir können sie hier nicht ausführen. Das Anliegen dieser wenigen Seiten ist lediglich, die besondere Bedeutung dieses Aspektes des Christentums in Erinnerung zu rufen. Der Gedanke der «Neugeburt» gehört zum innersten Kern des Christentums und hat Folgen von weitreichender Bedeutung. Wenn man das vergißt – was häufig der Fall ist –, dann verstricken sich nicht nur der einzelne christliche Gläubige, sondern die ganze christliche Gemeinschaft und die Gesellschaft, die man traditionsgemäß als christlich betrachtet hat, in innere Widersprüche, die mit der Zeit zu einer Krise führen. Das bedeutet wiederum, daß viele ihr christliches Leben als ein unlösbares Problem empfinden werden, dem sie entweder durch Unglauben ausweichen oder durch irgendeine Art von Emotionalität oder doktrinärer Starre zu begegnen suchen.

Geistige Wiedergeburt ist der Schlüssel zum Streben aller höheren Religionen. Unter «höheren Religionen» verstehe ich diejenigen, die sich wie der Buddhismus, der Hinduismus, das Judentum, der Islam und das Christentum nicht mit den rituellen Stammeskulten im Zyklus der Jahres- und der Erntezeiten zufriedengeben. Diese «höheren Religionen» antworten auf ein tieferes Bedürfnis des Menschen, ein Bedürfnis, das nicht allein durch die rituelle Feier der Einheit des Menschen mit der Natur befriedigt werden kann – der Feier seiner Freude über die Wiederkehr des Frühlings! Der Mensch strebt danach, von rein naturhaften Gegebenheiten befreit zu werden, von der Knechtschaft gegenüber der Fruchtbarkeit und den Jahreszeiten, vom Kreislauf von Geburt, Wachstum und Tod. Der Mensch ist nicht mit der Versklavung an das Notwendige zufrieden: seinen Lebensunterhalt zu verdienen, seine Kinder großzuziehen, der Nachwelt einen achtbaren Namen zu hinterlassen. In der Tiefe des menschlichen Herzens gibt es eine Stimme, die sagt: «Du mußt wiedergeboren werden.» Es ist die schwer verständliche, aber hartnäckige Forderung seiner eigenen Natur, sich ständig zu transzendieren und zur Freiheit einer vollständig integrierten, autonomen, persönlichen Identität zu gelangen.

Als Christus im Johannes-Evangelium zum Schriftgelehrten Nikodemus sagte: «Ihr müßt von neuem geboren werden», sagte Er damit nicht einfach laut und deutlich etwas zu ihm, das er, wenn er nur lauschte, im Schweigen und in der Versenkung in seinem eigenen Herzen ohnehin hätte hören können. Er sagte darüber hinaus, daß die üblichen Antworten seinen Forderungen nicht genügten. «Von neuem geboren werden» ist mehr als eine Sache guter moralischer Vorsätze, der Selbstdisziplin, der Anpassung an gesellschaftliche Forderungen und Notwendigkeiten, mehr, als eine respektable und lohnende gesellschaftliche Rolle für sich zu finden. Die Aufforderung, «von neuem geboren zu werden», ist tatsächlich in unseren Herzen zu hören, aber sie hat nicht immer dieselbe Bedeutung, weil wir nicht immer in der Lage sind, sie in ihrer wahren Tiefe zu erfassen. Manchmal ist sie kaum mehr als ein Ausdruck des Überdrusses, ein Gefühl des Versagens, ein Bewußtsein, daß etwas nicht stimmt, ein hoffnungslos erscheinender Wunsch, man möge noch einmal eine Chance bekommen, von vorne anzufangen. Man wünscht sich, ein neues Leben zu beginnen, weil die Last des alten zu einem erdrückenden Berg von Erschöpfung, Fehlern, Treuebrüchen, Fluchten und Enttäuschungen geworden ist. Man sehnt sich nach einem neuen Leben, weil das alte schal, wertlos, langweilig und schäbig geworden ist. Man hält nach einem neuen Weg Ausschau, weil all die alten, vertrauten Wege zu Sackgassen geworden sind.

Unglückseligerweise ist dieser Überdruß am Alten und die Sehnsucht nach dem Neuen häufig nur eine weitere Falle der Natur, eine weitere Spielart der Gefangenschaft, der wir doch entkommen möchten. Die Sehnsucht mag uns strahlende Hoffnungen bescheren und uns zu dem Glauben verleiten, wir hätten eine neue Antwort gefunden, aber nach einer Weile ergreift wieder dieselbe Verzweiflung von unserem Herzen Besitz. Oder wir fallen einfach in die alten Gewohnheiten zurück. Die moderne Konsumgesellschaft setzt weitgehend auf die Ausbeutung dieses intensiven Bedürfnisses nach einem «neuen Leben» im Herzen des Menschen. Aber gerade dadurch, daß die marktwirtschaftliche Gesellschaft dieses Bedürfnis ausbeutet, manipuliert und verstärkt, steigert und korrumpiert sie es gleichzeitig. Das Bedürfnis nach «dem Neuen» wird verlogen und falsch. Es ist gleichzeitig unstillbar und täuschend. Es wird durch alle möglichen raffinierten Techniken hervorgelockt und in einem ständigen Reizzustand gehalten, und es bekommt doch nie etwas anderes als Pseudobefriedigungen. Der Mensch hat immer mehr Bedürfnisse, immer mehr Hoffnungen, und doch ist er gleichzeitig immer argwöhnischer geworden und immer weniger in der Lage, die Last der Ängste und Halbwahrheiten zu tragen, die er in seinem Herzen herumschleppt. Er fühlt sich in sich selbst gefangen, deprimiert und niedergedrückt von der Falschheit und der Illusion in seinem eigenen Leben. Er weiß, daß er verzweifelter denn je nötig hat, ein «neuer Mensch» zu werden, und doch hat er in Wirklichkeit alle Hoffnung auf Erneuerung aufgegeben. Sobald er in seiner Verzweiflung die Hand nach etwas ausstreckt, das seine schal gewordene Existenz zu erneuern verspricht, sieht er sich wieder verraten. Schließlich greift er zu den einfacheren Formen der Flucht. Er versucht, dem Anruf zu entgehen, den er noch immer, und sei es auch schwach, in seinem Herzen vernimmt.

Der Mensch in der modernen, technischen Gesellschaft hat begonnen, sich zu verhärten, und gibt sich keinen Illusionen mehr hin. Er hat gelernt, mit Mißtrauen auf das zu reagieren, was sich als neu ausgibt, und Zweifel am «Neuesten» auf allen Gebieten zu hegen. Er fühlt sich instinktiv zum Neuen hingezogen, und doch erkennt er darin nichts anderes als den altbekannten Schwindel. Der trügerische Glanz der Neuheit, die angebliche Kreativität einer Gesellschaft, in der die Jugendlichkeit kommerzialisiert wird und in der die Jungen schon alt sind, ehe sie zwanzig sind, erfüllt manche Herzen mit tiefster Verzweiflung. Es scheint keinen Weg zu geben, zu einer wirklichen Veränderung zu gelangen. «Je mehr sich die Dinge ändern», sagt ein französisches Sprichwort, «desto mehr bleibt alles beim alten.»

Und doch hören wir im tiefsten Grunde unseres Wesens noch immer die hartnäckige Stimme, die uns sagt: «Du mußt von neuem geboren werden.»

Wir haben einen Instinkt für das Neue in uns, für Erneuerung, für eine Freisetzung kreativer Energie. Wir sind bestrebt, in uns eine Kraft zu erwecken, die unser Leben wirklich von innen heraus verändert. Und doch sagt uns derselbe Instinkt, daß diese Veränderung ein Wiedergewinnen dessen ist, was das Tiefste, das Ureigenste, das Persönlichste an uns ist. Von neuem geboren zu werden heißt nicht, jemand anders zu werden, *sondern wir selbst zu werden.*

Der tiefste spirituelle Instinkt im Menschen ist der Drang nach innerer Wahrheit, der fordert, daß der Mensch sich selbst treu sein darf: seinen tiefsten und ureigensten Entwicklungsmöglichkeiten. Aber gleichzeitig muß jeder, um er selbst werden zu können, zuerst sterben. Mit anderen Worten: Damit sein wahres Selbst werden kann, muß das falsche Selbst sterben. Damit das innere

Selbst erscheinen kann, muß das äußere Selbst verschwinden oder zumindest unwichtig werden, sekundär.

Wie erreicht man das? Im modernen säkularen Leben greifen die Menschen zu vielerlei Hilfsmitteln. Wer viel Geld hat und sich eine lange Analyse leisten kann – und zudem einen wirklich guten Analytiker findet –, hat die Möglichkeit, auf diese Weise einen inneren Durchbruch und eine Befreiung zu erzielen, eine Wiedergewinnung der Authentizität und der Selbständigkeit. Aber in der Praxis sind Psychoanalytiker und Psychiater oft mit einem Kompromiß zufrieden, sind froh und glücklich, wenn sie uns ermöglichen, daß wir uns anpassen können, ohne uns ändern oder wachsen zu müssen. Wir werden nicht neu geboren, sondern wir lernen einfach, uns mit uns selbst abzufinden. Aber das ist immerhin schon etwas!

Häufiger treibt die Verzweiflung den modernen Menschen jedoch dazu, eine neue Art des Lebens und eine Wiedergeburt in Massenbewegungen zu suchen, die extremistischen Charakter haben oder messianisch, politisch oder pseudoreligiös sind. Dort versucht er, sich in der Hingabe an ein mehr oder weniger idealistisches Ziel zu vergessen. Aber er wird dadurch nicht von neuem geboren, weil wahre Wiedergeburt eine spirituelle und religiöse Verwandlung ist, die weit über die Ebene einer Ideologie oder einer politischen «Zielsetzung» hinausgeht.

Im Johannes-Evangelium können wir das Gespräch lesen, in dem Jesus von der Neugeburt des Menschen spricht. Es ist ein Gespräch mit einem der führenden Gelehrten der Juden, der nachts zu Jesus kam, um sich heimlich mit ihm zu unterhalten. Nikodemus, der Gelehrte, sagt als erstes, daß er Jesus als einen wahren Meister anerkenne, der von Gott gesandt sei. Jesus tut diese Äußerung als nebensächlich ab. Er sucht nicht die Verehrung von Schülern. Er sagt, es gebe etwas von viel entscheidenderer Bedeutung, als Schüler eines Meisters zu sein, wie groß dieser auch sei. Ein Mensch müsse von neuem geboren werden oder, nach einer besseren Übersetzung, «von oben her geboren werden» (Joh 3,3).

Darauf fragt Nikodemus, der Gelehrte, verwundert: «Wie kann ein Mensch, der schon alt ist, geboren werden? Er kann doch nicht in den Schoß seiner Mutter zurückkehren und ein zweites Mal geboren werden.» Dies ist eine verständliche Frage von einem Mann, der das Leben kennt und realistisch betrachtet und der sich deshalb mißtrauisch auf spirituelle und «mystische» Täuschungen gefaßt macht. Wir können doch unseren Lebensweg nicht umkehren. Wir können uns doch nicht wirklich verwandeln (denkt er): Wir können höchstens ein besseres Ideal, irgendeine Lehre, neue Praktiken und Ideen finden, die es uns ermöglichen, dasselbe Leben weniger beschwerlich zu leben und weniger Fehler zu machen.

Aber Jesus widerspricht ihm in sehr kraftvoller Sprache:

> Wenn jemand nicht aus Wasser und Geist geboren wird,
> kann er nicht in das Reich Gottes kommen.
> Was aus dem Fleisch geboren ist, das ist Fleisch;
> was aber aus dem Geist geboren ist, das ist Geist.
> Wundere dich nicht, daß ich dir sage:
> Ihr müßt von neuem geboren werden.
> Der Wind weht, wo er will;
> du hörst sein Brausen,
> weißt aber nicht, woher er kommt und wohin er geht.
> So ist es mit jedem, der aus dem Geist geboren ist.
> (Joh 3,5-8)

Jesus spricht hier also von einer völlig neuen Art von Geburt. Von einer Geburt, die dem Leben erst seinen Sinn verleiht. Die erste Geburt, die des Leibes, ist eine Vorbereitung für die zweite Geburt, für das spirituelle Erwachen von Geist und Herz. Dies ist nicht zu verwechseln mit dem Erwachen des rationalen Bewußtseins, das den Menschen für sein Handeln als Individuum verantwortlich macht. Es ist ein tiefes, spirituelles Bewußtsein, das den Menschen über die Ebene seines individuellen Ego hinausführt. Dieses tiefe Bewußtsein, in das wir durch die spirituelle Wiedergeburt eingeführt werden, ist eine Bewußtheit dessen, daß wir nicht nur unser alltägliches Selbst sind, sondern auch eins sind mit

Einem, der sich jenseits aller menschlichen und individuellen Selbstbeschränkung befindet.

Wiedergeboren werden heißt, jenseits des Egoismus geboren zu werden, jenseits der Selbstsucht, jenseits der Individualität, in Christus. Aus dem Fleisch geboren werden heißt in die Menschheit und unsere Gesellschaft hineingeboren werden mit ihren Kämpfen, ihrem Haß, ihrer Liebe, ihren Leidenschaften, ihren Mühen, ihren Begierden. Aus dem Geist geboren werden heißt, in Gott (oder das Reich Gottes) hineingeboren zu werden, jenseits des Hasses, jenseits des Kämpfens, in Frieden, Liebe, Zurückhaltung, Dienstbereitschaft, Sanftmut, Demut und Stärke.

Wie kommt es zu dieser Geburt? Durch das Wasser der Taufe (die ohne weiteres lediglich eine Taufe des «Verlangens» sein kann, das heißt, ein spirituelles Erwachen, in dem der Geist «gewaschen» und in Gott erneuert wird) und durch das Kommen des Geistes, das, nach den Worten Jesu, so unvorhersagbar und unerwartet ist wie der Wind. Der Geist weht ständig über der ganzen Erde, und obwohl Er sich menschlicher Mittler bedient, ist Er nicht an sie gebunden oder auf sie beschränkt. Er kann ohne sie handeln.

An dieser Stelle müssen wir darauf hinweisen, daß die Wiedergeburt, von der Jesus spricht, kein einmaliges Ereignis ist, sondern eine innere Erneuerung, die von einer fortwährenden Dynamik bestimmt ist. Gewiß kann die Taufe als Sakrament, die «Geburt aus dem Wasser», nur einmal gespendet werden. Aber die Geburt aus dem Geist geschieht viele Male im Leben eines Menschen, während er die verschiedenen Stadien der spirituellen Entwicklung durchläuft. Es ist eine falsche und oberflächliche Auffassung vom Christentum, zu glauben, es genüge, mit Wasser getauft zu sein und gewisse ethische und rituelle Vorschriften zu befolgen, um sich ein glückliches Leben im Jenseits zu garantieren. Diese Auffassung vom Christentum ist naiv. Wahres Christentum ist Wachstum im Leben des Geistes, eine Vertiefung des neuen Lebens, eine fortwährende Wiedergeburt, in der das äußere und oberflächliche Leben des Ego wie eine alte Schlangenhaut abgestreift wird und das geheimnisvolle, unsichtbare Selbst des Geistes immer stärker gegenwärtig und immer aktiver wird. Die wahre christliche Wiedergeburt ist eine sich erneuernde Verwandlung, ein «Passah», ein Stirb und Werde, in dem der Mensch fortschreitend von der Selbstsucht befreit wird und nicht nur an Liebe zunimmt, sondern in gewissem Sinne «Liebe wird». Die Vollendung der Neugeburt ist erreicht, wenn keine Selbstsucht mehr da ist, nur noch Liebe. In der Sprache der Mystiker ist dann kein Ego mehr da, sondern nur noch Christus; nicht mehr das Ich handelt, sondern der Geist handelt aus reiner Liebe heraus. Die vollkommene Erleuchtung ist also die Erleuchtung durch die Liebe, die aus sich selbst heraus strahlt. Ganz und gar transparent zu werden und der Liebe zu erlauben, aus sich heraus zu strahlen, ist die Reife des «Neuen Menschen».

Der Gelehrte Nikodemus konnte das nicht verstehen. Er hatte eine Vorstellung von aktiver Vollkommenheit, deren Zentrum das Ego war. Sein Leben beruhte auf der Befolgung strenger religiöser Gesetze, und um die Gesetze zu verstehen, mußte man sie richtig auslegen. Daher benötigte man viele Experten und gut ausgebildete Gesetzeskenner, die allen dabei halfen, das Gesetz in jeder Einzelheit zu halten. Jesus aber sprach von etwas völlig anderem: von einem Geist, der wie der Wind kommt, unsichtbar, unvorhersagbar, und der das ganze Leben eines Menschen verwandelt.

«Ihr müßt aus dem Geist geboren werden.»

Es genügt also nicht, dasselbe «Selbst» zu bleiben, dasselbe individuelle Ego mit neuen Aktivitäten und einem neuen Katalog von religiösen Praktiken zu erweitern. Man muß aus dem Geist geboren werden, der frei ist und der dadurch die innersten Tiefen des Herzens erreicht, daß Er das Herz zu sich nimmt, daß Er sich mit unserem Herzen vereinigt, daß Er unsichtbar eine neue Identität für uns schafft: dadurch, daß Er selbst diese Identität ist (1Kor 2,6-16; 2Kor 3,12-18; Röm 8,14-17 usw.).

Nikodemus hielt dies für unmöglich. Daraufhin tadelte ihn Jesus, weil er für sich in Anspruch nahm, ein Gelehrter und Experte in Sachen Wahrheit zu sein, die den Sinn des menschlichen Daseins erklärt, und doch diese grundlegende Wahrheit des religiösen Lebens nicht kannte. Das Leben des Menschen hat keinen Sinn, wenn er nur aus dem Fleisch geboren wird, in die Menschheit hineingeboren wird, ohne aus dem Geist geboren zu werden oder in Gott hineingeboren zu werden.

Der große japanische Zen-Gelehrte Daisetz Suzuki hatte ein tiefes Verständnis für diesen Gedanken der «Geburt Gottes» im Menschen, den er durch die Schriften der rheinischen Mystiker kennenlernte. Darin zeigte sich Dr. Suzuki dem Gelehrten Nikodemus erheblich weniger ähnlich als viele christliche Gelehrte: Er erfaßte einen zentralen Aspekt des Christentums im Innersten und erkannte seine wahre Bedeutung. Ohne Zweifel gewann er dieses Verständnis aus dem Zen. Dasselbe gilt vielleicht auch für Kitaro Nishida, einen der großen japanischen Philosophen unseres Jahrhunderts, der ebenfalls die tieferen Dimensionen des Christentums erkannte.

Aber das Streitgespräch zwischen Jesus und Nikodemus wird in jedem Jahrhundert auf eine neue Art aktuell. Jedes Zeitalter hat eine Antwort auf die Frage des Nikodemus: «Wie kann ein Mensch wiedergeboren werden? Er kann doch nicht in den Schoß seiner Mutter zurückkehren.» Das soll heißen: Jedes Zeitalter hält offizielle, ideologische Antworten bereit, die die Notwendigkeit der göttlichen Geburt zu umgehen suchen. Die menschliche Geburt genügt; dann braucht man nur noch nach einer politischen oder ethischen oder doktrinellen oder philosophischen Antwort zu suchen. Oder man braucht nur noch nach einer neuer Droge, einem neuen Vergnügen, einer neuen Liebesaffäre, einer neuen Erfahrung zu suchen. Sogar die Christen selbst sind zeitweise eher Nikodemus gefolgt als Christus, und zwar immer dann, wenn sie das Christentum mit einer bestimmten gesellschaftlichen oder wirtschaftlichen Struktur identifiziert oder mit einem rein ideologischen System gleichgesetzt haben. Doch immer wenn eine Gruppe von Christen dies getan hat, sind andere Menschen, Außenstehende und Konvertiten, aufgetreten, die auf den Anruf des Geistes geantwortet haben. Sie achteten aufmerksamer auf die zarte, geheime Stimme, die leise wie der Wind spricht. Sie waren bereit, alles aufs Spiel zu setzen, um von neuem geboren zu werden, nicht im Fleische, sondern in Gott.

Die christliche Zivilisation des Westens hat einen großen Anteil der spirituellen Dynamik im christlichen Glauben in sich aufgenommen. «Neues Leben» wurde als «neues Handeln» und damit als fruchtbarere, produktivere Existenz interpretiert. Wenn man den Baum an seinen Früchten erkennt, dann muß sich doch ein neues Leben, ein neues Sein gewiß in einer neuen Art von Fruchtbarkeit äußern, und die christliche Metanoia muß unvermutete spirituelle Energien freisetzen. Es wäre verlockend, zu untersuchen, auf welche Weise die prophetische, charismatische Fruchtbarkeit, die im frühen, eschatologischen Christentum das Zeichen «des Geistes» war, durch die jahrhundertelange Entwicklung der christlichen Kultur hindurch transformiert, säkularisiert – sogar institutionalisiert – wurde. Die prophetischen und sonstigen Charismen der frühen Kirche – Zeichen der Freiheit von der Herrschaft der römischen und griechischen Kultur – verschmolzen allmählich mit den kulturellen Energien Roms und später mit denen der nördlichen Barbaren. Im verhängnisvollen Zusammenprall mit dem Islam wurde das germanische Christentum zu einer Kreuzzugsreligion. Die Christenheit der Renaissance zog aus, die Welt zu erobern und sie dem Kreuz zu unterwerfen. Die Charismen der frühen Kirche hatten sich in die Pseudocharismen von Eroberung und Erfolg verwandelt. Auf diese Weise ist die christliche Kultur selbst zunehmend dynamischer und aktivistischer geworden, und die «Wiedergeburt» – die eine zentrale Tatsache des christlichen Lebens bleibt – wurde und wird tendenziell in einer aggressiven, aktivistischen, statt in einer passiven, kontemplativen Weise interpretiert.

Der Westen hat Jahrtausende unter dem Zeichen des Titanen Prometheus gelebt, der das Feuer geraubt hat, eines Mannes der Macht, der dem Himmel trotzt, um zu bekommen, was er haben möchte. Der Westen hat unter dem Zeichen des Willens, der Machtliebe, des Handelns und Herrschens gelebt. Das westliche Christentum wurde daher häufig mit einem spirituellen Willen zur Macht und einem besonderen Instinkt für Organisation und Autorität assoziiert. Diese Ausrichtung zeitigte positive Folgen etwa in Werken der Bildung, in der Krankenpflege, im Bau von Schulen, in der Ordnung und Organisation der Religion selbst. Aber sogar diese gute Seite des Aktivismus neigte zu einer Überbetonung des Willens, des Tuns, des Eroberns, des «Fertigbringens», und das wiederum führte zu einer religiösen Ruhelosigkeit, zu Pragmatismus und zur Verherrlichung sichtbarer Resultate.

Es gibt aber noch einen anderen wesentlichen Aspekt des Christentums: den inneren, den schweigenden, den kontemplativen, in dem verborgene Weisheit wichtiger ist als praktische, organisationsfreudige Wissenschaft und in dem Liebe an die Stelle des Willens tritt, sichtbare Ergebnisse zu erzielen. Der «Neue Mensch» darf kein einseitiger und aggressiver Aktivist sein; er muß auch Tiefe haben, er muß fähig sein, zu schweigen, auf die geheime Stimme des Geistes zu hören. Er muß seinem eigenen Willen nach Herrschaft entsagen und den Geist heimlich in und durch sich wirken lassen. Dieser Aspekt des Christentums wird vielleicht gerade für die Menschen verständlich sein, die in einer asiatischen Kultur leben und die mit den tieferen Aspekten ihrer eigenen religiösen Tradition vertraut sind. Daher ist es so entscheidend wichtig, daß ein tiefgründiger Dialog des Christentums mit asiatischer Religiosität stattfindet. Denn die Religionen Asiens haben eine lange Tradition im Bemühen, die Menschen von ihrer Gefangenschaft in einer nur halb wirklichen, äußeren Existenz zu befreien, um sie in die volle und vollständige Realität eines inneren Friedens einzuführen, der verborgen ist und jenseits der Erklärbarkeit liegt.

Das Klima der Barmherzigkeit

FÜR ALBERT SCHWEITZER

Die Barmherzigkeit Gottes in Christus ist mehr als eine forensische Absolution von der Sünde. Der Aufruf, ein neuer Mensch zu werden und sich an einer neuen Schöpfung zu beteiligen, ist Aufforderung zu einem Werk der Barmherzigkeit und nicht der Macht. Barmherzigkeit ist daher nicht nur Vergebung, sondern Leben. Und sie ist noch mehr. Sie ist das Erscheinen der verborgenen Wahrheit und Gottes erlösender Liebe zum Menschen. Sie ist die Offenbarung Gottes selbst, nicht in Seiner unendlichen Natur, als ein «Höchstes Wesen», als eine letzte, absolute Macht, sondern als Liebe, als Schöpfer und Vater, als Sohn und Erlöser, als lebenspendender Geist. Barmherzigkeit ist also nicht einfach etwas, das wir aus einem im vorhinein angenommenen Begriff vom göttlichen Wesen ableiten können («Wenn Er das höchste Wesen ist, dann folgt daraus, daß Er in höchstem Maße liebend ist usw.»), sondern ein Ereignis, in dem sich uns Gott in Seiner erlösenden Liebe und in dem großen Geschenk offenbart, das die Folge dieses Ereignisses ist: eigene Barmherzigkeit gegenüber anderen. Tatsächlich hat alle Barmherzigkeit nur ein Zentrum, beruht alle Barmherzigkeit auf einem einzigen barmherzigen Ereignis, in dem wir Barmherzigkeit empfangen und geben oder sie geben und empfangen (Mt 5,7; 6,12-14; 18,21-35). Dieses Ereignis ist das Erlösungsgeheimnis des Kreuzes, das allein uns in den Stand setzt, in eine wahre spirituelle Harmonie miteinander zu gelangen, in der wir einander nicht nur als Gemeinschaft in der Natur, sondern auch im Geist und der Barmherzigkeit Christi betrachten, der sich für uns entäußert hat und gehorsam bis zum Tod wurde (Phil 2,2-8). Die patristische Gnadentheologie, die sich im Begriff einer Wiederherstellung der Gottähnlichkeit des Menschen ausdrückt, der nach dem Bild Gottes geschaffen und von der Sünde entstellt wurde, muß im Lichte dieser christusähnlichen Barmherzigkeit betrachtet werden. Wir sind in dem Maße «vollkommen, wie unser himmlischer Vater vollkommen ist», in dem unsere Liebe nicht mehr von einem «Gesetz» oder einem «Anteil» erkennbaren Eigeninteresses begrenzt wird. Wenn wir andere nur insoweit lieben, als sie uns lieben, sind wir in einem eisernen Gesetz der Selbstsucht gefangen, das unsere eigene Existenz gegen die Vernichtung zu behaupten und zu verteidigen sucht (wie hoffnungslos auch immer). Die Liebe, die wir anderen so geben, ist lediglich die Belohnung, die wir ihnen für die Anerkennung unserer eigenen Existenz anbieten, die Münze, mit der wir diese Anerkennung zu kaufen suchen. Mit einer solchen Liebe versuchen wir sie nur zu bestechen, uns zu helfen, an der Illusion einer unsterblichen und vollständigen Autonomie festzuhalten. Und im Gegenzug bieten wir ihnen an, ihnen zu helfen, selbst dieselbe Illusion aufrechtzuerhalten. Aber der Vater läßt Seine Sonne über Bösen und Guten aufgehen, und unsere Liebe darf, wenn wir Kinder Gottes sein wollen, nicht auf Freunde und auf diejenigen beschränkt sein, die auf unserer Seite sind und uns Freude machen. Christliche Barmherzigkeit fällt wie der Regen auf die Gerechten und die Ungerechten und kennt kein Gesetz außer der Kindschaft, der Ähnlichkeit mit dem «vollkommenen» Vater (Mt 5,43-48). Barmherzigkeit ist, um es mit anderen Worten auszudrücken, in der Freiheit der Kinder Gottes am Werk, sie ist der umfassende Ausdruck dieser Freiheit, ist ihr Charakter, ihr eigentlicher Name, die Widerspiegelung der Wahrheit, die uns frei macht (die Wahrheit des barmherzigen Gottes, der Sich in dem eschatologischen Ereignis offenbart, das Barmherzigkeit und Erlösung ist).

Wenn man Barmherzigkeit empfängt und gibt, nimmt man also als Kind des Vaters am Werk der Neuschöpfung und der Erlösung teil. Man wirkt mit an der eschatologischen Erfüllung des Werkes

Christi und an der Errichtung des Reiches Gottes. Ohne Barmherzigkeit aber hat andererseits kein Bestreben, keine Lehre, keine Arbeit, kein Opfer den Geschmack des Lebendigen. Alles schmeckt nach Tod, nach *vetustas,* nach den alten Dingen, die mit dem Sieg des Auferstandenen Christus abgeschafft wurden. Kein Gebäude, das nicht auf dem Felsen von Gottes Barmherzigkeit und Gottes unerschütterlicher Liebe *(hesed)* und seinen treuen Versprechen errichtet wurde, kann bestehen.

Ein englischer Mystiker des vierzehnten Jahrhunderts hat die Barmherzigkeit Gottes mit folgenden Worten beschrieben: «Er erträgt geduldig, er verzeiht leicht, er versteht barmherzig, er vergißt vollkommen.» In diesen einfachen und tiefen Worten wird die Barmherzigkeit identifiziert mit Seiner Kenntnis des Sünders. Es ist nicht so, daß Gott lediglich auf den Sünder als erbärmliche Kreatur herabschaut und Vergebung beschließt, sondern so, daß *Er barmherzig versteht.* Seine Barmherzigkeit ist nicht einfach eine Annullierung unerfreulicher Tatsachen, die Weigerung, ein Übel zu sehen, das eben vorhanden ist. Sie ist mehr: Sie ist das Erkennen der inneren Bedeutung des Bösen nicht als eine Entität in sich selbst, sondern als Ereignis in einem Erlösungsvorgang, als die *felix culpa* des österlichen «Exsultet». Die Sünde ist somit kein mächtiger und autonomer Feind von Gottes Barmherzigkeit, kein Feind, angesichts dessen sich die Barmherzigkeit durchaus als ohnmächtig erweisen könnte, keiner, dem gegenüber vielleicht letztlich Macht und Gerechtigkeit, der Harnisch der Gewalt und des Hasses, angebracht wären. Gott schaut nicht mit grimmigem und unversöhnlichem Abscheu auf das Herz des Sünders, um dort das «Ding» oder das «Wesen» zu entdecken, das Er haßt. Er versteht den Sünder barmherzig, das heißt, Sein Blick durchdringt das ganze Wesen des Sünders mit Barmherzigkeit von innen her, so daß die innerste Wirklichkeit des Sünders nicht mehr die Sündigkeit, sondern die Kindschaft ist. So ist die Macht der Barmherzigkeit frei, den sündigen Menschen in die Identität mit seinem innersten Wesen hineinzuziehen. Die Entfremdung wird überwunden. Das sündige Bewußtsein wird fähig, Auge in Auge der Wahrheit gegenüberzutreten, ohne Furcht und ohne Haß, weil es ungeteilt ist. Die Barmherzigkeit Gottes zeigt den Sünder sich selbst, und zwar nicht länger als existentiell mit der Wahrheit unvereinbar, sondern als mit ihr aussöhnbar. Er wird fähig, sich als im Besitz eines inneren Wesens zu erkennen, in dem die Wahrheit gegenwärtig ist. Er erkennt, daß er zu einer gnadenerfüllten, mit Barmherzigkeit gesegneten Existenz befähigt ist, in der äußeres Handeln sich mit seinem innersten Wesen versöhnt. Er hört auf, sich selbst, zu Recht oder zu Unrecht, als widersprüchliches Geschöpf zu erfahren, und tatsächlich wird er von der Widersprüchlichkeit befreit, die ja bereits in der Tendenz enthalten ist, sich selbst als Objekt zu erforschen. Diese Versöhnung ist der ontologische Kern der Barmherzigkeit. Wenn sich das sündige «Dasein» als in Barmherzigkeit verstanden begreift und erkennt, daß es von seinem Schöpfer und Erlöser als von Barmherzigkeit erfüllt «erkannt» wird, dann werden das Übel der Sünde und der Fluch des Todes «vollkommen vergessen». Aber kein Mensch kann sein eigenes Herz heilen und sein eigenes Gewissen lediglich durch Selbstanalyse und Katharsis vom Alptraum des Bösen befreien oder auch dadurch, daß er sein Herz dem Verständnis eines Mitmenschen öffnet. Die Barmherzigkeit Gottes muß die Schrift auswischen, die in sein Gewissen und sogar noch tiefer, nämlich in den unbewußten Tiefen seiner Existenz, eingegraben ist. Barmherzigkeit ist das Wort des Lebens, das nicht nur den Urteilsspruch der Schuld aufhebt, sondern das Todesurteil, das in unsere Existenz eingeschrieben ist. Nicht, daß wir nicht sterben, aber der Tod selbst wird das krönende Ereignis eines erlösten Lebens und das Tor zum Geist, zum Sein und zur Wahrheit im Kreuz Christi (Phil 3,7-12).

Aber wir sind Sünder, und wir sind ständig von der schrecklichen Macht der Sünde bedroht, die, gäbe es nicht Gottes Barmherzigkeit, ihre tyrannische Herrschaft über unsere Herzen zurückgewinnen würde.

Der entfremdete Mensch (der sich seiner selbst als Wesen nicht vollständig bewußt ist und daher nicht zu einer vollständigen und persönlichen Entfaltung fähig ist) braucht Barmherzigkeit, um über die Gewohnheit des bloßen Dahinvegetierens hinauszugelangen. Er befindet sich im Durchgang, dem *pascha* oder Übergang von einem gewohnheitsmäßigen und routinegeprägten Annehmen zur freien und spirituellen Bestätigung seiner selbst als einem Wesen, das in der Barmherzigkeit gegründet ist und dem daher ein vollendeter Sinn zukommt. Und durch diesen vollendeten Sinn wird das Individuum aus sich selbst als einem Gegebenen herausgeführt, das in einen vergeblichen Kampf verstrickt ist, sich selbst einen Sinn zu geben, und taucht es in den Sinn ein, mit dem Liebe und Barmherzigkeit das kollektive Dasein des Menschen durch die Auferstehung Christi durchtränkt und erleuchtet haben.

Das menschliche Dasein ist zur vollen Freiheit der christlichen Person erlöst und befreit, wenn es vom dämonischen und vergeblichen Vorhaben der Selbsterlösung befreit ist – von dem sich selbst widersprechenden und widersinnigen Unternehmen, sich in unerschütterlicher Sicherheit einzurichten, als wäre deren Vorhandensein gleichbedeutend mit dem Sein und als wäre sie vollkommen autonom. Dieses verdammenswerte Unternehmen wird von den Menschen betrieben, die sich selbst als «Sein», als autonome Selbsterfüllung behaupten und die jeden anderen Menschen herausfordern und ihm die Stirn bieten, wobei sie entweder alles zu beherrschen oder auch zu beschwichtigen suchen, was sich ihnen entgegenstellt. Es bedeutet eine ständige, aufreibende Anstrengung von Täuschung, verbunden mit heftigen Schüben von Leidenschaft und Macht, durch die sie fortwährend frustriert werden und in den sinnlosen Versuch zurückfallen, die Wirklichkeit selbst zu überlisten.

Gesetzestreue ist einer der Wege, den der Mensch beschreitet, um zu versuchen, diese Täuschung durchzuführen und des Todes Herr zu werden, der doch schon allein in der Tatsache des körperlichen Lebens unerbittlich zugegen ist. Es gibt noch andere, komplexere spirituelle Wege, dieselbe Täuschung zu bewerkstelligen: subtile asketische Techniken, tantrische, magische, theosophische und gnostische Disziplinen; die Wege, auf denen der Mensch versucht, das unerbittliche Todesurteil zu vermeiden, sind ungezählt. Sie führen alle zu einer Niederlage. Ausgenommen ist nur der Weg der Barmherzigkeit des Evangeliums, in der die Selbstsucht von ihrer Suche und ihrer Sorge und damit auch ein Stück weit von ihrer Qual befreit wird, indem sie nicht sich selbst, sondern die Wahrheit in Christus *findet.* Das «Finden» ist die Entdeckung in Gnade und Glaube, daß man «barmherzig verstanden» wird und daß man im Geist dieser Barmherzigkeit und dieses Verstehens befähigt wird, andere in Barmherzigkeit und Mitgefühl zu begreifen. Die Schwäche und Schutzlosigkeit in unseren Herzen, die uns anderen gegenüber erbarmunglos machen, werden dann nicht durch Macht, sondern durch Vertrauen in die Barmherzigkeit Gottes vertrieben; diese wird uns geschenkt, wenn wir nicht länger unsere Schutzlosigkeit zu verteidigen suchen und bereit sind, unsere eigene, grenzenlose Bedürftigkeit in einem barmherzigen Austausch mit anderen anzunehmen, deren Armut ebensogroß ist wie unsere!

Der Mensch ist in eine Widersprüchlichkeit und Zwiespältigkeit gefallen, aus der ihn keine Selbsterforschung, keine individuelle oder gesellschaftliche Ethik, keine Philosophie, kein bloßer Mystizismus erretten kann. Seine christliche Berufung ist keine Berufung zur Selbstreinigung oder zu guten Werken, zur Ausschaltung sinnlicher Begierden, zur Reinigung von Begriffen, zur Entleerung von Intellekt und Willen, zu völliger innerer Gelassenheit und zur Befreiung aus der Sklaverei der Bedürfnisse. Im Gegenteil kann schon allein seine Neigung, den Sinn der Befreiung in solchen Begriffen zu suchen, letztlich die Befreiung unmöglich machen.

Dies ist eine Weltsicht, die wesentlich «der Sünde untersteht», weil sie dem Alten Gesetz untersteht, das der Sünde und der Leidenschaft den Anschein von Freiheit gibt. Denn wenn immer das Gesetz sagt: «Du sollst nicht», entstehen im Herzen des selbstentfremdeten Menschen ein Zweifel, eine Gelegenheit und ein Vorsatz zur Selbsterrettung und Selbstverwirklichung oder zum Widerstand gegen das Gesetz. Die Versprechungen, Drohungen und Forderungen des Gesetzes sind doppelsinnig, weil sie auf Selbstbeherrschung hindeuten und zwei einander widersprechende Wege zur Autonomie in Aussicht stellen: einen durch die Befolgung des Gesetzes und einen durch den Widerstand dagegen. Es ist für den Menschen, der dem Gesetz untersteht, in seiner Gefallenheit und seiner Verwirrung immer möglich, Wege zur Freiheit «gegen» das Gesetz ins Auge zu fassen. Es handelt sich dabei aber lediglich um illusorische Wege, die eine scheinbare Substanz aus dem Gesetz und seinen Versprechungen oder Drohungen gewinnen. Auf diese Weise wird das Gesetz leicht zu einem Ansporn für einen verzweifelten Versuch zur Selbstverwirklichung. Es stachelt das selbstsüchtige Selbst dazu an, in seine eigene Leere zu tauchen. Das Gesetz scheint perverser- und grausamerweise sogar selbst diese Leere als «Freiheit» und «Verwirklichung» zu definieren, denn es sagt dem Menschen, er könne die Sünde «wählen» und sie sei daher eine Form der Freiheit. Warum diese Illusion? Weil das Gesetz gleichzeitig dem selbstsüchtigen Selbst ein täuschendes Versprechen anbietet, und zwar in der gesetzlichen Rechtschaffenheit. Das Gesetz ist eine Garantie für Wohlanständigkeit, Sicherheit und Macht, und das Gesetz zu halten heißt, in das menschliche und gesellschaftliche Gefüge einzutreten, das auf dem Gesetz beruht und seine Belohnungen und Verbote umsetzt. Es heißt, daß man an der Macht teilhat, die zu den «Elementen der Welt» gehört (und vergißt, daß sie bestenfalls «schwache Elemente» sind) oder, schlimmer noch, vielleicht an der Macht der *archontes* (Eph 1,21). Das Gesetz bietet dem selbstsüchtigen Selbst jene falsche Autonomie an, die daher kommt, daß sie sich in der Vorstellung der Menschen durch menschliche Rechtschaffenheit und Leistungen einen Platz erobert hat. Wer vom Gesetz gerechtfertigt ist, wird nicht barmherzig, sondern gerecht verstanden, nicht von Gott, sondern von den Menschen (Gott sagt: «Ich kenne dich nicht.»). Er erhält seinen Lohn (Mt 6,16). Dieser Lohn kann ein selbstgerechter Unglaube sein, die Verhärtung des Herzens in Selbstgefälligkeit («Wie könnt ihr glauben, die ihr voneinander gelobt werden wollt?»). Gleichzeitig mündet diese Verhärtung in einen trügerischen Dialog, der ständig neue Forderungen und Ansprüche an andere stellt, die ihrerseits dazu neigen, diese Selbstgerechtigkeit mitsamt der ihnen angebotenen Selbsteinschätzung anzunehmen. Sie nehmen das Gesetz an oder lehnen sich dagegen auf, je nachdem, wie es ihnen erscheint, nämlich verkörpert in denjenigen, die behaupten, durch das Gesetz gerechtfertigt worden zu sein.

Daher tötet das Gesetz unbarmherzig die Barmherzigkeit in den Herzen derer, die Rechtfertigung allein durch gesellschaftlich geachtete Tugendhaftigkeit und durch das Werben um die Gunst der Obrigkeit zu erlangen suchen. Diese gesetzestreue Frömmigkeit aber zerstört wiederum die Hoffnung auf Barmherzigkeit in denen, die am Gesetz verzweifeln.

Wir müssen uns daher erinnern, wie wichtig es im religiösen und christlichen Sinne ist, nicht implizit das äußere «Gesetz» mit der inneren «Barmherzigkeit» gleichzusetzen, sei es in unserer Lehre (dort gelingt es uns gewöhnlich, beides auseinanderzuhalten) oder in unserem Leben (hier neigen wir in der Praxis dazu, beides miteinander zu verwechseln, indem wir entweder die Befolgung der unerbittlichen Gesetzesforderungen zur Bedingung für das Erlangen von Barmherzigkeit erheben oder sie als Garantie dafür betrachten, daß wir sie schon erlangt haben).

Tatsächlich *sind*, wie der heilige Thomas betont, Barmherzigkeit und Gnade das Neue Gesetz – ein vollkommenes Gesetz –, das insofern für den Christen bindend ist, als dadurch die anderen Gesetze in allem, was sie an Leben und Sinn haben, in Barmherzigkeit und Gnade erfüllt werden. Das Alte Gesetz, sagt der heilige Thomas, gab das *Gebot* der Nächstenliebe und Barmherzigkeit, aber das Neue Gesetz ist der Heilige Geist selbst, durch den die Liebe in unsere Herzen ausgegossen ist und der selbst das Gebot, zu lieben, dadurch erfüllt, daß Er uns die Kraft gibt, das zu tun, was sonst unmöglich wäre (I-II, 107, 1 ad 2). «Welche sind die (neuen) Gesetze Gottes, die in das Herz der Menschen eingeschrieben sind», fragt Augustinus, «wenn nicht gerade die Anwesenheit des Heiligen Geistes?» (*De Spiritu et Littera*, 21). Daher ist das Gesetz der Barmherzigkeit nicht ein extrinsisch gegebener Befehl, sondern eine innere Kraft, nicht eine unerbittliche Forderung, die einer schwachen und verwirrten Natur aufgezwungen wird, sondern eine persönliche Neigung, zu lieben, gewährt durch den Geist der Kindschaft, der uns befreit, indem er uns aus der Tyrannei der natürlichen Schwäche und dem existentiellen Verlangen nach Selbstbehauptung errettet (Röm 8,2ff).

Das ganze Klima des Neuen Testamentes ist ein Klima der Befreiung durch die Barmherzigkeit: Befreiung von Sünde, Tod und sogar vom Alten Gesetz durch die frei geschenkte Gnade Gottes. Die Wundertaten Christi in den synoptischen Evangelien unterstreichen dies im allgemeinen. Die Macht der Vergebung ist eindeutig mit der Macht des Heilens und der Wiederherstellung des Lebens verknüpft (Mk 2,5-12). Das Klima des Evangeliums ist also gleichzeitig ein Klima der Barmherzigkeit und des Lebens, der Vergebung und der Kreativität. Wir gelangen in dieses Klima und atmen seine reine Luft durch den Glauben, der Unterwerfung unter das «Neue Gesetz» der Barmherzigkeit und Vergebung ist, das heißt, Unterwerfung unter ein Gesetz des Annehmens und Angenommenwerdens, des Liebens und des Geliebtwerdens in einer persönlichen Begegnung mit dem Herrn des Lebens und mit unserem Bruder in ihm. Es ist ein «Gesetz» in einem weiten und analogen Sinne, weil es weniger durch festgelegte und abstrakte Muster bestimmt wird als von den existentiellen Forderungen der Gnade und des Herzens, die in beträchtlichem Maße durch unsere eigene Geschichte persönlicher Sünde, Bedürftigkeit und Vergebung definiert sind. Wenn wir die persönliche Treue, die wir der Gnade Christi in unserem eigenen Leben schulden, brechen, um zu einem unpersönlichen und abstrakten forensischen Standard zurückzukehren, verzichten wir auf die Freiheit, fallen in Knechtschaft zurück und annullieren dadurch das Geschenk Gottes, wobei wir gleichzeitig implizit erklären, das Kreuz Christi sei vergeblich gewesen (Gal 2,21). Die Barmherzigkeit abzuweisen heißt, im Glauben zu versagen.

Die Kirche, die Christus «mit seinem Blut erworben hat» (Apg 20,28), ist aufgerufen, dieses unersetzliche Klima der Barmherzigkeit, der Wahrheit und des Glaubens auf der Erde lebendig zu erhalten, in dem die schöpferische und lebenspendende Freude der Versöhnung in Christus nicht nur immer möglich bleibt, sondern eine fortwährende und sich stets erneuernde Wirklichkeit ist. Diese Macht der Barmherzigkeit, Versöhnung und Einheit in Christus ist identisch mit der Kraft, die den Herrn Selbst von den Toten erweckt (Eph 1,19-20; 2,2) und die «Macht» der *archontes*, der tyrannischen Geister, besiegt hat, die «die Welt der Dunkelheit» regieren und über die Kinder des Unglaubens und des Ungehorsams herrschen (Eph 2,2). Die Kraft der Barmherzigkeit ist die Kraft, die uns in Christus vereint und alle Trennungen aufhebt (Eph 2,14-18). Christus hat in Seinem Tod am Kreuz mit Seinem eigenen Leib dem Streit ein Ende gesetzt, den das Gesetz und seine Befolgung verursacht haben. Unser Zugang zu ihm führt über den Weg des Annehmens, durch das Mysterium des Kreuzes hindurch (Phil 3,9-10; Eph 2,16). Wenn wir «in die Gemeinschaft mit seinem Leiden» eintreten, dann empfangen wir von Gott die Kraft, «zusammen mit Christus ... im Himmel zu leben», und dies ist die Frucht Seiner großen Liebe, die «reich an Gnade ist» (Eph 2,4ff).

Doch wenn wir Barmherzigkeit gefunden haben und in das Leben der Kirche eingetreten sind, um gleichzeitig die Reichtümer der Barmherzigkeit Gottes zu genießen und zu verkünden, die die Kirche zur Fülle Christi machen (Eph 1,9-12), müssen wir durch unsere Barmherzigkeit gegenüber anderen auch zeigen, daß wir erkennen, was christliches Leben wirklich bedeutet. Daß wir im Klima schöpferischer Liebe, im Klima der Kirche leben, zeigen wir in dem Maße, in dem wir die Wahrheit erfahren, daß «geben seliger ist als nehmen» (Apg 20,35).

Pater M. A. Couturier (der dominikanische Apostel der sakralen Kunst, nicht der Ökumeniker) hat ganz zu Recht erklärt, daß viele Christen «in ihre Kirche und in ihren Glauben eingeschlossen sind, wie andere in ihre Partei eingeschlossen sind. Sie streben einen totalitären Staat an, und das hat ganz und gar nichts mit dem Evangelium zu tun.» Tatsächlich kann das Klima des Totalitarismus, wie wir aus eigener Erfahrung wissen, sehr leicht zu dem der Religion selbst werden. Es ist ein Klima der Sicherheit, die durch sklavische Unterwerfung unter menschliche Macht erkauft wird: Gehorsam gegenüber der Autorität der Gewalt statt Freiheit im Klima lebenspendender Liebe und Barmherzigkeit. Dies wirft natürlich ein äußerst schwieriges, um nicht zu sagen höchst dringliches Problem auf, das die Autorität in der sichtbaren Struktur der Kirche betrifft. Es ist klar, daß es in jeder institutionellen Einrichtung irgendeine sichtbare Autorität und irgendeine Form von Gesetz geben muß. Diese Autorität und dieses Gesetz müssen aber dadurch gerechtfertigt werden, daß sie, wie auch die Sakramente und der Sabbat, *propter homines* da sind. Sie dürfen nur dazu dienen, das Klima der Barmherzigkeit, die lebenspendende Vergebung und Versöhnung, zu schützen und zu bewahren. Daher ist es Mißbrauch, wenn Autorität und Macht zum Selbstzweck werden, dem das Wohl der Menschen untergeordnet wird; wenn, mit anderen Worten, zugelassen wird, daß Seelen, für die Christus gestorben ist, zerstört werden, nur damit die Macht unangetastet bleiben kann.

Das Klima der Barmherzigkeit, das das Klima der neuen Schöpfung ist, hängt von der Erkenntnis ab, daß *alle Menschen vor Gott annehmbar sind*, denn das Wort ist Mensch geworden, hat unter uns gewohnt, ist am Kreuz für uns gestorben, ist von den Toten auferstanden und thront in unserem Fleisch, unserer Menschlichkeit und in der Herrlichkeit Gottes. Daher ist alles, was für einen Menschen nötig ist, damit er vor Gott annehmbar ist und Barmherzigkeit empfangen kann, daß er ein Mensch und ein Sünder ist. (Ich bin nicht gekommen, um die Gerechten zu rufen, sondern die Sünder ... Mt 9,13; Röm 5,8). Es steht uns nicht zu, mehr zu verlangen als Gott selbst. Wer immer für Ihn annehmbar ist, ist daher auch annehmbar für uns, und das ist der Prüfstein unseres Glaubens und unseres Gehorsams gegen Ihn (Joh 15,12.17; 12,34-35), daß wir ein Stück weit fähig werden, anderen gegenüber barmherzig zu sein, wie Er gegen uns barmherzig war, in dem Wissen, daß Barmherzigkeit die verbindende Kraft ist, die die Liebe des Vaters im lebendigen und vereinten Mystischen Leib des Sohnes ausdrückt und verkündet (Joh 17,11-12.21-22).

Damit daher ein Mensch für uns annehmbar ist, ist nicht mehr erforderlich, als daß er unsere Barmherzigkeit braucht, ob er selbst sich dessen bewußt ist oder nicht. Es ist nicht erforderlich, daß er eine bestimmte Art von Mensch ist, zu einer speziellen Rasse oder Klasse gehört oder sogar eine bestimmte religiöse Sitte pflegt (Gal 5,6). Zuallerletzt ist es erforderlich, daß er genauso ist wie wir selbst, freundlich zu uns und geneigt, uns durch eine bevorzugte Beachtung unserer Person und unserer Ideen zu schmeicheln. Die implizite Forderung, die wir dadurch zum Ausdruck bringen, daß wir auf unserer eigenen Gerechtigkeit bestehen, daß wir uns selbst zum Gesetz erheben, nach dem wir andere Menschen beurteilen und bewerten, tötet die Barmherzigkeit in unseren Herzen und in den ihren auch. Wenn ich mich selbst unerbittlich zum Gesetz für meinen Bruder mache, versuche ich zwangsläufig, mich mit heimlicher Gewalt, Bosheit und Täuschung in sein Leben einzumischen. Ich setze mich dadurch selbst als potentielle *Macht,* für die ich irgendeine Form von Huldigung und Unterwerfung fordere, und sei sie auch nur symbolisch. Und ganz besonders setze ich mich als tugendhaftes Beispiel, das die Sünden meines Bruders definiert und identifiziert – denn das, worin er sich von mir unterscheidet, wird augenblicklich zur «Sünde». Man beachte, was ich damit tue: Ich maße mir das Recht an, *ihn zum Sünder zu machen.* Ich nehme mir die schreckliche Macht, die Paulus dem Gesetz zuschrieb, nämlich *die Sünde in meinem Nächsten lebendig zu machen* (Röm 7,8-10). Und diese Macht ist keine bloße Illusion. Sie ist außerordentlich real und sehr bösartig in starken, kollektiven Gruppen, deren Ideologie in angeblich «minderen Rassen ohne das Gesetz» ein schlechtes Gewissen und sogar ein Gefühl von Selbsthaß verursachen kann. Wir haben diese Macht im Kolonialismus und im Rassismus kennengelernt, wo Arroganz und skrupellose und selbstgerechte Macht das Bewußtsein von Millionen von Menschen tief verwundet haben. Aus diesen tiefen Wunden werden neue «Gesetze» der Gewalt, des Hasses, der Rache entstehen.

Im Klima, das nicht das des Lebens und der Barmherzigkeit, sondern das des Todes und der Verdammung ist, ringen persönliche und kollektive Schuld von Menschen und Gruppen in einem tödlichen Kampf miteinander. Menschen, Stämme, Nationen, Sekten, Parteien etablieren sich in Existenzformen, die sich gegenseitig anklagen. Auf diese Weise suchen sie ihr Überleben und ihre Selbstbestätigung in einem dämonischen Leben, denn der Dämon ist der «Ankläger der Brüder». Eine dämonische Existenz ist eine Existenz, die hartnäckig diagnostiziert, was sie nicht heilen kann, was sie nicht zu heilen wünscht, was sie lediglich zur vollen Machtentfaltung bringen will, damit es den Tod seiner Opfer verursacht. Und doch ist gerade das die Versuchung, die das sündenbefleckte «Dasein» des Menschen befällt, für den eine von Ressentiments erfüllte Existenz die Notwendigkeit und den Entschluß zum Inhalt hat, alle anderen Daseinsweisen zu verurteilen. Man beachte hier die Gefahr der tyrannischen Auffassung, die Gott als bloß begrenzte «Wesenheit» unter anderen Wesenheiten definiert. Ein solcher Gott wird ein Totem, wie es die Naturvölker haben, eine Vergrößerung des selbstsüchtigen Menschen, der seine Autonomie in seiner eigenen Leere verankern will. Kann ein solcher Gott irgend etwas anderes sein als die Verkörperung des Grolls, des Hasses und der Furcht? Es ist die Präsenz solcher Idole, die rachsüchtige und todbringende Orthodoxien gedeihen läßt. Diese Götter der Partei und der Sekte, der Rasse und der Nation sind zwangsläufig Götter des Krieges.

Dann gibt es noch jene falsche und dämonische Barmherzigkeit, die auf dem Boden der anklagenden Existenz wächst, einer Existenz, die der Selbstgefälligkeit und der Verachtung verfallen ist, einer Existenz, die ihre Wurzeln in Groll, Haß und Krieg hat. Sobald diese Barmherzigkeit erfolgreich Schuldgefühle in anderen geweckt hat (wie wir einmal annehmen wollen), ist sie bereit, diese Schuld zu vergeben, aber erst, nachdem man dem anderen ausreichende Gesten der Unterwerfung abgenötigt hat, sei es durch Druck oder durch Manipulation. Aber es ist nicht christliche Barmherzigkeit, meinem Bruder ein schlechtes Gewissen zu verursachen und ihn dann durch Vergebung an meine eigene, vergiftete Brust zu locken und ihm dadurch Zugang zu meiner eigenen, erstickenden Lieblosigkeit zu gewähren.

Diese teuflische Verfälschung der Barmherzigkeit ist eines der schwerwiegendsten religiösen Probleme unserer Zeit. Tatsächlich hängt die ganze Zukunft des christlichen missionarischen Auftrags von der Lösung der Zwiespältigkeiten ab, die aus dieser Verfälschung erwachsen sind. Man kann die Lösung noch nicht einmal andeutungsweise ahnen, ehe man sich dem Problem selbst stellt, und die Zeiten zwingen uns dazu, uns ihm zu stellen. Es ist das Problem der unvermeidlichen und oft ohne böse Absicht erfolgten Verwechslung, die das Evangelium mit kulturellen Werten des Christentums und des Westens gleichsetzte. Die bittere Wahrheit von Auschwitz und Hiroshima scheint aber langsam Klarheit in diese Situation zu bringen. Selbst für die Trübsichtigsten unter uns beginnt die Verwechslung offensichtlich zu werden.

Eine Frucht dieser Tatsache ist die Einsicht, daß die Barmherzigkeit, die wir häufig den Menschen entgegenzubringen glauben, weniger barmherzig ist, als wir annahmen, und daß in Wahrheit wir selbst am nötigsten die Barmherzigkeit derjenigen brauchen, denen wir sie gepredigt haben. Die Gnade des Wortes, das wir

Afrika gepredigt haben, ist vielleicht die paradoxe Erkenntnis unserer eigenen Sünde, unseres eigenen Bedürfnisses, Vergebung zu finden, und ganz besonders unserer immensen Bedürftigkeit, von Afrika Vergebung zu erlangen.

Macht man eine solche Aussage in einem Essay zu Ehren von Albert Schweitzer, mag sie unnötig romantisch oder auch einfach deplaciert erscheinen. Doch wäre er besser als jeder andere in der Lage, zu beurteilen, ob sie der Wahrheit entspricht. Die Gnade seiner besonderen Berufung ist eine Gnade der Einsamkeit und der Einzigartigkeit. Und weder Einsamkeit noch Einzigartigkeit sind jemals behaglich. Es besteht immer das Risiko, daß eine solche Isolation prophetisch ist, beladen mit prophetischem Schweigen und mit Zweifeln, Momenten des Verlassenseins und der Furcht, in denen man sich selbst in Frage stellt. Gerade die Isolation eines Menschen kann anderen, die «nicht da sind», wie eine Anklage vorkommen. Wiederum mögen andere, die nicht da sind, den einzigartigen Fall Albert Schweitzers heranziehen, um ihre Abwesenheit und ihre Trägheit zu rechtfertigen. Auf die Schultern dieses einen Mannes und vielleicht noch einer Handvoll anderer ist die gesamte Bürde der weißen Christenheit gefallen. Eine solche Bürde ist nicht nur eine Verantwortung, sondern auch eine Versuchung, und wir müssen ihm und allen, die sie übernehmen, dankbar sein. Seine Berufung (einem Mönch mag es erlaubt sein, das zu sagen) steht in der echten monastischen Tradition der *peregrinatio,* des Exils, der Einsamkeit und der Liebe. Wir dürfen nicht vergessen, daß Werke der Barmherzigkeit nicht nur im Ideal des Basilischen Mönchtums mit Einsamkeit verbunden waren, sondern auch in dem von Syrien, Ägypten und dem der Benediktiner. Es ist dieses kompromißlose Opfer, das dem Mönch das Recht verleiht, gute Werke zu vollbringen, die eine monastische und charismatische Dimension haben, die nicht auf die rein offiziellen Dienstleistungen des bezahlten Funktionärs zu reduzieren sind, wie hingebungsvoll er auch sein mag.

Nie kann das Mysterium der Barmherzigkeit verstanden werden, solange der Gedanke uns beherrscht, wir müßten herausfinden, wer Gläubiger und wer Schuldner ist. Das Klima der Barmherzigkeit wird lebenspendend und kreativ, wenn die Menschen erkennen, daß sie alle Schuldner sind und daß die Schuld untilgbar ist. (Der heilige Anselm, dem häufig vorgeworfen wird, er habe eine legalistische Soteriologie entworfen, stellt aber diesen Punkt klar.) Nur im Kreuz werden alle Schulden getilgt, und es gibt keine Lösungen zwischen den Menschen untereinander oder zwischen Mensch und Gott, die vollkommen den Forderungen der Barmherzigkeit und der erlösenden, versöhnenden Liebe gerecht werden können, als wären sie Forderungen einer wechselseitigen Gerechtigkeit. Die Forderungen der Barmherzigkeit sind Forderungen in einem vollkommen neuen Sinne: nicht Forderungen, daß die Schuld ordentlich gemessen und dann großzügig bezahlt wird, sondern daß *die ganze Wurzel der Schuldbarkeit* offen dem Licht dargelegt wird, das «barmherzig versteht», und dadurch als ganz anders erkennbar wird, als wir dachten. Es kann keine Frage nach einer Grenze der Vergebung geben – nach einer Vergebung, die bedeutungslos und wirkungslos wird nach «siebenmal» (Mt 18,21). Wir suchen die göttliche Barmherzigkeit, die ewig währt (Ps 106,1), die als Sauerteig dynamisch in der Geschichte wirksam war und die Form der menschlichen Existenz vollkommen verändert hat, indem sie sie von ihrem Ausgeliefertsein an einen Komplex von Anklage, Projektion, Ressentiment und tiefster Verzweiflung befreit hat. Und wir suchen sie nicht allein in unserem Herzen und unserem Kopf, sondern in der Welt des Menschen, in seinem alltäglichen Leben auf Erden.

Barmherzigkeit heilt in jeder Beziehung. Sie heilt Körper, Geist, Gesellschaft und Geschichte. Sie ist die einzige Kraft, die wirklich heilen und erlösen kann. Sie ist die Kraft, die durch das große eschatologische Ereignis des Kreuzes in die Welt gebracht wurde, damit der Mensch vollkommen erneuert werde und damit das schuldbelastete und verzweifelte «Dasein» der verlorenen menschlichen Person sich in Freiheit und Barmherzigkeit mit den Bedürfnissen und Bestimmungen anderer und der Welt selbst versöhnt finde. Barmherzigkeit heilt die Wurzel des Lebens, weil sie unsere Existenz von der selbstzerstörerischen Verzweiflung heilt, die ihr eigenes Böses als Forderung und als Anklage auf den anderen projiziert.

Wenn uns die Gnade Gottes befähigt, barmherzig zu werden,

wird uns die Kraft gegeben, barmherzig zu verstehen, das Böse in anderen anzunehmen und zu vergeben, nicht als Frucht einer gottähnlichen Großherzigkeit, die in unserer eigenen Gerechtigkeit verwurzelt ist, sondern in erster Linie als Frucht einer Selbstkenntnis, die von dem Bedürfnis befreit ist, ihr eigenes Böses auf den anderen zu projizieren.

Wenn wir danach gelernt haben, ein Übel zu übersehen, das vielleicht ohnehin nicht da ist, werden wir fähig, dasselbe Übel in uns selbst zu sehen, es zu akzeptieren, zu bereuen und es (wissend, daß wir barmherzig verstanden werden) vollkommen zu vergessen. Das Werk der Barmherzigkeit ist dieses Verstehen und dieses Vergessenkönnen.

«Die Eigenschaften, die den Reichtum begleiten», sagte Aristoteles, «sind für alle deutlich sichtbar. Die Reichen sind überheblich und anmaßend, weil das Erwerben des Reichtums ihren Geist beeinflußt, denn sie scheinen zu glauben, daß sie alle guten Dinge besitzen; denn Reichtum ist eine Art Wertmaßstab für alles übrige, so daß alles durch ihn käuflich erscheint.» Dies gilt nicht nur für Individuen, sondern auch für eine ganze Gesellschaft. Das wahre «Gesetz» unserer Tage ist das Gesetz des Reichtums und der materiellen Macht. Das Schicksal des Menschen, ja der ganzen Menschheit hängt von den Gesetzen der Wirtschaft ab. Tatsächlich entscheidet der Markt über die Existenz und sogar das Überleben aller Menschen und diktiert die Ideale und die Wirklichkeit des gesellschaftlichen Lebens. In unseren Tagen richtet sich der Kampf der Barmherzigkeit daher nicht gegen eine rigide und starre Moral, sondern gegen eine andere und subtilere Verhärtung des Herzens, einen allgemeinen Verlust von Vertrauen und Liebe, der in der Gier und dem Glauben an das Geld wurzelt. Welch eine Ironie, daß es so weit gekommen ist, daß dieser Glaube an das Geld, dieses Vertrauen auf die Gesetze des Marktes, diese Liebe zu Macht und Reichtum im Kopf so vieler Menschen mit dem Christentum und der Freiheit identifiziert werden, als wäre die Freiheit, Geld zu verdienen, die Freiheit der Kinder Gottes und als hätte (wie Bloy uns gezeigt hat) das Geld in der modernen Gesellschaft in teuflischer Weise den Platz an sich gerissen, den der Heilige Geist in der Kirche haben sollte.

Die Liebe zur Macht und zum Gewinn wird zum dämonischen Pseudopneuma, das Menschen und Institutionen, die dem Augenschein nach christlich sind, dazu bringt, auf den Herzen ihrer Mitmenschen herumzutrampeln, die Strukturen primitiver Gesellschaften zu zerstören, die ein Antlitz von Gerechtigkeit, Schönheit und Ordnung hatten, und an ihrer Stelle nichts als Slums aus Blechkanistern und tiefste Erniedrigung zurückzulassen. Gehorsam gegenüber diesem «Geist» und den gesellschaftlichen Werten, die er eingibt, sei es in marktwirtschaftlichen oder in totalitären Gesellschaften, ist Knechtschaft gegenüber einer unmenschlichen Banalität, die für die einfachsten menschlichen Instinkte blind ist und kein Gefühl für die fundamentalsten Berührungspunkte hat (vgl. die unendlich banale «Gesundheit» eines Eichmann und die gräßliche Karikatur, die sein «Gehorsam» war!). Unsere ganze Zukunft, ja sogar das Überleben der Menschheit erscheint mit einer Hypothek belastet und von diesem dämonischen Legalismus *verschlossen*, von diesem blasphemischen Zerrbild von «Ordnung».

Hat die Kraft der in den Evangelien verkündeten Barmherzigkeit überhaupt eine Chance, diesen Ring von satanischem Determinismus zu durchbrechen? Wir müssen glauben, daß sie es vermag, sonst sind wir keine Christen im vollen Sinn des Wortes. Aber unser Optimismus darf nicht utopisch und sentimental sein. Es ist offensichtlich, daß eine Barmherzigkeit, die sich auf die Dimensionen individueller Frömmigkeit beschränkt, bestenfalls unsere Abdankung in ein warmes, tröstliches Licht tauchen kann. Heute ist es nicht mehr genug, wenn ein paar einzelne freundlich sind, verstehen und vergeben. Dies kann allzu leicht zur reinen Täuschung werden, besonders dann, wenn alle übrigen meinen, es entbinde sie von ernsthafter Verantwortung im gesellschaftlichen Leben.

Wenn es auch sinnlos ist, unsere Hoffnungen auf eine völlig utopische neue Welt zu setzen, in der jedermann wunderbar barmherzig ist, sind wir als Christen doch verpflichtet, irgendeinen Weg zu suchen, der Barmherzigkeit und dem Mitgefühl Christi eine gesellschaftliche, sogar eine politische Dimension zu geben. Die eschatologische Rolle der Barmherzigkeit ist, wir wiederholen es, die christliche Verwandlung der Welt vorzubereiten und das Reich

Gottes anzukündigen. Dieses Reich ist eindeutig «nicht von dieser Welt» (allen Formen von millenaristischem und messianischem christlichem Optimismus zum Trotz), aber es verlangt, von Formen heroischer sozialer Zeugnisse charakterisiert und vorbereitet zu werden, die christliche Barmherzigkeit in der Welt eindeutig und offenkundig machen.

Aber in einer Welt mit riesigen Atomwaffenvorräten kann eine christliche Barmherzigkeit, die sich auf Gefühle des Wohlwollens und «gute Absichten» bei der Anwendung dieser entsetzlichen Zerstörungskraft beschränkt, eindeutig nicht die Forderungen eschatologischer Liebe erfüllen. Das einzige Ereignis, das durch diese Art von Sentimentalität angekündigt werden kann, ist zu schrecklich, als daß man darüber nachdenken möchte, und es gehört eher zum Antichrist als zum Reich Gottes und zum auferstandenen Herrn.

Christliche Barmherzigkeit muß im Glauben, im Geist, eine Kraft finden, die stark genug ist, die Verwandlung der Welt in ein Reich des Verstehens, der Einheit und des relativen Friedens einzuleiten, in dem Menschen, Nationen und die Gesellschaft willens sind, die enormen Opfer zu bringen, die erforderlich sind, wenn sie verstehend miteinander kommunizieren, einander begreifen und zusammenarbeiten wollen, um die Millionen von Hungernden zu speisen und am Aufbau einer neuen Welt des Friedens mitzuwirken.

Dies ist das eschatologische Klima der neuen Schöpfung, in der Vergebung an die Stelle des Opfers tritt (Hos 6,6; Mt 9,13) und in der die ganze Welt von der Barmherzigkeit Gottes erfüllt ist wie das Meer vom Wasser.

Die frohe Botschaft von der Geburt Christi

Wie soll der Christ des zwanzigsten Jahrhunderts die Evangelien lesen und besonders den biblischen Bericht von der Geburt Christi unseres Herrn? Das ist nicht einfach eine banale Frage, die ein Autor leichthin mit ein paar wohlbekannten und optimistischen Gemeinplätzen abtun kann. Es ist eine Angelegenheit, die jeden Gläubigen ernstlich betrifft, denn fast jedem Christen ist es inzwischen irgendwie ins Bewußtsein gedrungen, daß die Evangelien, und besonders das Weihnachtsevangelium, von manchen als «Mythen» bezeichnet und daher in Frage gestellt werden. Wenn das zutrifft, wie können wir sie dann lesen? Müssen wir sorgfältig jedes Detail abwägen, prüfen, was die Kritiker gesagt haben, und alles ablehnen, was sie abgelehnt haben, und dürfen wir nur das behalten, was sie behalten haben? Damit würden wir uns nach den Entscheidungen der «Wissenschaft» richten. Aber dieses von der Kritik Gesicherte würde uns nur eine magere Reduktionskost von ein oder zwei verbürgten Fakten übriglassen, denen jedermann zustimmen *muß*.

Bleibt dem modernen Christen nichts anderes übrig, als seinen Glauben mit einer so spartanischen Kost aufrechtzuerhalten? Oder soll er all das einfach ignorieren, eine fundamentalistische Position beziehen und behaupten, jedes Wort müsse wörtlich geglaubt werden, und vielleicht sogar noch leidenschaftliche Argumente zur Verteidigung all jener Punkte anführen, die der einfache Glaube früher fraglos akzeptierte? Diese leider starre und künstliche Haltung scheint sich zwar durch ihre Einfachheit zu empfehlen, führt jedoch leicht zu einer Verzerrung der christlichen Botschaft, und es mangelt ihr letztlich an Demut und Respekt angesichts schwieriger Realitäten.

Es ist zweifellos vorschnell von jemandem, der nicht selbst Exeget ist, so verwickelte Fragen anzuschneiden, wenn er nicht einmal daran denken kann, sie methodisch anzugehen. Nun ist es aber so, daß es zwar allen Grund gibt, an den Text und die literarischen Formen der Evangelien mit modernen, kritischen und literaturwissenschaftlichen Methoden heranzugehen, und daß wir für die Erträge dieser wissenschaftlichen Untersuchungen auch dankbar sein müssen; dennoch bleibt für jeden, sei er Gelehrter oder nicht, eine weitere Art, das Weihnachtsevangelium zu lesen – oder zu *hören:* Es ist die Art und Weise, in der die Kirche es immer gelesen und gehört hat, nämlich als Teil der Feier des Weihnachtsfestes.

Die Kirche hat die biblischen Berichte am Anfang nicht als wissenschaftlich verbindliche Geschichtsschreibung, sondern als verkündigungsorientierte Überlieferungen betrachtet, die die unfehlbare Wahrheit der Offenbarung verkörpern. Sie stellte weder die Fakten noch die Aufrichtigkeit derer in Frage, die sie überlieferten – es war ihre eigene Aufrichtigkeit! Man dachte nicht ängstlich über die Geschichten nach, um zu entscheiden, wie weit sie nun historisch und wie weit sie poetisch waren. Man sorgte sich nur um eine einzige Wahrheit – um die Offenbarung von Gottes erlösender Liebe zum Menschen. Die Offenbarung dieser Wahrheit war mit der mitgeteilten Erfahrung derer verknüpft, die Zeugen der Ereignisse gewesen waren oder die an den ersten Früchten des Geistes teilhatten, der der Gemeinschaft der Gläubigen geschenkt worden war. Das Weihnachtsevangelium, das heute in der Versammlung der Gläubigen verkündet wird, ruft der Kirche ihre Erlösung durch das fleischgewordene Wort und ihre Einheit mit Ihm wieder ins Bewußtsein. Es ist ihr Bekenntnis und ihre Feier dieses großen Ereignisses.

Wir können gleich vorweg sagen, daß wir die Entmythologisierer nicht zu fürchten brauchen, wenn es darum geht, die Evangelien in diesem Sinne zu verstehen. Wir werden feststellen, daß ihre Bemühungen, wie radikal sie auch erscheinen mögen und wie wenig wir in bestimmten Punkten mit ihnen einverstanden sein mögen, in Wirklichkeit im allgemeinen dazu beigetragen haben, eines klar herauszustellen: Die Botschaft des Evangeliums ist theologisch relevant, und ihr Inhalt wird in einer gültigen und wahrhaft dem Geist des Evangeliums entsprechenden Weise erfaßt, wenn diese Botschaft von den Gläubigen in der Weise angenommen wird, in der sie im frühen Christentum von der Kirche verkündigt wurde. Die Aufgabe der Entmythologisierung scheint aber dessen ungeachtet eine Art semantische Reinigung dieser Berichte zu sein.

Da es das Amt des Mönches in der Kirche ist, diese schlichte Kenntnis der Bibel, die Erfahrung der Bibellektüre in der *lectio divina* und das «Hören» der Bibel in der Feier der Liturgie, lebendig zu erhalten, dürfen wir unser Thema zuversichtlich als ausgesprochen «monastische Lektüre» der Weihnachtsevangelien behandeln, wobei wir der modernen Kritik durchaus die Aufmerksamkeit schenken können, die ihr gebührt. Das mag auf den ersten Blick nach einer außerordentlich schwierigen Aufgabe aussehen. Waren die Mönche nicht die schlimmsten aller Missetäter, als damit begonnen wurde, dem Mythos auch noch die Allegorie hinzuzufügen?

Es gibt mehr als eine Art von «monastischer Lektüre» der Bibel. Im allgemeinen denken wir bei einem «monastischen» oder «kontemplativen» Ansatz an die Tradition von Origenes, die im Mittelalter die bei weitem einflußreichste blieb, wie Pater De Lubac so ausführlich dargestellt hat, und die heute ganz in Ungnade gefallen ist. Es handelt sich dabei um die typologische, manchmal «mystisch» (und gelegentlich auch abwertend «allegorisch») genannte Interpretation der Heiligen Schrift. Sie wird uns hier nicht vordringlich beschäftigen. Es gibt einen anderen, einfacheren Ansatz, nämlich den der frühen Mönche (von denen keineswegs alle Anhänger von Origenes waren), die einfach die schlichte Botschaft des Evangeliums hören wollten, Gottes Wort in seiner Kirche, wie es die Kirche verkündigte und wie es die Kirche verstand. Sie wollten Gott so entdecken, wie Er Sich in Seinem Wort offenbart, und waren nicht zufrieden mit religiösen Ideen über das Leben und die Tugend, die geistreich und geschickt aus den heiligen Berichten herausgelesen wurden.

Von allem Anfang an wurde die biblische Theologie von der Kirche und den Mönchen übereinstimmend als eine Theologie der Verkündigung, der Überlieferung und der Feier betrachtet. Der theologische Gehalt der Bibel wird vor allem durch das kirchliche Bewußtsein der Gläubigen und der Kirche selbst als Braut des Heiligen Geistes geklärt, wenn die Worte, die der Geist eingegeben hat, «im Geist» in den Herzen all jener verstanden und empfangen werden, die an der Liturgie teilnehmen. Die Predigten und Darlegungen der Väter müssen in diesem Kontext gelesen werden, denn genau in dieser Atmosphäre der Verkündigung und Liturgie nahmen die heiligen Texte selbst Gestalt an. Dies ist eine Tatsache, die gerade durch die Formkritik ans Licht kam.

Das Weihnachtsevangelium ist daher nicht einfach die zarte, tröstliche Geschichte einer jungfräulichen Mutter und eines süßen Kindes, das in der Krippe liegt, es ist nicht einfach eine Geschichte, die unsere Herzen anrührt und die uns einmal im Jahr die verlorene Einfachheit unserer Kindheit zurückgibt. Es ist die feierliche Verkündigung eines Ereignisses, das der Wendepunkt aller Geschichte ist: das Kommen des Messias, des Gesalbten Königs und Gottessohnes, des Fleischgewordenen Wortes, das unter uns gewohnt hat, nicht allein, um das zu suchen und zu retten, was verloren war, sondern um Sein Reich zu errichten, das eschatologische Reich Gottes, die Kundgabe der Fülle der Zeit und der Vollendung der Geschichte. Es ist die Verkündigung eines entscheidenden eschatologischen Ereignisses, eine Befreiung von allen unvollständigen und fragmentarischen religiösen Formen, eine Erlösung von allem, was Paulus als bloße «Elemente» weltlicher Religion und Philosophie bezeichnet hat. Mit dem Kommen des Menschensohnes verkündet die Kirche die Erfüllung des Planes Gottes:

> Als aber die Fülle der Zeit kam, entsandte Gott seinen Sohn,
> geboren aus einer Frau, dem Gesetz unterstellt: er sollte die

dem Gesetz Unterworfenen loskaufen, damit wir an Kindes Statt angenommen würden (Gal 4,4-5).

Die Geburt des Gottessohnes ist also – wie die mönchischen Autoren des Mittelalters, die sich darin den Kirchenvätern anschlossen, sehr wohl verstanden – unsere eigene Geburt in einen neuen Status hinein, eine Erhebung des Menschen zur Gotteskindschaft, ein Eröffnen völlig neuer Möglichkeiten für die Menschheit in Christus, Gott und dem Menschen.

Die Weihnachtsbotschaft ist nicht einfach eine Botschaft der Freude, sondern die Botschaft *der* Freude: der GROSSEN FREUDE, die alle Menschen in der Welt immer erwartet haben, ohne klar zu erkennen, worin sie besteht. Sie ist die Freude der eschatologischen Erfüllung, die wir in der Tiefe unseres Herzens von dem Augenblick an suchen, in dem wir mit Bewußtsein ausgestattete Wesen werden und damit die Fähigkeit haben, unser Leben zu «machen» oder zu «verpfuschen», indem wir uns für die Möglichkeiten entscheiden, die sich uns bieten.

Der Mensch ist für das Leben geboren; dies wird nicht nur in der Bibel offenbart, sondern das zeigt sich schon allein an der menschlichen Natur. Damit meinen wir nicht einfach, daß dem Menschen ein spirituelles Prinzip innewohnt, das «unzerstörbar» und «unsterblich» ist – seine Seele –, sondern daß der ganze Mensch als ein Wesen, das zur Entscheidung, zur Liebe und zur Selbstüberschreitung fähig ist, auf eine Vervollkommnung des Lebens hin ausgerichtet ist, die nur durch völlige Selbsthingabe als Antwort auf eine Totalität der Liebe erreicht werden kann, die alle menschliche Erfahrung und alles menschliche Begreifen übersteigt.

Aber in der Wirklichkeit erfahren wir mit Schrecken, daß diese unbeschränkte, naturgegebene Möglichkeit so begrenzt, so eingeengt, so frustriert und so widersprüchlich ist, daß sie nicht Hoffnung, sondern nur Verzweiflung weckt. Die Widersprüchlichkeit unserer menschlichen Hoffnungen ist sogar oft so groß, daß es scheint, sie erniedrige das Leben selbst zu einer kompletten Absurdität. Aber jetzt wird in der Geburt Christi die Große Freude verkündet, in der alle Widersprüchlichkeiten weggewischt werden und allen Menschen die klare Möglichkeit einer Entscheidung geboten wird, die ihnen nicht nur helfen wird, die Bruchstücke ihres Lebens zusammenzufügen, das durch persönliches Versagen gescheitert ist, sondern die dem Leben aller Menschen zu allen Zeiten einen Sinn geben wird.

> Fürchtet euch nicht, denn ich verkünde euch eine große Freude, die dem ganzen Volk zuteil werden soll: Heute ist euch in der Stadt Davids der Retter geboren; er ist der Messias, der Herr (Lk 2,10-11).

Das Weihnachtsevangelium ist also die Verkündigung des Lebens. Er, der in die Welt gekommen ist, ist gekommen, «damit sie das Leben haben» und es in Fülle haben, ohne Begrenzung und ohne Beschränkung (Joh 10,10). Der heilige Irenäus, einer der ersten Kirchenväter, baute seine Anthropologie auf der Tatsache auf, daß Gott ein Kind wurde. Christus kam in die Welt, um das ganze Werk der Schöpfung sowie die ganze Geschichte der Menschen seit Adam zu wiederholen. Irenäus hat diesen Gedanken nicht erfunden – er hat ihn von Paulus übernommen (Eph 1,10).

Wenn man einen Knoten lösen will, muß man die Schnur auf dem gleichen Weg wieder zurückführen, den man beim Knüpfen des Knotens genommen hat. Christus ist gekommen, um Gottes ursprünglichen Plan für den Menschen zu erfüllen, und Er fing noch einmal von vorne an, als ein zweiter Adam, um die Arbeit zu tun, die Adam verpfuscht hatte, um den harten Knoten zu lösen, den Adam mit der Sünde geknüpft hatte. In Christus sehen wir daher den Menschen, wie er gemeint ist: als Kind Gottes, fähig zum Wachstum in Gott, ein Kind, für das Wachstum als Mensch das Wachstum ist, sich in Gott zu finden, und für das menschliche Vollkommenheit darin besteht, Christus in seiner vollendeten Gestalt darzustellen (Eph 3,14-20; 4,9-16). Schon allein in der Weihnachtsgeschichte liegt für den Christen, der auf das Ganze der biblischen Offenbarung eingestimmt ist, die Erkenntnis, daß das Leben einen Knoten darstellt, der vollkommen gelöst worden ist. Der christliche Aufruf zur Freiheit ist der Ruf, wie Christus selbst ein aufgelöster Knoten zu sein.

Und gerade in diesem Sinne ist die Botschaft von Weihnachten eschatologisch: Sie ist die Offenbarung und die Feier des neuen Zeitalters, in dem wir leben, in dem uns unsere Menschlichkeit in Christus, von Fesseln und Wirrnis befreit, zurückerstattet wurde. Das Gefühl der Neugeburt und der Kindschaft, das uns durch das hervorragende literarische Können von Lukas vermittelt wird, bringt uns diese Wahrheit nahe. Wenn wir die Weihnachtsgeschichte von Lukas hören, berührt uns nicht allein die literarische Qualität seiner Worte, sondern noch mehr rühren uns die theologischen Untertöne dieser tiefen Botschaft an, die wirklich vollkommen revolutionär ist und die allein die Kirche voll verstehen kann: Wir werden in der Fleischwerdung des Wortes neu erschaffen. Unsere Menschlichkeit wurde ergriffen und erhöht durch die Person des Wortes. Die Menschheit kann nach diesem Faktum nie mehr dieselbe sein. Die Möglichkeiten des Lebens und der Erfüllung, die mit Adam geschlossen worden waren und denen keine religiöse Philosophie, kein Mysterienkult, keine mystische Weisheit den Weg wieder öffnen konnte, können uns nun, da Christus Mensch geworden ist, wieder zugänglich werden, *einfach weil wir Menschen sind.*

Aber das Verständnis dieser Wahrheit von seiten der Kirche hat nichts mit religiösem Zauber oder spiritueller Philosophie zu tun. Es ist nicht die menschliche Natur, die dem Leben wiedergegeben ist, sondern vielmehr hat *jede menschliche Person* die Möglichkeit der Wahl, das neue Leben anzunehmen oder abzulehnen, das Christus uns anbietet, weil wir Menschen sind. Weil wir die *menschliche Natur* teilen, die Er in der Inkarnation angenommen hat, sind wir zu diesem neuen Leben fähig. Aber erst *durch unsere Entscheidung, die wir als Person treffen,* das heißt durch unseren Glauben, unsere Annahme des Lebens *in der Person Christi,* unsere persönliche Antwort auf Seine persönliche und erlösende Liebe, wird unser Menschsein vom lebenspendenden Geist ergriffen und verwandelt. Daher wird Christus in unserer Natur geboren, damit wir im umfassendsten Sinne als Personen neugeboren werden können.

Der umfassende ganze christliche Sinn der Person findet sich in der Wiedergewinnung unserer Ähnlichkeit mit Gott in Christus, durch Seinen Geist. Diese wiederum ist nur in jener Beziehung persönlicher Liebe zu erlangen, die in der Kirche zu all denen besteht, die dieselbe Botschaft gehört und darauf in dem einen Geist geantwortet haben. Es ist diese Gnade, diese wunderbare Gabe und Möglichkeit, dieses Vermögen, neu erschaffen zu werden, nicht nur individuell, sondern als *Ecclesia*, als *«ein einziger neuer Mensch»*, die in der Großen Freude des Weihnachtsevangeliums verkündet wird. Es ist dies die theologische Tatsache, die die Kirche in der Osterliturgie feiert und die an allen Festen in den je eigenen Formen gefeiert wird, ganz besonders an Weihnachten.

Die Einzelheiten der Geburt Christi – die Art, in der von ihr berichtet wird, die Ereignisse, die von den einzelnen Evangelisten ausgewählt werden, die theologischen Aspekte, die jeder von ihnen hervorhebt – dienen alle dazu, uns diese innere Offenbarung nahezubringen, die die Kirche gleichzeitig verkündet (in ihrem Kerygma) und feiert (in ihrer Liturgie). Matthäus versucht beispielsweise zu zeigen, in wie vielfältiger Weise die Geburt Christi die Erfüllung der messianischen Prophezeiungen des Alten Testamentes ist und wie daher in Christus die ganze Bedeutung und das ganze Streben des Alten Testamentes erfüllt und sichtbar gemacht wird. Lukas stellt mit menschlichem und mitfühlendem Charme das heraus, was der heilige Paulus die Güte und die Menschenfreundlichkeit Gottes nannte (Tit 3,4). Ob sich Lukas hingesetzt und alles gehorsam nach dem Diktat der heiligen Mutter Maria niedergeschrieben hat, werden wir kaum feststellen können; aber es bleibt die Tatsache, daß die Weihnachtserzählung nach Lukas einen weiblichen Zug hat. Diese Zartheit (die so eindrucksvoll in den *Umilenye-Ikonen* der russischen Kirche zum Ausdruck kommt) erfüllt das theologische Bild von Gottes Gnade gegenüber dem Menschen in der Fleischwerdung. Zärtliche Mutterliebe ist untrennbar mit der ganzen Theologie Marias, der Mutter Gottes, verbunden.

Wir können uns bis zum Jüngsten Tag darüber streiten, ob der Engel, der Maria erschien, durch das Fenster oder durch die Wand hereinkam, ob es um Mitternacht oder um zehn Uhr morgens geschah oder ob da womöglich gar kein Engel war (vielleicht war es einfach nur ein glänzender Einfall?). Es bleibt die Tatsache, daß wir in dieser Geschichte der wunderbaren jungfräulichen Geburt unseres Herrn, wie sie von der frühen Kirche berichtet wird, eine Offenbarung des unendlichen mütterlichen Mitleids Gottes für den Menschen erhalten, eine Offenbarung, die nicht nur absolut ohne Irrtümer ist, sondern die uns, aufgrund der speziellen «weiblichen» Schattierung ihres literarischen Ausdrucks, etwas völlig Einzigartiges sagt, das wir sonst niemals erfassen könnten. (Die moderne Psychologie macht uns beispielsweise auf die schwerwiegenden Begrenzungen einer Theologie aufmerksam, die ausschließlich auf einem autoritären Vaterbild aufbaut, sowie auf die Bedeutsamkeit eines Konzeptes der Kindschaft, in dem die Geheimnisse der Mutter und des Heiligen Geistes notwendig sind, damit der volle Sinn der rettenden Liebe des Erlösers am Kreuz erfüllt werden kann. Die Weihnachtsevangelien halten unserer Soteriologie etwas von diesem wesentlichen theologischen Element bereit.)

Nun ist aber dieser einzigartige Aspekt der göttlichen Gnade, dieser Aspekt, der durch die poetische Kraft des Lukas so deutlich aufscheint, der aber nie auf wissenschaftliche Sprache reduziert werden kann, gerade das, was das christliche Herz dunkel spürt, wenn es auf das Weihnachtsevangelium, wie es von der Kirche gelesen und verstanden wird, antwortet.

In der *lebendigen Situation*, die bald durch die liturgische Feier, bald durch die Evangelien entsteht, macht Gott dem gläubigen Glied des Leibes Christi Sinn und Wirklichkeit des Lebens klar, die er tatsächlich in seinem Herzen in dem Augenblick von Christus erhält, in dem er die Botschaft der Freude liest oder hört. Es ist gerade diese spirituelle Wirklichkeit und Erfahrung, die mittelalterliche Autoren in ihrer oft schiefen und unlogischen Art der Erklärung vom Sinn der Heiligen Schrift herauszuarbeiten suchten. Mittelalterliche Exegese gelangt vom wissenschaftlichen Standpunkt aus selten über das Niveau willkürlichen und kindischen Unsinns hinaus. Aber als religiöse Tatsache, als Ausdruck der lebendigen Erfahrung von Christus in der Kirche ist sie manchmal ein Zeuge, an dem man nicht zweifeln kann, selbst wenn sie in einer Form daherkommt, die den meisten Menschen unserer Zeit nicht mehr zugänglich ist.

Ich brauche nicht eigens zu betonen, daß ich damit keineswegs die Gewohnheit des Allegorisierens summarisch verteidigen will, in der alles irgend etwas anderes bedeutete und als Folge davon nichts irgend etwas Konkretes zu bedeuten schien. Aber erinnern wir uns daran, daß zum Beispiel Bernhard von Clairvaux eine bestimmte theologische Wahrheit über das Leben ausdrückt, in dem «gute Werke» ihre Bedeutung nicht durch juridische Exaktheit und offizielle Anerkennung, sondern durch die verwandelnde Kraft des Heiligen Geistes erhalten, wenn er die Wasserkrüge bei der Hochzeit von Kana als verschiedene Ordensregeln interpretiert, die Christus «in Wein» verwandeln wird. Das ist die Frucht einer wahrhaft christlichen Lektüre der liturgischen Texte der Weihnachtszeit als Botschaft von einem «neuen Leben» und einer «Neuerschaffung» in der Inkarnation.

Unser wichtigstes Anliegen ist daher folgendes: Das Weihnachtsevangelium erzählt uns zunächst einmal, daß uns in Christus dem Herrn, dem Fleischgewordenen Wort, neues Leben geschenkt wird (siehe besonders Joh 1). Gleichzeitig ermöglicht uns die biblische Botschaft auch durch die Art ihrer Darstellung, etwas von der geheimnisvollen Wirklichkeit zu erfahren, die verkündigt wird und die niemals auf eine präzise und objektive Terminologie reduziert werden kann. Diese Wahrnehmung erschließt sich uns nicht aufgrund spezieller Gaben oder methodischer Ausbildung (obwohl diese Dinge einen sehr großen Wert haben, um die Reichweite unseres Begreifens auszudehnen), sondern vor allem durch den Glauben. Glauben, der auf die Möglichkeit der Erlösung und Erfüllung antwortet, die uns in der Person Jesu Christi eröffnet wird, reift schon allein aufgrund seiner aufrichtigen Antwort zu einem persönlichen Verständnis dessen, was diese Bindung impliziert, einer persönlichen Erkenntnis dessen, was es bedeutet, ganz Christus zu gehören.

Wir dürfen jedoch das Element der Erfahrung nicht überbetonen, denn die Offenbarung Christi im Evangelium ist keine Frage der Religionspsychologie, sondern eine Frage der lebendigen Theologie. Aber wir dürfen die Theologie nicht vom Gebet der

Kirche trennen. Theologie ist nicht einfach das Verständnis, das der Experte hat, sondern die Offenbarung, die die Kirche hat. Diese Offenbarung, die heute so frisch und neu bleibt, wie sie in den Tagen des heiligen Irenäus oder der Apostel war, bleibt jedem Christen zugänglich, der in die lebendige Erfahrung Christi in der Kirche eintritt. Daher der mönchische Spruch: «Der wahre Theologe ist der Mann des Gebets.» Und gerade die Bibel, die in der heiligen Versammlung gelesen oder über die in der Intimität des stillen Gebets meditiert wird, legt uns diese Kenntnis Christi offen.

Die Erfahrung der Kirche von der Offenbarung Christi ist keine statische Erleuchtung – sie ist eine dynamische Lebensweise. Allzulange haben wir angenommen, daß es genüge, uns zu entschließen, autoritativ erklärten Wahrheiten intellektuell zuzustimmen, und daß dies schon der ganze Glaube sei. Christlicher Glaube ist nicht einfach eine Gewohnheit, die uns geneigt macht, bestimmten dogmatischen Informationen unsere Zustimmung zu erteilen; christlicher Glaube ist eine Verwandlung unseres gesamten Wesens, eine Hingabe der gesamten Person an Christus in Seiner Kirche. Er ist ein Akt der Buße, der fundamentalste Akt der Buße, die Metanoia der vollständigen Wandlung des Herzens, die zur Aufgabe unseres alten Selbstverständnisses, unserer Beziehung zu Gott und der Welt und zur Entdeckung unserer neuen Identität in Christus führt.

Die Verkündigung der Geburt Christi ist daher nicht nur eine Offenbarung der Freude, sondern auch eine Ankündigung von Qual und Konflikt. Christus ist in die Welt gekommen als Zeichen des Widerspruchs – wieder ist es Lukas, der dies sagt (2,34) –, und selbst das Herz Seiner Mutter muß mit dem Schwert des Leidens durchbohrt werden. Im Evangelium des Mitleids und des Lebens begegnen wir auch dem Evangelium der Passion, der Qual, des Todes. Markus, der uns keine Weihnachtsgeschichte erzählt, widmet sein ganzes Evangelium Christus als dem Zeichen, dem widersprochen wird. Aber gerade im Tod und im Widerspruch wird der Tod vom Leben besiegt und der Widerspruch von der transzendenten Wahrheit.

Wenn wir in dem Glauben, daß Gott in Christus offen und endgültig zu uns gesprochen hat (Hebr 1,1-2), Gottes Selbstoffenbarung in dem Kind von Betlehem annehmen, müssen wir auch erkennen, daß dieses Annehmen schwerwiegende Folgen für unser Leben hat. Es bedeutet, den Einen anzunehmen, für den es in der «Herberge» einer aufgeregten und zerstreuten Welt keinen Platz gibt, und die zudem, ohne darum zu wissen, in eine neue eschatologische Dimension eintritt. Dies wird deutlich am beunruhigenden Symbol der Volkszählung, durch die «die ganze Welt» in die Bücher der römischen Macht gerät. Wenn wir dieses Kind als unseren Gott akzeptieren, nehmen wir unsere eigene Verpflichtung an, mit Ihm in einer Welt der arroganten Macht zu wachsen und mit Ihm zu gehen, wenn Er nach Jerusalem zieht und Sich an Kreuz schlagen läßt, das die Absage an die Macht ist.

Es ist nicht genug, auf die Freude und den Liebreiz von Betlehem zu antworten. Wir müssen auch erkennen, daß wir, wenn wir Christus angehören, mit Ihm sterben müssen, damit wir mit Ihm auferstehen können. Das heißt, daß unsere Entscheidung, Gottes Selbstoffenbarung in Christus anzunehmen, aufgrund eben dieser Tatsache auch die Entscheidung impliziert, Seine Offenbarung von *uns* in Christus anzunehmen. Christus ist Gott und Mensch. Er ist die Offenbarung Gottes im Menschen. Er ist auch die Offenbarung des Menschen in Gott. Wenn ich die Offenbarung Gottes in Christus annehme, muß ich auch die Offenbarung des Menschen in Christus annehmen, in der Erkenntnis, daß es vom Standpunkt der Evangelien aus ohne das Kreuz und ohne die Auferstehung *keinen umfassenden Sinn im Leben des Menschen geben kann.* Wenn das Kreuz Gottes «Nein» zur weltlichen Arroganz ist, dann muß unsere Entscheidung für Christus der Verzicht auf jegliches Vertrauen auf weltliche Macht sein.

Die Entscheidung, Christus als die Offenbarung von Gottes Plan für die Welt anzunehmen, bedeutet dann unerbittlich den Verzicht auf jeden Versuch, auf zwei Ebenen zu leben: einmal auf einer heiligen Ebene, der Ebene der Seele, der «Spiritualität», der «inneren Sammlung» und der Güte, und zum anderen auf einer materiellen Ebene der Arbeit, der Zerstreuung, der berechtigten Erholung, der Machtpolitik usw., wobei all dies sehr real ist, aber irgendwie keinen Bezug hat zu dem, was in der Kirche oder in meiner «inneren Burg» vorgeht. Wenn Christus die Offenbarung des vollen Sinnes des Menschen ist, wenn dieser Sinn des menschlichen Lebens einzig und vollständig darin zu finden ist, daß *der Mensch ein Kind Gottes ist,* dann wird alles in meinem Leben in dem Maße wichtig oder unwichtig, in dem es zu meinem Wachstum als Glied Christi, als Kind Gottes beiträgt und die Verbreitung Christi in der Welt des Menschen durch seine Kirche fördert.

Daher bleibt das Weihnachtsevangelium ein Evangelium der Erneuerung, und wir können es, ohne den Gedanken im geringsten überzustrapazieren, ein Evangelium des *aggiornamento* nennen. Genau das ist das neue Leben, das die Kirche heute sucht: das Christus-Leben, das «Leben des Geistes», nicht im Sinne von «mehr Spiritualität», sondern in dem Sinn, daß sie, die Kirche, in Besitz genommen und gesalbt wird von *dem* Geist, dem Geist Christi, dem Heiligen Geist.

Und wiederum begegnen wir, besonders im Evangelium des heiligen Lukas, der Gegenwart des Heiligen Geistes, der die jungfräuliche Mutter in der neuen Schöpfung überschattet, wie Er bei der ersten Schöpfung den Abgrund der ungeformten Materie überschattet hat. Obwohl der Geist erst bei der Auferstehung und an Pfingsten über die Kirche kommen sollte, ist Er schon gegenwärtig in der kirchlichen Erzählung von der Geburt Christi. Daß wir Gottes Geschenk Seiner Selbst an uns in Christus annehmen, bedeutet letztlich, daß wir den Heiligen Geist annehmen, durch den Christus in uns geboren wird, in uns lebt, in uns wächst, leidet, stirbt und aufersteht.

Weil wir in der Taufe und in den Sakramenten Seinen Geist empfangen haben, sind wir fähig, Christus zu erkennen, wenn das Wort von Seiner Geburt in der Liturgie der Kirche verkündet wird. Es ist das Leben des Heiligen Geistes in uns, das uns bewegt, mit «Amen» auf das Gebet der Kirche zum Vater in Christus zu antworten. Es ist der Geist Selbst, der, nachdem Er uns zu anderen Christen gemacht hat, in uns zum Vater ruft (Röm 8,14-16), mit der «freien» und vertrauensvollen Sprache von Kindern *(parrhesia),* die vom Gesetz der Angst befreit sind. Denn der Geist lehrt uns, daß wir dann, wenn wir mit Christus geboren sind und mit Ihm sterben, Seine Miterben sind der Großen Freude, die Sein Sieg über den Tod ist, und Seiner Sanftmut, die die Erde geerbt hat.